对比与借鉴

国内外特色小镇发展路径及影响因素

章国标　著

浙江大学出版社

图书在版编目（CIP）数据

对比与借鉴：国内外特色小镇发展路径及影响因素/
章国标著.—杭州：浙江大学出版社，2021.3
ISBN 978-7-308-21106-2

Ⅰ．①对… Ⅱ．①章… Ⅲ．①小城镇－城市建设
－研究－世界 Ⅳ．①F299.1

中国版本图书馆CIP数据核字（2021）第031776号

对比与借鉴——国内外特色小镇发展路径及影响因素
章国标 著

丛书策划	马一萍	
责任编辑	陈 宇	
责任校对	陈逸行 袁朝阳	
装帧设计	周 灵	
出版发行	浙江大学出版社	
	（杭州市天目山路148号 邮政编码 310007）	
	（网址：http://www.zjupress.com）	
排 版	杭州林智广告有限公司	
印 刷	杭州高腾印务有限公司	
开 本	710mm×1000mm 1/16	
印 张	17.25	
字 数	253千	
版 印 次	2021年3月第1版 2021年3月第1次印刷	
书 号	ISBN 978-7-308-21106-2	
定 价	68.00元	

序

　　改革开放以来，有两种力量一直在推动中国区域经济发展。一是以市场力量为主的发展模式，即按照"个体—块状经济—产业集群"的演化脉络；二是以行政力量为主的发展模式，即按照"开发区—高新技术开发区"的发展脉络。它们时而冲突，时而合作，更多的是纠缠不休，个中滋味是"爱恨情仇"，不离不弃。不管是产业集群还是开发区，它们都已成为各级政府推动产业发展的主要工具和空间载体。它们通过相关企业（产业）的集聚，形成规模经济和范围经济，提高了产业竞争力。但随着我国经济进入"新常态"，两种发展路径均面临新的挑战：产业集群的低端化以及开发区的同质化、空壳化等。而特色小镇作为一种产业与区域有机结合并互动发展的新模式，正以新理念、新机制、新载体、新模式重新塑造"产业富有特色，文化独具韵味，生态充满魅力"的经济发展新形态。

　　"十三五"时期是浙江省强化创新驱动、完成新旧发展动力转换的关键期，是优化经济结构、全面提升产业竞争力的关键期，是加强制度供给、实现治理体系和治理能力现代化的关键期，既面临重大战略机遇，也面临诸多严峻挑战。在这样的背景下，利用块状经济、山水资源、历史人文和信息经济等独特优势，率先创建一批特色小镇，这不仅符合经济社会发展规律，更有利于破解经济结构升级和动力转换的现实难题，是浙江适应和引领经济新常态的重大战略选择。2014年10月，时任浙江省省长李强在参观云栖小镇时首次提出"特色小镇"概念。2015年9月，时任中办主任、国家发展改革委副主任刘鹤一行深入调研了浙江特色小镇建设情况。刘鹤表示，浙江特色小镇建设是在经济发展新常态下对发展模式的有益探索，这是"敢为人先、特别能创业"精神的又一次体现。2015年12月底，习近平总书记对浙江省"特色小镇"建设做出重要批示，指出特色小镇、小城镇建设大有可为，对经济转型升级、新型城镇化建设，都具有重要意义，浙江着眼供给侧培育小镇经济的思路，对做好新常态下的经济工作也有启发。

2015年浙江全面提出建设特色小镇以来，作为产业转型升级的"浙江样本"，近两年来已在浙江和全国其他地方蓬勃发展。有别于传统的经济发展平台——开发区，特色小镇不仅突破了传统地理行政界限，既可落户乡村也可以布局城市，更具有"小空间大集聚、小平台大产业、小载体大创新"的新优势，破解了开发区普遍存在的产业特色不明、土地资源匮乏、体制机制僵化和发展后劲不足等问题。因此，建设具有产业支撑的绿色生态、美丽宜居的特色小镇，对于培育高新产业、激活历史经典产业、搭建创新创业平台等方面有着重要的引领作用。经过几年的实践，由浙江走向全国的特色小镇建设已成燎原之势，文化小镇、旅游小镇、科技小镇、工业小镇、商业小镇、金融小镇等形态纷纷呈现，中国的特色小镇建设已经进入了快速期，特色小镇规划和建设热火朝天。但放眼全国，目前特色小镇的成功案例并不太多，存在着一哄而上、旧瓶装新酒和简单复制等问题。即使是被当作标杆的浙江省，仍有许多问题亟待探索、总结和研究。如：在产业定位上如何做到"特而强"，功能叠加上如何做到"聚而合"，建设形态上如何做到"精而美"，供给制度上如何做到"活而新"等，这些问题均事关特色小镇的可持续发展。

浙大城市学院自1999年建校以来，利用名校名城合作办学的体制机制优势，主动融入地方经济发展大战略，努力推进地方传统产业转型升级，积极培育区域经济社会发展的急需人才，已取得良好的经济和社会效益。近年来，学校积极打造"以聚焦区域和城市发展为方向、以前沿理论研究为引领、以为政府咨政和地方服务为目标、以人才资源整合为手段、以培养专业人才为支撑"的新型高校智库，先后与杭州市人民政府合作成立了"杭州公共管理研究中心""杭州市区域经济研究基地"和

"杭州市创意旅游中心"等研究机构。2017年,为加强对特色小镇建设的研究,浙大城市学院专门成立了"特色小镇可持续发展研究院",积极组织专家学者聚焦特色小镇研究。通过剖析典型案例,总结经验教训,形成系列研究成果,以更好更及时地服务社会。为此,"浙大城市学院科研部"和"特色小镇可持续发展研究院"联合组织相关学科骨干教师和研究人员,在深入调研和理论分析的基础上,撰写并出版了这套浙江省"特色小镇"主题系列丛书"特色小镇建设之路——浙江的探索与实践"。

这套丛书旨在总结、提炼浙江特色小镇建设的成功经验,为浙江乃至全国的特色小镇研究者和政府政策制定者提供有益的借鉴和启示。同时,亦对浙江特色小镇建设中存在的问题进行了剖析,期许后来的建设者少走弯路。

作为本丛书的主编,我惊喜地看到,在短短的一年时间里,这套丛书实现了从策划到实施、成果发表,更高兴的是看到,以中青年骨干为主的丛书编著者们"沉得下去、拔得上来",在良好的前期积累基础上,不惜工本、心无旁骛,舍得密集投入大量心血到这一非常有意义的工作中。作为阶段性的成果,此次有三本著作付梓成书。这是一个很好的开端,后续还会有更多的研究成果陆续成书,以飨读者。真切地希望这套丛书的出版能为我国特色小镇的建设和健康可持续发展提供重要的智力支持,也期待着浙大城市学院的学者们在这一领域中取得更多更好的成果。

吴晓波

于紫金港

吴晓波教授系教育部"长江学者"特聘教授、国家"万人计划"领军人才、浙江大学社会科学学部主任、浙江大学管理学院原院长、浙大城市学院商学院原院长、"特色小镇可持续发展研究院"首席专家。

前 言

　　"十三五"期间是我国全面深化改革的重要时期，也是经济转型升级的关键时期。在此期间，国内外经济发展形势发生了重大变化。从国外来看，自经济危机以后，全球经济整体处于低速发展状态，大部分国家经济增长乏力。全球制造业格局发生了重要变化，发达国家再工业化，新兴经济体和发展中国家成本优势逐渐体现，我国经济发展面临较为严峻的国际形势。从国内来看，我国经济进入新常态，经济发展从高速转为中高速，人口老龄化问题逐渐显现，区域发展不平衡问题较为突出，部分行业存在产能过剩和产能落后。面对国内外经济发展局势，我国迫切需要发展新兴产业，对经济进行转型升级。要促进经济转型升级，首先需要降低产业能耗，提高生产效率，以创新发展为驱动，培育战略新兴产业，大力发展高科技产业，提高第三产业在国民经济中的比重。其次，需要推进新型城镇化建设，在加快城市化进程的同时，通过协调发展大中城市和小城镇建设，破解城乡二元结构，促进城乡一体化发展，解决大城市面临的人口过于集中带来的交通、房价、环境、资源等城市化进程中存在的普遍性问题。特色小镇为经济转型升级和新型城镇化建设提供了很好的发展途径。

　　目前，我国特色小镇概念具有两种不同的内涵：一是以浙江省为代表的特色小镇，以地方区域经济为基础，集聚产业为导向，注重于培育新兴产业，发展高科技和第三产业，在具体运作上以市场为主、政府为辅搭建非传统区镇新型创新创业平台；二是以传统行政镇为单位，以当地优势产业为基础，通过巩固优势、挖掘产能、产业升级等举措，形成具有一定经济规模、突出的产业特色和一定人口数量的建制镇。这两种小镇模式，无论是创新平台特色小镇，还是传统建制镇特色小镇，都是我国经济实现转型升级、创新创业发展的重要平台，各自在不同方面发挥重要的作用。因此，本书在特色小镇概念方面不具体区分创新平台特色小镇和传统建制镇特色小镇，如无特别注明，均包含两种形态的特色小镇。

本书共分为四个部分：第一部分介绍国内特色小镇发展背景及其现状，主要包括特色小镇的内涵、发展背景及现状，特色小镇的分类，以及国家级和省级特色小镇的发展现状。第二部分讲述国外特色小镇发展现状及其影响因素，详细分析典型特色小镇的产业特点、发展历史、影响因素等。第三部分讲述国内典型特色小镇的发展历史、产业优势和扶持政策等，对各个特色小镇的影响因素进行对比分析。第四部分主要对国内外同一类型的特色小镇进行对比分析，寻找发展共性，将优势方面予以借鉴。

通过对比分析国内外特色小镇的发展历史、产业特色及影响因素，借鉴典型特色小镇的优势，研究扶持政策在不同类型特色小镇的有效性，促进我国特色小镇的不断发展。本书为国内特色小镇建设过程中定位产业、扶持政策的选择等提供参考和借鉴。由于水平有限，书中存在的不足之处，恳请批评指正。

章国标

2020 年 4 月

目 录

第一章

国内特色小镇发展背景及现状

第一节　特色小镇发展背景

一、特色小镇内涵

特色小镇与特色小城镇具有不同内涵。2016年10月，国家发展改革委在《关于加快美丽特色小（城）镇建设的指导意见》（发改规划〔2016〕2125号）中指出，特色小（城）镇包括特色小镇、特色小城镇两种形态。特色小镇主要指聚焦特色产业和新兴产业，集聚发展要素，不同于行政建制镇和产业园区的创新创业平台。特色小城镇是指以传统行政区划为单元，特色产业鲜明，具有一定人口和经济规模的建制镇。特色小镇和特色小城镇相得益彰、互为支撑。

特色小镇还是一个新生事物，截至2018年4月，大部分特色小镇还在创建或培育之中。省级特色小镇，特别是以浙江省为代表的特色小镇，其内涵与全国范围内的特色小镇有着较大差别。浙江省首次提出的特色小镇，属于"非镇非区"的创新创业平台，不完全是一般意义上的建制镇[1]。而从2016年10月和2017年8月住房和城乡建设部发布的第一批、第二批特色小镇名单来看，国家级特色小镇主要是建制镇而非创新创业平台。此外，从国内特色小镇首次提出及之后的发展来看，现有发展较好的特色小镇既有非建制镇的特色创新创业平台也有传统建制镇。因此，本书涉及的特色小镇包括特色创新创业平台和传统建制镇两种形态。

二、特色小镇发展历程

新型特色小镇概念源于浙江。2014年，时任浙江省委副书记、省长

---

[1]　张蔚文：《特色小镇研究的新议题》，《浙江经济》2017年第10期。

李强参观"云栖小镇"时，首次提出"特色小镇"这个概念。2015年，中央经济工作会议提出加快培育中小城市和特色小镇。2016年，住房和城乡建设部下发《关于开展特色小镇培育工作的通知》，特色小镇在全国范围内得到迅猛发展。特色小镇的发展有其特定的发展背景，符合经济发展的需要。

（一）产业转型升级的新方向

中国经济进入换挡期，经济增长速度由高速向中高速转变，经济发展进入新常态。新常态下中国经济发展的首要任务是产业的转型升级。目前，中国经济转型升级面临着产能过剩、产业技术结构不合理、产业集中度不高、区域结构不协调以及第三产业比重偏低且发展滞后等诸多问题[①]。

产业转型升级，一方面要清理过剩产能和落后产能，另一方面要在推动传统产业转型升级的同时加快培育战略性新兴产业，以创新为主要驱动力，提高产业发展质量和效率，实现产业战略转移，大力发展第三产业。特色小镇符合产业转型升级的需要，在一定程度上解决了例如产业园区重产不宜居、产业集中度不够等问题，同时，不同类型特色小镇建设，能够提高第三产业比重、优化产业结构。特色小镇为各地产业转型升级发展战略的再选择提供了新思路。

（二）新型城镇化建设的重要内容

根据国家统计局数据显示，截至2016年，我国城镇化率已达57.35%。而根据国务院发展研究中心和世界银行预测，到2030年，我国城镇化率将达到70%左右，约有10亿人生活在城市。快速发展的城镇化过程表现为城市用地不断扩张、人口不断向大城市集中，同时，这也带来了环境恶化、交通拥堵、用地紧张、房价高等"城市病"。大城市人口、环境和交通压力已成为中国未来城镇化和经济持续发展必须解决的重大问题。

---

① 邵光学、栾淳钰：《新常态背景下产业转型升级研究》，《技术经济与管理研究》2016年第5期。

新型城镇化要求大中城市和小城镇协调发展，同时这也是搭建城乡发展一体化基本平台的有效举措，加快城镇化特别是特色小镇建设步伐，是破解城乡二元结构的重要手段。城镇化是现代化的必由之路，特色小镇建设理当作为推进新型城镇化、促进城乡发展一体化的重要突破口。

（三）创新创业发展的重要平台

2016年8月8日，国务院发布了《"十三五"国家科技创新规划》的通知，明确了"十三五"时期科技创新的总体思路、发展目标、主要任务和重大举措；提出坚持创新是引领发展的第一动力，深入实施创新驱动发展战略，大力推进以科技创新为核心的全面创新，着力增强自主创新能力，着力推进大众创业、万众创新，塑造更多依靠创新驱动、更多发挥先发优势的引领型发展模式，确保如期进入创新型国家行列，为建成世界科技强国奠定坚实基础。

从发展内涵来看，特色小镇可以着重于科学技术研发、企业孵化、互联网智慧、大数据等产业，推动创新创业的发展，使得创新、众创与产业发展产生密切的联系，延长创新创业产业链，由此推动小镇经济的发展。产业创新特色小镇已成为产业集聚、产业创新和产业升级的排头兵和引领大众创业、万众创新的载体。

从地理位置来看，特色小镇多分布在大都市周边。大城市创新创业的成本太高、空间不大。相对于大城市中心，特色小镇生产生活成本相对较低，是吸引科技水平高、资金相对不足的年轻创业者的理想栖息之地。

第二节　特色小镇分类

关于特色小镇的类型，目前并没有一个统一的官方分类标准和体系。根据特定研究和实际工作的需要，学术界和业界对特色小镇的分类，根据不同的分类标准，有多种不同的分类结果。

2016年，住房和城乡建设部、国家发展改革委、财政部联合下发《关于开展特色小镇培育工作的通知》，明确培育休闲旅游、美丽宜居、现代制造、商贸物流、教育科技、传统文化等特色小镇。根据这些特色可分为旅游发展型、历史文化型、工业发展型、农业服务型、商贸流通型和民族聚居型等类型的特色小镇[①]。

另外，网络自媒体也从不同角度将特色小镇分为十类：历史文化型、城郊休闲型、新兴产业型、特色产业型、交通区位型、资源禀赋型、生态旅游型、高端制造型、金融创新型、时尚创意型。

温锋华在《中国特色小镇规划理论与实践》一书中将特色小镇分为大类、中类和小类三个层次，其中大类分为生态农业类特色小镇（A）、制造业类特色小镇（B）和服务业类特色小镇（C）等三大类型，根据每个大类内涵的不同，进一步细分为若干中类和小类[②]，如表1.1。

表1.1　按小镇特色分类

大类	中类	小类
生态农业类特色小镇（A）	农耕体验小镇（A1）	—
	农业加工小镇（A2）	—
	农业科技小镇（A3）	—
制造业类特色小镇（B）	工艺制造小镇（B1）	—
	高端制造小镇（B2）	—
	智能科技小镇（B3）	—
服务业类特色小镇（C）	金融特色小镇（C1）	基金小镇C11
		互联网金融小镇C12
		特色产业金融小镇C13
	信息产业特色小镇（C2）	互联网小镇C21
		知识产权小镇C22

---

① 住房和城乡建设部、国家发展改革委、财政部：《关于开展特色小镇培育工作的通知》，2016年7月。

② 温锋华：《中国特色小镇规划理论与实践》，社会科学文献出版社，2018年4月。

大类	中类	小类
服务业类 特色小镇（C）	医疗健康特色小镇（C3）	康体养生小镇C31
		健康颐养小镇C32
		生命健康小镇C33
	文旅特色小镇（C4）	生态旅游小镇C41
		文创小镇C42
		民俗小镇C43
		艺术小镇C44
	体育特色小镇（C5）	赛事型体育小镇C51
		康体型体育小镇C52
		休闲型体育小镇C53
		产业型体育小镇C54
	商贸物流特色小镇（C6）	商贸小镇C61
		电子商务小镇C62
		智慧物流小镇C63
	其他类型特色小镇(C7)	教育科技特色小镇C71

说明：该分类来源于北达智业城乡发展智库：《中国特色小镇规划理论与实践》，2018年2月。

上述分类均是从小镇特色方面进行划分，本书还会从小镇产业特色以及小镇确定的级别两方面进行划分。本书按照产业特色将特色小镇分为七类：金融类、生态农业类、文旅类、科技类、传统产业类、影视类和体育类。

一、按小镇产业特色划分

下面以表1.2中七大分类为例，对特色小镇分别进行简单的介绍。

表1.2　按小镇产业特色分类

三大分类*	六大分类**	七大分类***	十大分类****
1.旅游类	1.旅游发展型	1.金融类	1.历史文化型
			2.城郊休闲型
	2.历史文化型	2.生态农业类	3.生态旅游型

续表

三大分类*	六大分类**	七大分类***	十大分类****
2.产业类	3.工业发展型	3.文旅类	4.特色产业型
			5.交通区位型
	4.农业服务型	4.科技类	6.资源禀赋型
			7.新兴产业型
3.社区类	5.商贸流通型	5.传统产业类	8.高端制造型
		6.影视类	9.金融创新型
	6.民族聚居型	7.体育类	10.时尚创意型

注：* 该分类来源于和君咨询：《如何开发农业型特色小镇》，2017 年 9 月 6 日。

** 该分类来源于住房和城乡建设部、国家发展改革委、财政部联合下发的《关于开展特色小镇培育工作的通知》，2016 年 7 月；前瞻研究院：《2018 年中国特色小镇建设现状与发展前景分析》，2018 年 3 月。

*** 本书分类。

**** 该分类来源于网络媒体。

（一）金融类特色小镇

指聚集金融要素资源，以创新型金融激活沉淀资金，放大金融效应，提升金融的辐射力，扩大产业融资，放大产业功能，从而带动经济增长的金融类小镇。如浙江玉皇山南基金小镇、北京基金小镇、浙江嘉兴南湖基金小镇等。

（二）生态农业类特色小镇

指相对独立于成熟的市区，具有明确的农业产业定位、农业文化内涵，旨在承接城市和拉动乡村发展，依托农业育种、农业种植、农产品加工、农业科技、农业休闲等多种业态，形成以农产品品牌化、附加价值提升、发展旅游为主的小镇。如山东刘家沟葡萄酒小镇、浙江莲花生态农业类特色小镇、广西校椅茉莉小镇。

（三）文旅类特色小镇

文旅类特色小镇，是以历史文化以及旅游产业为特色的小镇，其从开发的角度来说大致分为两类：一是历史文化型文旅类特色小镇，依托民俗文化、民族文化、历史遗产等类型资源，挖掘文化内涵，融入新型文化旅游业态，打造旅游目的地，如浙江湖州莫干山小镇。二是依托一定的自然景观、会议，通过将资源转化为产品，产品转化为项目的文旅类特色小镇，如海南琼海博鳌镇。

（四）科技类特色小镇

指具备科技、研发、中试和生产复合功能，具备较好的信息、技术及其他高端产业配套服务的研发型科技小镇。如浙江西湖云栖小镇、上海市安亭汽车小镇等。

（五）传统产业类特色小镇

指具有悠久历史的传统产业，有着长期的产业积累或工艺传承，通过工艺传承、产业积累、生态人文环境资源等因素，形成具有当地特色的产业集聚的特色小镇。如江苏无锡丁蜀紫砂小镇、浙江绍兴东浦黄酒小镇等。

（六）影视类特色小镇

影视类特色小镇是指依托影视拍摄地、影视人物、影视场景、动漫等IP元素，结合旅游产业发展，形成特定效应的主题小镇。影视类特色小镇将影视文化、动漫文化融入区域平台旅游发展中，以影视资源、动漫资源为核心，经过深度开发及产业融合形成系列旅游体验产品，进而带动文旅产业快速品牌化、项目化。如浙江横店影视小镇。

（七）体育类特色小镇

指将旅游、文化、健康等项目元素融入体育产业，满足消费者对体育休闲、体验旅游的需求的体育产业的新业态。

二、按小镇认定主体划分

特色小镇认定主体指公布认定特色小镇或者特色小镇培育名单的官方层级。目前按小镇认定主体划分的小镇类型有住房和城乡建设部公布的国家级特色小镇、部委垂直领域小镇、省级行政单位公布的省级特色小镇。

（一）国家级特色小镇

国家级特色小镇指2016年10月发布的《住房城乡建设部关于公布第一批中国特色小镇名单的通知》（建村〔2016〕221号）中认定的127个第一批中国特色小镇，以及2017年8月《住房城乡建设部关于公布第二批全国特色小镇名单的通知》（建村〔2017〕178号）中认定的276个第二批全国特色小镇。截至2018年3月，全国共认定国家级特色小镇403个。

（二）部委垂直领域小镇

部委垂直领域小镇指各部委在其所辖范围公布的特色小镇。如国家体育总局于2017年5月公布的96个第一批运动休闲特色小镇试点项目。原国家林业局于2017年7月发布《关于开展森林特色小镇建设试点工作的通知》，在其所辖范围内选择了30个小镇作为试点。

（三）省级特色小镇

省级特色小镇是指各个省份根据自身的经济发展及产业特点，由各省自行认定的特色小镇。根据克而瑞大数据，截至2017年底，全国特色小镇项目总量达到2000余个，剔除住房和城乡建设部公布的403个国家级特色小镇以及体育总局公布的96个体育运动休闲特色小镇，全国省级特色小镇数量已超过1500个。

省级特色小镇的认定与培育根据地方特点，更具有针对性。不同的省市，在特色小镇培育和命名方面有各自的节奏和方式。如浙江省采取的是培育、创建、命名三个步骤，创建期满验收合格才给予命名；在小镇类型方面，以创新平台的特色小镇为主。

第三节　特色小镇发展及现状

一、特色小镇发展阶段

我国特色小镇建设开始于20世纪80年代，当时"特色"与"小城镇"的结合主要在城市规划方面，如1983年，费孝通先生经过对吴江的调查，形成了著名的《小城镇 大问题》报告。《瞭望》周刊1984年以"各具特色的吴江小城镇"为题摘要刊发。到90年代，"特色"小城镇主要与旅游特色小镇相结合，以民族特色、地方特色、风光特色作为小城镇旅游的主要吸引点。

"特色小镇"一词源起于1996年中共昆山市委、市政府发表的《加快新型城镇建设 促进经济社会发展》一文，文中讲道："近年来，我们坚持因地制宜、分类指导、确定特色、各展所长的发展要求，从各镇实际出发，积极探索小城镇建设上规模、上档次、健康发展的有效途径，逐步形成了一批功能独特、风格各异的特色小镇。"目前我们所说的"特色小镇"在内涵上与之前的有较大不同。浙江提出的特色小镇是"非镇非区"的多功能创新空间，住房和城乡建设部、发展改革委和财政部各部委的特色小镇是以传统行政区划为单元，特色产业鲜明，具有一定人口和经济规模的建制镇。

因此，就目前的特色小镇建设新内涵来讲，大致可分为两个阶段：2014—2015年为发展探索阶段，浙江省首次提出"特色小镇"概念，之后公布了第一批37个省级特色小镇创建名单；2016年起为全面推广阶段，国家密集出台了众多支持特色小镇建设的政策，特色小镇建设在全国范围内全面展开，国家发展改革委发布特色小镇建设指导意见，住房和城乡建设部公布了第一批127个国家级特色小镇名单，国家体育总局也公布了96个体育类特色小镇。

（一）发展探索阶段（2014—2015年）

2014年10月17日，时任浙江省委副书记、省长李强参观"云栖小镇"，首次公开提及"特色小镇"。

2015年4月22日，浙江省政府出台《关于加快特色小镇规划建设的指导意见》，明确浙江版特色小镇规划建设的总体要求、创建程序、政策措施、组织领导等内容。

2015年6月3日，浙江省公布第一批37个省级特色小镇创建名单。

对列入创建名单的特色小镇，在考核验收后，将给予土地和财政方面的支持。如土地要素方面，对如期完成年度规划目标任务的，省里按实际使用指标的50%或60%给予配套奖励，对3年内未达到规划目标任务的，加倍倒扣省奖励的用地指标。在财政方面，分别根据各自财政权限，给予不同比例的财政返还。

（二）全面推广阶段（2016年起）

浙江的特色小镇建设和特色小镇模式得到中央的肯定，特色小镇的培育上升为国家行动。国家密集出台了众多支持特色小镇建设的政策，特色小镇建设在全国范围内全面展开。同时，按照城市化建设进程以及产业转型升级的需要，对特色小镇的内涵进行了扩展和延伸（见图1.1）。

2016年3月17日发布的"'十三五'规划纲要"，提出加快发展中小城市和特色镇，因地制宜发展特色鲜明、产城融合、充满魅力的小城镇。

2016年5月6日，国务院发布《关于深入推进新型城镇化建设的若干意见》，要求加快特色镇发展。因地制宜、突出特色、创新机制，充分发挥市场主体作用，推动小城镇发展与疏解大城市中心城区功能相结合、与特色产业发展相结合、与服务"三农"相结合，发展具有特色优势的休闲旅游、商贸物流、信息产业、先进制造、民俗文化传承、科技教育等魅力小镇。

2016年7月1日，住房和城乡建设部、国家发展改革委、财政部发布的《关于开展特色小镇培育工作的通知》提出，到2020年，将培育1000个左右各具特色、富有活力的休闲旅游、商贸物流、现代制造、教育科技、传统文化、美丽宜居等特色小镇，引领带动全国小城镇建设，不断提高建设水平和发展质量。

2016年10月13日，中央财经领导小组办公室、国家发展改革委、住房和城乡建设部在浙江杭州召开特色小（城）镇建设经验交流会，住房和城乡建设部同期公布了127个第一批中国特色小镇名单。

2017年8月22日，住房和城乡建设部公布了276个第二批全国特色小镇名单。

- ➤ 2014年10月，浙江省首次提出特色小镇概念。
- ➤ 2015年4月，浙江省出台特色小镇建设意见。
- ➤ 2015年6月，浙江省公布第一批特色小镇创建名单。

- ➤ 2016年5月，国务院发布《关于深入推进新型城镇化建设的若干意见》。
- ➤ 2016年7月，国家住建部、发改委、财政部发布《关于开展特色小镇培育工作的通知》。
- ➤ 2016年10月，公布第一批中国特色小镇名单。
- ➤ 2017年8月，公布第二批全国特色小镇名单。

图 1.1　特色小镇发展阶段

二、国家级特色小镇发展现状

截至2018年4月，国家级特色小镇共有403个，其中第一批特色小镇127个，第二批特色小镇276个。

从地区分布来看，华东地区特色小镇数量最多，有117个，西南地区68个，西北地区49个，华北地区48个，华中地区47个，华南地区41个，东北地区33个。

从省份分布来看，浙江省国家级特色小镇数量最多，有23个，其次江苏省和山东省各有22个，广东省和四川省各有20个，特色小镇数量在10～20（不含）个之间的有17个省（区、市），特色小镇数量少于10个的有9个省（区、市），如表1.3。

表1.3　国家级特色小镇地区分布

地区	省（区、市）	特色小镇数量/个
华东地区（117个）	浙江	23
	江苏	22
	山东	22
	安徽	15
	福建	14
	江西	12
	上海	9

续表

地区	省（区、市）	特色小镇数量/个
西南地区（68个）	四川	20
	贵州	15
	重庆	13
	云南	13
	西藏	7
西北地区（49个）	陕西	14
	新疆	14
	甘肃	8
	宁夏	7
	青海	6
华北地区（48个）	河北	12
	山西	12
	内蒙古	12
	北京	7
	天津	5
华中地区（47个）	湖北	16
	湖南	16
	河南	15
华南地区（41个）	广东	20
	广西	14
	海南	7
东北地区（33个）	辽宁	13
	吉林	9
	黑龙江	11
合计		403个

注：住房和城乡建设部的第一、第二批特色小镇名单中，将新疆生产建设兵团单列，这里为了方便理解，将其并入新疆，在后面统计中也不再对新疆生产建设兵团进行单独统计。

数据来源：根据住房和城乡建设部公布的第一、第二批特色小镇名单整理而得。

从特色小镇类型来看。根据2016年住房和城乡建设部、国家发展改革委、财政部联合下发的《关于开展特色小镇培育工作的通知》，将培育

休闲旅游、美丽宜居、现代制造、商贸物流、教育科技、传统文化六种
特色小镇，以这个为基础具体分为旅游发展型、历史文化型、工业发展
型、农业服务型、商贸流通型和民族聚居型六类特色小镇。如图1.2，在
住房和城乡建设部公布的第一、第二批特色小镇名单中，旅游发展型特
色小镇数量最多，有155个，占比38.46%；其次为历史文化型特色小镇，
有97个，占比24.07%；工业发展型69个，占比17.12%；农业服务型51
个，占比12.66%；商贸流通型17个，占比4.22%；民族聚居型14个，
占比3.47%。

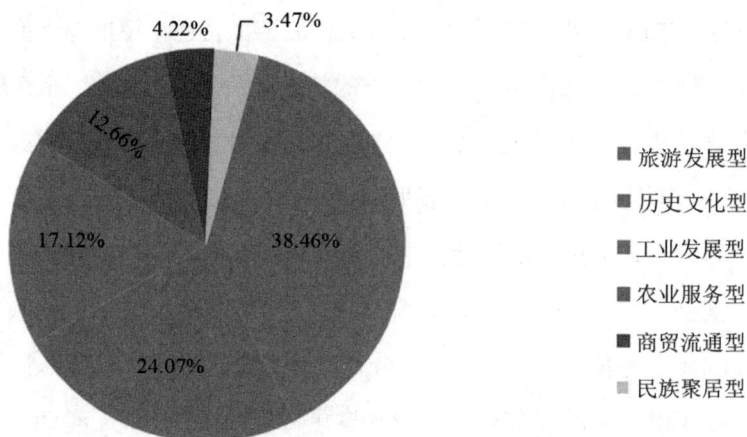

图 1.2　特色小镇类型分布

　　从特色小镇发展方向来看。根据住房和城乡建设部等发布的《关
于开展特色小镇培育工作的通知》，计划到2020年，在全国范围内培育
1000个左右的特色小镇。住房和城乡建设部等三部委对全国特色小镇
提出五个方向的培育要求，涉及产业、环境、文化、设施服务和体制
机制。

　　从第一批和第二批全国特色小镇产业类型来看，未来特色小镇聚焦
于特色和新兴产业，打造特色小镇升级新平台。

　　第一批特色小镇中，旅游发展型和历史文化型特色小镇占比最高，
分别达到50.4%和18.1%，而产业升级空间较大的工业发展型和农业服务
型特色小镇占比并不高，如图1.3。

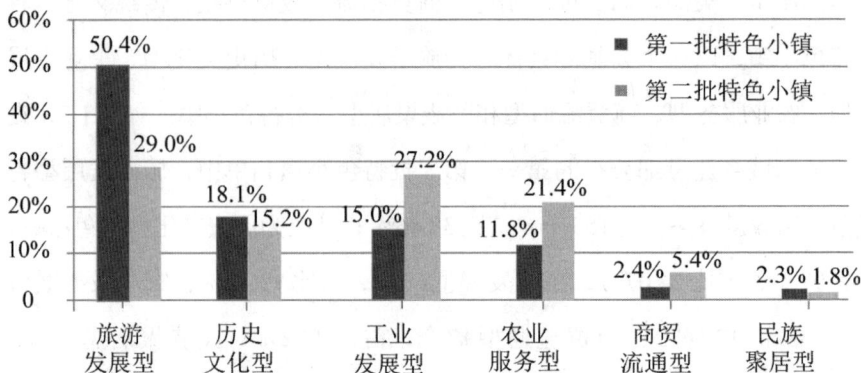

图1.3　第一、第二批特色小镇类型对比

在第二批特色小镇申报时，要求文化旅游型特色小镇推荐比例不超过1/3，鼓励以特色和新兴产业为主导的特色小镇发展。在第二批全国特色小镇名单中，"高端产业"特征更加显著，工业发展型和农业服务型特色小镇占比明显上升。旅游发展型特色小镇占比29.0%，较第一批下降21.4个百分点；历史文化型特色小镇占比15.2%，较第一批下降2.9个百分点；工业发展型占比27.2%，较第一批上升12.2个百分点；农业服务型占比21.4%，较第一批上升9.6个百分点；商贸流通型占比5.4%；民族聚居型占比1.8%。第二批特色小镇更加聚焦特色和新兴产业，有助于我国产业结构加速转型升级。

2017年12月4日，国家发展改革委、原国土资源部、原环境保护部、住房和城乡建设部四部委联合发布了《关于规范推进特色小镇和特色小城镇建设的若干意见》，针对部分特色小镇定位不清以及房地产化等问题和风险，提出规范化发展意见，确保特色小镇聚焦"特色产业"发展；指出特色小镇发展过程中存在"概念不清、定位不准、急于求成、盲目发展以及市场化不足等问题，有些地区甚至出现政府债务风险加剧和房地产化的苗头"。针对以上问题和风险，《意见》强调特色小镇产业"特而强"、功能"聚而合"、形态"小而美"、机制"新而活"的内涵，并要求统一实行宽进严定、动态淘汰的创建达标制度。此外，《意见》强调严防政府债务风险，并严控特色小镇房地产化倾向等。

三、省级特色小镇发展现状

除了国家有关部委认定的国家级特色小镇，大部分省市公布了当地的特色小镇名单。截至2018年4月，全国已有23个省（区、市）公布了省级特色小（城）镇名单，剔除其中包含的国家级特色小镇，全国已有省级特色小镇1116个。在已公布的特色小镇名单中，不同省市的特色小镇内涵有所差别，有7个省（区、市）特色小镇属于创新创业平台，有7个省（区、市）属于建制镇的形式，5个省（区、市）属于创新创业平台＋建制镇的形式，4个省（区、市）定位为发展空间平台，另外3个省（区、市）定位为其他，如表1.4。

表1.4　各省（区、市）省级特色小镇数量（不含国家级）

地区	省（区、市）	特色小镇数量/个				特色小镇内涵
		命名数量	创建数量	培育数量	目标数量	
华东地区（460个）	浙江	2	108（3）	64（2）	100	创新创业平台
	江苏		25（1）		100	创新创业平台
	山东		109（2）		100	创新创业平台
	安徽	25（1）		18（1）	80	创新创业平台
	福建		55（2）			发展空间平台
	江西		54（2）		60	建制镇＋创新创业平台
西南地区（172个）	四川	35（1）			200	建制镇
	贵州				100	建制镇
	重庆		26（1）特色小镇		30	创新创业平台
	云南		92（1）		20（全国）80（全省）	建制镇＋创新创业平台
	西藏		19（特色小城镇建设）			建制镇
西北地区（50个）	陕西				100	创新创业平台
	新疆		33（1）小城镇建设		100	建制镇
	甘肃		12（1）			综合性发展平台
	宁夏		5（1）			建制镇＋创新创业平台

续表

地区	省（区、市）	特色小镇数量/个				特色小镇内涵
		命名数量	创建数量	培育数量	目标数量	
华北地区（152个）	河北		30（1）	52（1）	100	发展空间平台
	北京		37（1）特色小城镇			建制镇
	天津		20（2）	13（1）剔除升级为创建4个	30	示范小城镇基础上的特色小镇建设
华中地区（20个）	湖北		20（1）		50	创新创业平台
	湖南				100	建制镇（小城镇建设）
华南地区（154个）	广东		30（1）		100	特色小城镇+创新创业平台
	广西		31（1）		100	发展空间平台
	海南		93（1）		100	发展空间平台
东北地区（108个）	辽宁		20（1）			建制镇
	吉林			36（1）		产业特色
	黑龙江			52（1）		建制镇+创新创业平台
合计		1116个				

注：括号内数据代表公布的批次数量，如108（3）代表公布3批数量共108个。

数据来源：根据2018年4月前（含）各省市公布的特色小镇文件整理取得，剔除住房和城乡建设部公布的国家级特色小镇。

以下是典型的省级特色小镇发展现状。

（一）浙江省

浙江省是特色小镇发展最早的省份，也是现代意义上特色小镇的发源地。浙江省的特色小镇与住房和城乡建设部公布的特色小镇在内涵上有所不同，是属于"非镇非区"的创业平台，不完全是一般意义上的建制镇。2015年4月，浙江省人民政府发布《关于加快特色小镇规划建设的指导意见》，指出"特色小镇是相对独立于市区，且有明确产业定位、文化内涵、旅游和一定社区功能发展的空间平台，区别于行政区划单元和产业园区"。

而在特色小镇建设的步骤方面，主要采取培育、创建、命名三个步骤，创建期满验收合格才给予命名，与住房和城乡建设部一次性认定也有所不同。2015年6月，浙江省公布第一批37个省级特色小镇创建名单。

2016年1月，浙江省公布第二批42个省级特色小镇创建名单以及54个省级特色小镇培育名单。2017年8月，浙江省公布第三批35个省级特色小镇创建名单和18个省级特色小镇培育名单，同时公布了首批命名的2个省级特色小镇——玉皇山南基金小镇、余杭梦想小镇。在省级特色小镇创建过程中，经过两次考核，全省共有6个小镇考核不合格被降级。

截至2018年3月，浙江省已形成"首批2个省级特色小镇、三批108个省级创建小镇、两批64个省级培育小镇"的特色小镇建设发展格局。

在产业类型方面，特色小镇成为浙江省深化供给侧结构性改革、助推经济转型升级的重要途径。主要围绕七大万亿级产业，包括信息、环保、健康、旅游、时尚、金融、高端装备制造，以及浙江特色产业，如丝绸、黄酒、茶叶、中药等。

在政府管理方面，2018年1月，浙江省质监局发布了《特色小镇评定规范》，这是我国首个"特色小镇"评定地方标准，该标准于2018年1月29日正式实施。《规范》中，特色小镇的评定内容及指标体系主要分为"共性指标"与"特色指标"两个关键部分。其中，共性指标由功能"聚而合"、形态"小而美"、体制"新而活"三个一级指标构成。特色指标则由产业"特而强"和开放性创新特色工作两个一级指标构成。

（二）江苏省

2016年1月，江苏省人民政府发布《关于培育创建江苏特色小镇的指导意见》，指出"特色小镇是遵循创新、协调、绿色、开放、共享发展理念，聚焦特色优势产业，集聚高端发展要素，不同于行政建制镇和产业园区的'非镇非区'创新创业平台"。通过3～5年建设，分批培育创建100个左右产业特色鲜明、体制机制灵活、人文气息浓厚、生态环境优美、多种功能叠加、宜业宜居宜游的特色小镇。

2017年5月，江苏省公布首批25个省级特色小镇创建名单，其中：高端制造类小镇7个、创意创业类小镇6个、新一代信息技术类小镇4个、历史经典类小镇4个、健康养老和现代农业类小镇各2个。江苏省首批特色小镇建设时间为3年。

2017年12月，江苏省完成第二批省级特色小镇创建名单申报工作，第二批特色小镇主要聚焦高端制造、新一代信息技术、创意创业、健康养老、现代农业、历史经典等产业。

同年12月，江苏省发布《江苏省体育健康特色小镇评估及认证标准》和《江苏省体育服务综合体评估及认证标准》两项标准。

《江苏省体育健康特色小镇评估认证标准》兼顾体育类特色小镇准入及建设完成考评认证的双重功能。江苏省体育健康特色小镇建设成果的验收认证，将以"宽进严出、动态管理、优胜劣汰、验收认定"思路，在创建期满后由省体育局按照《标准》认定。

《江苏省体育服务综合体评估及认证标准》是全国范围首部体育服务综合体评估及认证标准。《标准》从体育服务综合体的规模与业态、使用情况、效益情况和管理情况等方面进行全面评估，可以对新建体育服务综合体、既有体育服务综合体改造升级进行指导和评估认证。

（三）山东省

2016年9月，山东省人民政府发布《山东省创建特色小镇实施方案》，明确"山东省特色小镇是区别于行政区划单元和产业园区，具有明确产业定位、文化内涵、旅游特色和一定社区功能的发展空间平台"。目标是到2020年，创建100个左右产业上"特而强"、机制上"新而活"、功能上"聚而合"、形态上"精而美"的特色小镇，成为创新创业高地、产业投资洼地、休闲养生福地、观光旅游胜地，打造区域经济新的增长极。

2017年1月，山东省公布第一批60个省级特色小镇创建名单。2017年9月，山东省公布第二批49个省级特色小镇创建名单。

在产业方面，2017年6月，山东省发展改革委发布了《关于开展山东省服务业特色小镇试点工作的通知》，目的是培育一批产业特色鲜明、文化底蕴浓厚、生态环境优美、富有生机活力、示范效应明显的服务业特色小镇。2018年2月，山东省发展改革委开展第二批省级服务业特色小镇培育工作，主要包括信息科技、创意创业、医养健康、金融商务、旅游休闲、商贸流通等服务业领域。

（四）福建省

2016年6月，福建省人民政府发布了《关于开展特色小镇规划建设的指导意见》，指出"特色小镇区别于建制镇和产业园区，是规划面积为3平方公里左右的特色产业聚集区，是具有明确产业定位、文化内涵、兼具旅游和社区功能的发展空间平台"。通过3～5年的培育创建，建成一批产业特色鲜明、体制机制灵活、人文气息浓厚、创业创新活力迸发、生态环境优美、多种功能融合的特色小镇。

2016年9月，福建省公布了第一批28个省级特色小镇名单；2017年12月，福建省公布了第二批27个省级特色小镇名单。

（五）广东省

2017年6月，广东省发展改革委、省科技厅、省住房城乡建设厅联合发布《关于加快特色小（城）镇建设的指导意见》，提出"特色小镇分类探索城镇发展新路径，按照特色小城镇和特色小镇两种形态，因地制宜、分类指导，加快建设一批符合广东特色的小（城）镇。其中，特色小城镇以打造美丽小城镇为导向，着力完善城镇功能，全面建设新型城镇化有效载体。特色小镇以培育新兴产业为导向，着力完善产业链、提升价值链，重点打造创新创业发展平台"。目标是到2020年，建成100个左右产业上"特而强"、功能上"聚而合"、形态上"精而美"、机制上"活而新"的省级特色小镇，成为新的经济增长点。广东省的特色小镇内涵更为广泛，既包括建制镇的特色小（城）镇，又包括"非镇非区"的创业平台。

2017年8月，广东省公布首批30个省级特色小镇创建工作示范名单（不含6个国家级特色小镇），以新兴产业为导向，着力完善产业链、提升价值链，重点打造创新创业发展平台。

在产业方面，2017年11月，广东省海洋与渔业厅发布《广东省海岸带综合保护与利用总体规划》，至2020年，广东省将建设60个海洋特色小镇和150个特色渔村。

（六）四川省

2017年2月，四川省发展改革委发布《四川省"十三五"特色小城镇发展规划》。《规划》提出"在2016—2020年规划期内，要大力培育发展200个左右类型多样、充满活力、富有魅力的特色小城镇"。简单来说，就是有发展前景、有特色产业、有一定人口、有一定经济规模的城镇。目标是在未来5年，培育发展200个左右特色小城镇。重点向旅游休闲、现代农业、商贸物流、加工制造、文化创意、科技教育等六个方向发力。

2017年6月，四川省公布35个省级特色小镇名单（不含7个国家级特色小镇）。在发展特色上采用"3+N"特色模式和"百镇建设行动"。

"3+N"特色模式指依托不同的特色资源和地方优势，由不同主导产业引导的特色发展模式。"3"是三种主要发展模式：工业特色镇、商贸特色镇和旅游特色镇。"百镇建设行动"开始于2012年，是四川省根据当时经济发展水平、财力和政策承载能力，突出重点，加快推进新型城镇化重点工作实施的试点行动。

因此可以看出，四川省特色小镇建设是以城镇化建设为主，创新创业平台小镇建设为辅。

（七）湖北省

2017年12月，湖北省人民政府发布《湖北省特色小镇创建工作实施方案》，同时公布了首批20个特色小镇创建名单。实施乡村振兴战略，推进新型城镇化，推动经济转型升级和培育经济发展新动能。目标是通过3～5年培育，创建50个国家级及省级层面的特色小镇。

因此，湖北省的特色小镇建设既包括建制镇的特色小（城）镇，又包括"非镇非区"的创业平台。

（八）陕西省

2017年3月，陕西省发展改革委出台《加快发展特色小镇的实施意见》。《意见》提出"特色小镇区别于建制镇和产业园区，是具有明确产业定位、文化内涵，兼具旅游和社区功能的发展空间平台"。全省首批重点培育和规划建设10个特色小镇，此后逐步扩大，力争通过3～5年的培育创建，建设100个空间布局合理、产业特色鲜明、体制机制灵活、生态环境优美、公共服务完善的特色小镇。

第二章

国外特色小镇发展路径及影响因素

第一节 国外特色小镇发展背景及现状

与国内特色小镇概念相比，国外"特色小镇"内涵略有不同。国外特色小镇主要是市场行为，由于地方资源的优势或者行业领军企业的进驻，从而吸引了一系列企业驻扎于当地，通过多年的发展，逐渐成为一个具有相当影响力的产业特色小镇。国外的特色小镇，政策优惠、政府扶持对不同产业有不同的效果。政府在统一规划、产业调整方面发挥一定的作用，但在产业集聚方面主要是企业为主体。在融资和经营管理方面，国内外的特色小镇也存在着显著的不同，国外特色小镇发展具有特定的背景[①]。

一、国外特色小镇发展背景

首先，有特有的"小镇文化"背景。欧美国家是以小镇为单元的国度，这些国家就是由一个个的小镇构成的，"特色小镇"是他们的主流生活场。很多小镇都有几百年的历史传承，无论是建筑肌理、人文风情、商业形态还是生活习惯、传统工艺，都代表着一种文化传承和精神象征。这种历史和文化传承以及人们的小镇生活习惯是西方特色小镇形成的重要原因。

其次，是经济发展阶段的必然产物。特色小镇是发达国家城市化进程发展到一定阶段的产物。20世纪60年代，工业化和城镇化的高速发展导致大城市人口过度集聚、拥堵不堪，但乡村却出现空心化。为分流大城市人口，发达国家启动小城镇建设。如图2.1，其中，英、美、日三国启动小城镇建设时的城镇化率均达到70%，而韩国起步较晚，城镇化率

---

① 戴德梁行：《新型城镇化4.0——培育特色·成就小镇》，2017年12月。

为40%～50%，与我国较为接近。

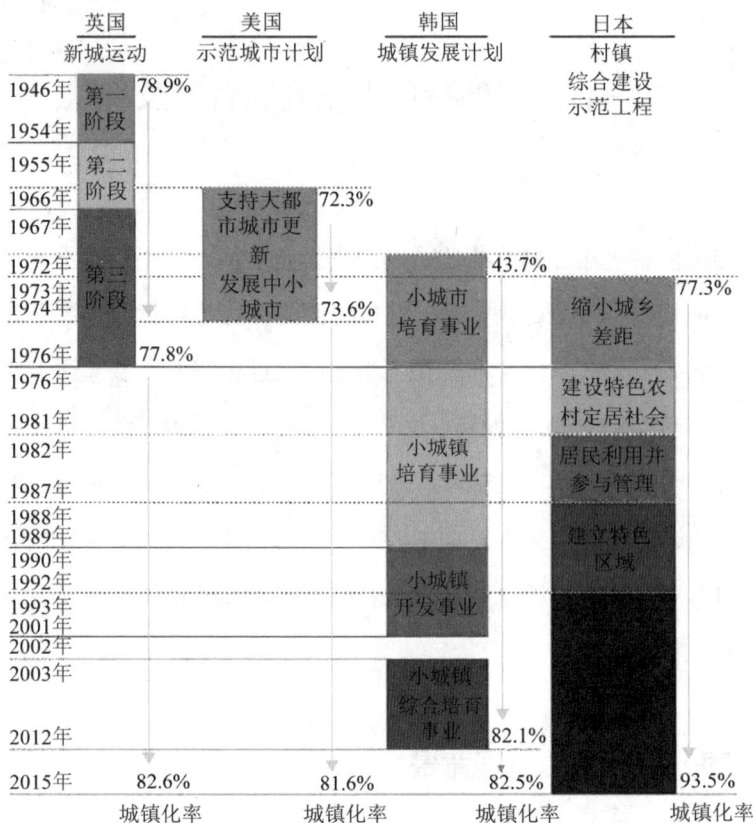

图 2.1　发达国家小城镇发展阶段及城镇化率

数据来源：戴德梁行：《新型城镇化 4.0——培育特色·成就小镇》。

大都市周边的小城镇土地便宜、环境宜居、交通便利，成为推动人口外溢和居住郊区化的重要因素。在这个"逆城市化"过程中，很多企业把总部或部分核心功能搬迁至大都市周边的小城镇，通过企业或产业带动周边特色小镇的发展，同时也通过各种城市功能转移为不堪重负的大都市缓解矛盾。

后工业化时代除了"大都市病"的严重弊端之外，另外一个问题就是产业动力不足，特别是就业水平得不到有效提高，很多居民全靠国家的福利和补给。为了更好地推动就业，打造全新的以小镇为单元的经济增长极，政府通过城市规划积极引导有基础的特色产业小镇的发展。

最后，城乡资源差异较小。欧美发达国家小城镇与大城市资源差异较小，在教育、医疗、收入等方面基本均衡，因此很多人愿意去周边小城镇工作、生活，特别是那些气候好、人口密度小、房价低、税收少的小城镇，这些小城镇的综合条件甚至比大都市都要好，所以，只要在特定的条件下，就很容易形成人才和产业聚集效应。

二、国外特色小镇发展现状

欧美发达国家的特色小镇建设自20世纪60年代开始，截至目前，欧美等经济发达体均已经完成了对小城镇的开发培育工作。小城镇极大缓解了"大城市病"和区域发展不均衡的问题，已逐渐成为这些国家经济、人口和产业的主要发展载体。

（一）英国特色小镇发展现状

英国特色小镇建设基本有两种类型。一种是政府主导的小镇（新城）建设，这种小镇建设类似于我国目前的新型城镇化建设，目的是通过小镇建设，缓解大城市压力、合理配置资源、平衡区域经济、减少城乡差距。英国政府分别于1946年、1965年和1981年颁布和修改了《新城法案》（New Towns Act），主要目的是通过对小镇的开发建设，疏解伦敦、伯明翰、利物浦等大城市的过剩人口。

20世纪50年代，英国的城市化率已经接近80%，"人口集中化"时期工业化推动的城市化发展，使一批小城镇繁荣起来，但在快速城市化的进程中，为了换取经济效益的最大化，而忽略了社会公平、国民利益、生态环境、资源、乡村及农民的利益等。此时的大都市面临着环境质量差、住房拥挤、生活质量差等城市问题，小城镇也逐渐失去乡村的属性，规模不断扩大，曾经的农田被开发为住宅、工厂，这使人们开始向往从前的田园生活。为了解决这些问题，英国政府采取的一系列措施对小城镇的下一步转型产生了重要影响，一方面是新城建设，另一方面则是城乡规划相关法规的完善和资金的支持。

英国共进行了三代新城建设。第一代新城的建设理念最接近于"田园城市"的定义，但功能上却没有达到"田园城市"的目标：人口规模偏小使新城的公共设施运营困难；人口与建筑的低密度使人们感到生活氛围的缺失；建设的主要目的是吸纳大城市人口，而没有注重城镇的经济发展和城市功能的完善。从第二代新城的建设到第三代新城的建设，城镇功能开始逐渐完善，但在规模上却不再是霍华德所描述的小规模、小尺度的小城镇，如第三代新城的规划人口已经达到20万人以上，其中英国新城开发最成功的典范米尔顿·凯恩斯，其规划人口有25万人。虽然新城的建设与霍华德所提出的田园城市理论已经有了本质上的区别，但新城建设在疏解大城市人口的作用上无疑是成功的。其在远郊区规划设置的新城以及对原有城镇的扩建推动了人口从中心城市向郊外小城镇和新城的迁移，进一步促进了城乡一体化，加快了城镇的基础设施建设，使小城镇的生活方式逐渐向城市的生活方式转变，使更多的城镇通过正常的成长过程和规划系统的正常运转发展起来。

从田园城市到新城建设期间，英国政府开始着手颁布一些指导性的法规来指导城市、城镇及乡村的建设发展。在小城镇的建设方面，英国政府1909年颁布了《住宅、城镇规划法》（Housing and Town Planning Act），1932年和1947年的《城乡规划法》（Town and Country Planning Act）作出了把城市与乡村都放入规划领域的初步尝试。1947年的立法，确立了控制城市向乡村蔓延的法规，把英国小城镇建设纳入了规划的渠道，第一次明确提出要遏制城市向乡村扩张，确保乡村的农业和林业用地不受发展规划的影响，同时还明确要对乡村地区具有历史意义的建筑进行保护，这对小城镇的健康发展起到了积极作用。到2004年，新修订的《城乡规划法》（Toun and Country Planning Act 2004）将原来的指导性法规上升为强制性立法，确保了政府可以对规划进行宏观调控。一系列的法律措施使小城镇开始向可持续的状态发展，人们在发展经济的同时开始注重生态环境和农田的保护，在城镇周围留下绿化带，重新将小城镇与乡村结合起来，改善乡村的生活，使城乡一体化在法治的环境下有条不紊地进行。

21世纪初，英国政府不断推动和资助城镇更新，增强小镇活力。2000年起，英国政府在3年内用3700万英镑的资金增强对城镇市场的更新，通过对100个城镇的1亿英镑项目，以增强城镇作为经济、交通枢纽、休闲与服务聚集点的角色。因此可以说国家立法和政府支持是小城镇更加健康可持续状态发展的重要动因①。

剑桥市前市长杰芮米·本斯特德（Jeremy Benstead）在2017年首届中国特色小镇建设国际峰会上介绍："新城也就是新的小镇，是围绕着旧城和市场建设的，以环镇和环城的方式布局，比如说在伦敦周边和北部苏格兰地区的一些城市。英国政府还成立了一个委员会，这个委员会在管理和建设新城的权力是大于地方政府的。政府主要的目标有两个，一个是提供就业，一个是提供住房。……英国当时在做小城镇建设时，企业转移到新城有很多优惠政策，目的是人口随企业流动出去。……同时，注重营造良好的社区，包括保持一个良好的社区的环境、态度、意识等。"②

通过几十年的发展，英国小镇（新城）建设已走上规范有序、可持续发展的道路。每个中心城市周围基本上都有数量不等的小镇，这些小镇具有环境优美、配套完善、规划合理等特点。

另一种是将小镇特有的传统文化与时俱进地融入小城镇的可持续规划建设中，形成传统文化与现代商业相结合的特色小镇。对于传统文化小镇，英国政府颁布了多部与小城镇规划设计建设有关的法律法规。1953年，英国颁布了《历史建筑和古老纪念物保护法》等法律，以规范和引导城市（镇）改造和更新行为。按照规定，建筑历史达到50年以上，一般不允许再拆除，无人继承的则由国家历史文物保护机构收管经营。1967年开始划定的特别保护区，从最初的200个到至今已有9000个列入名单。

---

① 盖艺方、尹豪：《英国"特色小镇"的源起、发展及启示》，《风景园林》2018年第8期。
② 中企君：《杰芮米·本斯特德：英国特色小镇对中国特色小镇的启示》，中国企业网，2017年9月18日。http://www.zqcn.com.cn/huodong/201709/18/c500995.html.

政府根据当地的自然、历史和产业，对小镇建设的总体思路、目标、建筑保护方案、资金来源等进行规划，对小镇采取整体性、原真性的保护，修葺具有历史文化价值的传统建筑，维护具有地域特色的原有城镇的街道、民居建筑等景观格局。

例如位于英国中部华威郡的斯特拉福德小镇，是著名作家莎士比亚的故乡与安葬地。斯特拉福德小镇人口约3万人，每年接待大约50万名来自世界各地的游客，现在已成为世界名人故居保护与商业开发相结合的典范。斯特拉福德小镇一方面通过发展旅游业自负盈亏、实现文物古迹的维护与基础设施的更新，另一方面又避免过度商业化破坏小镇的宁静和历史厚重感。政府做好长期规划，通过深挖莎士比亚文化和整体设计，完整呈现名人一生；信托基金独立、专业运作，实现古迹开发与保护平衡；小镇注重"粉丝"培育，不断提升名人故里吸引力[1]。

（二）美国特色小镇发展现状

美国早在20世纪60年代就实现了高度城镇化，城镇化率达到75%。数量庞大的不同规模城市中，中小城镇占据绝对优势比例。全美国共3403个郡县，涵盖35153个市、镇、村，其中人口在3万人以下的小城镇达34000多个。

从城乡整体格局来看，依托城市延展与农村城镇化发展路径，美国大量小城镇围绕中心城市错落布局，形成既相互独立又功能互补的城镇体系。美国城乡发展模式的主要驱动因素可以分为两点：其一是得益于生产要素自由流动，能够有效促进人口实现空间均衡配比；其二是以新经济为主要特征的技术驱动作用，使得乡村在城乡交互中拥有更多机会。归纳起来，可以将技术驱动下的自由延展式城乡互动模式视为美国城乡关系演进的基本特征[2]。

美国的特色小镇建设也分为两种类型。一种是"示范城市计划"小

---

① 桂涛：《到莎翁故乡领略英国特色小镇》，《半月谈》2016年第23期。
② 范昊、景普秋：《自由延展、城市区域与网络共生：欧美城乡关系演进动态及其比较》，《城市发展研究》2018年第6期。

镇。20世纪60年代，美国政府发动"示范城市计划"，鼓励中小城镇发展。一些大城市周边的小城镇由于地价便宜、环境宜居，成为居住首选地。在小城镇建设中，美国政府注重整合各种要素，培育龙头城镇和城镇群，提升聚集效能，以点带面，渐次连片，在城镇群向都市圈和城市带的发展中消除城乡差别，推进区域城乡一体化、公共服务均等化，实现均衡发展。

根据美国国家统计局2010年公布的数据，全美51个州，人口3万人以下的城（镇）达34000多个，人口3万～10万人的城（镇）878个，人口10万～20万人的城（镇）131个，人口20万～100万人的城（镇）78个，人口300万人以上的城（镇）13个。在空间布局上已形成了以大城市为主体，中小城市（镇）为重点，大中小城市（镇）均衡发展、相互补充、多层次的城镇体系。

另一种是特色产业小镇。这类小城镇凭借自身的特色资源或地理区位优势，以某一类主导产业为支撑，带动当地的经济社会发展。如美国康涅狄格州的格林威治小镇（Greenwich）被誉为"对冲基金之都"。该小镇凭借自身的地理位置——与金融中心纽约的行车时间不超过1小时，自然环境优美，配套设施完善，还提供优惠的税收政策，吸引了众多基金公司。20世纪90年代起，对冲基金开始在格林威治周边不断涌现，大量金融机构的总部基地迁移到格林威治，形成金融集聚效应，成为世界著名的基金小镇。在格林威治小镇发展过程中，地理区位与政策支持两者不可或缺。

再如美国加利福尼亚州的纳帕谷（Napa Valley），该小镇是典型的生态农业类小镇群。依托传统葡萄酒产业，通过科学、统一的政府规划，延伸产业链，融合第一、第二和第三产业，以葡萄酒种植、葡萄酒加工销售以及与此相关的旅游相互融合，逐步形成产业特色小镇。20世纪80年代起，政府对纳帕谷下属的镇进行统一规划和差异化定位，为避免同质化竞争，政府根据各镇的发展现状和各自的资源禀赋，因地制宜地对各个小镇提出了差异化的发展定位，根据与葡萄酒产业融合发展的产业类型，大致分为四类，即葡萄酒本身、葡萄酒+体育运动、葡萄酒+商业艺术、葡萄酒+休闲养生，整体形成"葡萄酒+"的产业体系，共同构成生态农业类特色小镇集群。在纳帕谷发展过程中，政府的统一规划起到了关键作用。

（三）德国特色小镇发展现状

德国采取以区划制为主体的，联邦政府、各州政府、地方政府三级紧密配套的城镇体系建设管理机制，统一规划与地方自治相结合的空间规划策略，自上而下和自下而上相结合的规划联动体制，构成相对均衡的德国城镇体系的基石。德国的城市地区（市/非市县）及乡村地区规划处于城镇空间规划体系中的社区空间规划层次，各级空间规划编制都遵循上一级规划，每个层次的空间规划都有相应的法律支持，保证各个空间规划体系分工明确，脉络清晰[1]。

自20世纪60年代起，德国开始规划与建设互补共生的区域城市圈，城市圈内部以大城市为龙头，中小城市为主体。但在城市圈内部，主要采取"去中心化"城镇化模式，削弱主要大城市的"资源中心"地位，促进了地区平衡以及经济社会与环境的可持续发展，有效地缓解了工业化进程中的"城市病"。德国人口约8000万人，只有约30%的人口居住在大城市，而约70%左右的居民更热衷于生活在中小城市。德国城镇化率达90%，其最大城市柏林的人口约340万人，港口城市汉堡以180万人位居第二，第三大城市慕尼黑约为130万人。在德国，列为全国主要城市的有36个，其中人口在百万以上的仅4个（柏林、汉堡、慕尼黑和科隆），各城市人口分布均衡[2]。由于中小城市及居民点（Settlement）居住的人们能享受到相同的医疗、教育等公共资源与社会保障，以铁路为主体的高度发达的交通网络保证了城市间的联系便利，故德国小城镇构成了德国城市和乡镇结构的基础，在经济社会生活中占有重要

---

① 张洁、郭小锋：《德国特色小城镇多样化发展模式初探——以Neu-Isenburg、Herdecke、überlingen为例》，《小城镇建设》2016年第6期。

② 蒋尉：《德国"去中心化"城镇化模式及借鉴》，《国家行政学院学报》2015年第5期。

地位。

从德国小镇发展的特点来看，主要有几种不同的模式。第一，"去中心化"城镇建设中形成的社区型小镇。这种模式下，由政府统一规划，采取行政资源、社会公共产品和服务的均衡分布及区域城乡同质性原则，形成居住（社区）型小镇。这类小镇，一般具有优美的自然风光，环境整洁，规划合理，交通便捷，设施齐全，公共服务与大城市相当，适宜人居。

第二，利用历史文化传统，形成历史文化底蕴浓厚的文旅型小镇。德国在1955年颁布《保护文化遗产以防流失法》，该法案于1998年进行了修改，还有1980年颁布的《关于联邦法规中应顾及文物古迹保护法规》[1]。此外，德国作为联邦制国家，各州也自行制定"文物古迹保护法"。这类小镇通过充分保护文化传统与历史建筑，利用深厚的人文历史，保存完整的建筑，吸引众多游客，成为典型的旅游胜地。如德国中部著名文化小城海德堡，市区人口14万人，在16世纪已成为欧洲重要的文化中心，由于很好地保存了历史文化风貌，平均每年吸引游客约350万人。

第三，以"小城镇大产业"为特点的产业型小镇。目前德国70%的就业人口位于产业型小镇。这种类型的特色小镇所依托的既有机械制造等传统行业，也有信息技术、航空航天等新兴高科技行业，但不管是哪种行业，这类小镇均有一个特点，即产业细分与集群。每个小镇均有自己的特色支柱产业，同时小镇之间又具有很强的关联度。这类小镇属于市场化的产物，以效益为导向，政府只起引导作用。它们在地理位置上较为接近，同时在产业上比较接近、相互关联。另外重要一点是，通过产业联盟、行业协会、研究所等形式，形成一个产业共同体，在共同体内专门成立集群办公室，共同制定产业长期战略规划；通过分级会费制度，吸引大量中小企业参加；实行"集体创新机制"，依托平台，帮助没有独立研发能力的企业进行技术改进。如位于巴伐利亚州的小镇英戈斯

---

① 白瑞斯、王霄冰：《德国文化遗产保护的政策、理念与法规》，《文化遗产》2013年第3期。

塔特，是奥迪汽车全球总部所在地。

（四）法国特色小镇发展现状

法国城镇化始于19世纪30年代，当时法国城市人口才占10%；到了第二帝国时期，法国城镇化在全国范围内展开；到了第三共和国后期，法国已经基本实现城市化，据统计，1931年法国的城市人口达到了51.2%；在1994年，法国的城市化率已经达95%以上[①]。

为避免城市发展趋同，法国分别从新城规划、旧城改造以及城市品牌打造三个角度，通过建设和强调城市文化特色而让城市获得长足的发展。

19世纪后半叶，法国开展针对古建筑保护的立法工作，1840年法国颁布《历史性建筑法案》，这是世界上最早的文物保护方面的法案。1887年又颁布了《纪念物保护法》。1913年颁布的《历史古迹法》是现行保护制度的基础，对文物所有者的行为做出了一定的限制，准许国家直接对列入遗产名录的古建文物进行修缮。法国众多的具有悠久历史的小镇得到了良好的保护。

在快速城市化的进程中，法国进一步加强对历史建筑以及城市文化遗产的保护。1962年，为了应对大规模的城市改造对历史建筑的威胁，法国制定了影响广泛的《马尔罗法》，即《历史街区保护法》。该法把历史街区列为保护区，并且规定保护区内的历史建筑不能随意整修、拆建，所有者若对文物进行维修必须要在拥有资历的建筑师的指导下进行，并且政府会发放相应的补贴。法国政府一方面通过制定详尽法规对旧城进行保护，另一方面又能根据不同城市的特点以及实际发展情况进行长远的城市规划。

在小镇产业发展方面，法国政府针对小镇不同的历史以及目前的产业形态，根据其特色分别制定发展战略。对以自然资源为优势的小镇，加强自然资源优势并将其转化为竞争优势，在此基础上拓展产业链，从产品本身拓展至产业上下游，发展旅游产业，在开发自然资源的同时注

---

① 丁窈遥、周武忠：《守得住的"乡愁"——法国城市规划案例对中国城镇化的启示》,《中国名城》2016年第6期。

重保护环境，实现可持续发展，如依云（Evian）小镇。对具有悠久传统产业的小镇，以培育现有产业为主，注重区域品牌塑造，突出地区产业特色，加强配套设施建设，大力发展传统产业旅游，如格拉斯（Grasse）小镇。

在应对城市化带来的众多问题时，法国也开展了新城建设，通过国家干预、顶层设计，设立专门的规划委员会。通过设立便利的交通、完善的配套设施、相同的福利待遇以及优美的自然环境，吸引市区人口向新城转移，其中最为典型的是巴黎新城建设。

20世纪60年代，巴黎的城市建设趋于完善，不断地吸引着大量的外来人口，巴黎城市建设已经满足不了激增的人口。为了保护巴黎旧城，在戴高乐总统主持下，法国出台了巴黎大区总体规划，并首次提出将新城作为平衡巴黎市中心人口以及就业的主要方式，进而减轻巴黎市中心的负担以及预防可能由巴黎市郊发展不平衡所带来的隐患。巴黎新城的规划和建设被普遍认为是世界上新城规划的典范，在每个新城规划与建设的前期，政府部门会组织成立区域性的公共规划机构（Établissements publics d'aménagement de laregion，EPA）来专门负责新城的规划、开发以及建设工作，国家干预的痕迹非常明显。EPA成员以规划人员为核心，包括建筑师、景观设计师、经济学家等各个方面的专家及社区代表等。

随着新城的发展日趋稳定和成熟，新城的规划管理权逐渐会转移给新城居民代表，由他们成立新的政府机构并且选择新城未来的发展方向，为了把巴黎大区的影响力辐射到巴黎盆地的其他地区，新城的选址一般集中在距离巴黎市中心25～30公里范围以外的区域，并且优先选择那些原有城镇较为密集的地区进行开发和建设，其最终目的是利用这些现有的城市来容纳巴黎大区的新增人口和庞大的市政建设量。20世纪60—70年代，巴黎大区陆陆续续地设置了5个新城，分别是埃夫里（Évry）、赛尔吉蓬图瓦兹（Cergy Pontoise）、伊夫林（Yvelines）、马恩拉瓦莱（Marne-la-Vallée）以及默伦塞纳尔（Melun Sénart），整个巴黎的土地面积扩大了4倍。

这5座新城并没有脱离于巴黎独立发展，它们与巴黎市区之间通过搭建便捷的交通网络，共同组成了完整而和谐的城市体系。为了将巴黎新城与老城相连接，政府逐步建起5条遍布整个法兰西岛的巴黎大区快铁（Réseau Express Régional，RER）。目前为止，RER已经形成了5条线路，巴黎大区快铁的所有线路都是以地下线形式穿过巴黎市中心，与郊区铁路连成了一个功能完备的、连接市区与郊区的铁路网。由于郊区铁路的终点站设在城市近郊区域，不能直接到达市中心，因此巴黎大区快铁和郊区铁路两者在功能上互补，每天运送大量而集中的往来于市郊的上班族们，极大程度上分担了巴黎地面交通以及老式地铁线路的压力。总之，交通网络的规划与建设，对于缓解市中心住房紧缺、人口密度过高以及城郊发展不平衡等问题至关重要。在1976年之后的30～40年时间里，新城吸收了20%的巴黎大区新增人口和建设量，避免了城市过于分散及建设远离基础设施的情况。

三、国外特色小镇类型

不同类型的特色小镇，有不同的政策支持。下面以典型的国外特色小镇为例，对国外特色小镇地理位置、自然环境、发展路径以及政府政策等几个方面进行详细的介绍。

国外特色小镇按照其产业特点，对照国内七大类型，也可以分为以下几类（见表2.1）：

第一，金融类特色小镇。这种类型的特色小镇依靠自身良好的自然风光、便利的交通设施与优越的地理位置，以及优厚的税收政策，吸引金融高端企业与人才集聚，形成金融类特色小镇，如美国格林威治（Greenwich）。

第二，生态农业类小镇。这种类型的特色小镇一般具有当地特色农业，以生态农业与旅游相结合，形成具有自身特点的农业产业以及旅游目的地，如法国的格拉斯（Grasse）、美国的纳帕谷（Napa Valley）。

第三，文旅类特色小镇。这种类型的特色小镇一般具有优美的自然风光，结合当地悠久的历史文化积淀，形成以文化旅游为主要特点的小镇，如英国的温莎（Windsor）小镇。

第四，科技类特色小镇。这种类型的特色小镇一般依托科技公司总部或研发中心，结合研究实力雄厚的知名高校，依靠小镇自身的自然环境和完善的配套设施，吸引高端人才，形成高科技研发特色小镇，如美国山景城（Mountain View）小镇、德国英戈斯塔特（Ingolstadt）小镇、英国信芬（Sinfin）小镇。

第五，传统产业类特色小镇。这种类型的特色小镇一般以传统产业为依托，通常具有悠久的产业历史，在长期的产业发展过程中，形成独特的工艺积累，具有相对优势的市场环境，在行业中具有领先的地位，形成具有当地特色的产业集聚，如瑞士朗根塔尔（Langenthal）小镇、德国赫尔佐根奥拉赫（Herzogenaurach）小镇。

第六，影视类特色小镇。这种类型的特色小镇一般处于影视产业价值链的某个或多个环节，通过该环节的深入发展形成该环节的竞争优势，同时结合旅游、会展等相关产业的发展，形成具有特定效应的特色小镇，如法国戛纳（Cannes）小镇、日本柯南（Conan）小镇。

第七，体育类特色小镇。这种类型的特色小镇一般以当地地理区位特征结合地方体育产业特色，以单项或某类体育活动项目为载体打造体育产业集群和产业生态链，如新西兰皇后镇（Queenstown）。

表2.1　国外特色小镇分类

类型	特点	典型小镇
金融类	良好的自然风光 优越的地理位置 优厚的税收政策	美国格林威治（Greenwich）基金小镇 美国沙丘路（Sand Hill Road）风投基金中心 卢森堡（Luxembourg）金融中心 英国曼彻斯特（Manchester）金融服务中心
生态农业类	当地特色农业基础 产业与旅游相结合	美国纳帕谷（Napa Valley） 法国格拉斯（Grasse）小镇 保加利亚卡赞勒克（Kazanlak）
文旅类	优美的自然风光 悠久的历史文化	英国温莎（Windsor）小镇 瑞士达沃斯（Davos）小镇 德国海德堡（Heidelberg）

续表

类型	特点	典型小镇
科技类	良好的自然环境 完善的配套设施 雄厚的科研基础	美国山景城（Mountain View）小镇 德国英戈斯塔特（Ingolstadt）小镇 英国信芬（Sinfin）小镇
传统产业类	悠久的传统产业 长期的产业积累 良好的工艺传承	瑞士朗根塔尔（Langenthal）小镇 德国赫尔佐根奥拉赫(Herzogenaurach) 法国维特雷（Vitré）小镇
影视类	核心的影视IP 多样的衍生品	法国戛纳（Cannes）小镇 日本柯南（Conan）小镇
体育类	独特的地理区位 典型的体育项目	新西兰皇后镇（Queenstown） 法国霞慕尼（Chamonix）小镇

第二节　金融类特色小镇

金融类特色小镇指以金融产业为特色，以其自身的交通区位、自然环境和税收政策等优势，吸引金融企业集聚，形成规模化的金融产业，具有较大的国际影响力的特色小镇。下面以美国格林威治（Greenwich）基金小镇、美国沙丘路（Sand Hill Road）风投基金中心、卢森堡（Luxembourg）金融中心和英国曼彻斯特（Manchester）金融服务中心为例进行详细分析。

一、美国格林威治基金小镇（Greenwich）

格林威治镇位于美国康涅狄格州（Connecticut）费尔菲尔德县（Fairfield County），根据2013年人口普查数据显示，该镇有人口62396人，面积174平方公里，是康涅狄格州黄金海岸最大的一个镇。从地理位置来看，该镇位于康涅狄格州最西南端，距离纽约56公里。2005年CNN旗下CNN/Money评选的全美100个最佳居住地中，格林威治镇名列第12位。

格林威治镇聚集了众多的对冲基金公司和金融服务机构，是全美最富有的小镇，根据统计，2010年全美人均收入为2.7万美元，康涅狄格州人均收入为4.7万美元，而格林威治镇人均收入为9.3万美元。调整后的人均平衡净资产（AENGLC）达到67.9万美元（AENGLC: Adjusted Equalized Net Grand List per Capita，指合并了个人计税财产和个人收入的人均资产，是衡量居民个人财富的指标，包括不动产和收入），排名全美第一[①]。

康涅狄格州作为全美富人最集中的地区之一，与其他州相比，各种税率相对较高，在此与邻近的纽约州进行比较，同时，格林威治作为金融类小镇，我们将其与金融中心纽约市从税收政策、自然环境、地理位置等方面进行比较。

从税收方面来看。美国实行联邦、州和市三级税收征管政策，各州可以根据当地情况制定各自的税收政策。如表2.2，根据非营利组织TAX FUNDATION在2018年公布的美国各州税收指数排名显示，纽约州税收指数排名第49位，康涅狄格州税收指数排名第44位。从各个税种来看，企业所得税，纽约州排名第7位，康涅狄格州排名第31位；个人所得税，纽约州排名第49位，康涅狄格州排名第37位；销售税，纽约州排名第43位，康涅狄格州排名第27位；财产税，纽约州排名第47位，康涅狄格州排名第49位。

表2.2　2018年企业税收指数及主要税种排名

州名	税种排名					总排名
	个人所得税排名	财产税排名	企业所得税排名	销售税排名	州及地方税人均负担占收入比例排名	
康涅狄格州（Connecticut）	37	49	31	27	2	44
纽约州（New York）	49	47	7	43	1	49

数据来源：TAX FUANDATION https://taxfoundation.org/publications/state-business-tax-climate-index/.

---

① https://encyclopedia.thefreedictionary.com/Greenwich%2c+Connecticut.

从图2.2可以看到，自1992年以来，康涅狄格州的整体税负都要低于纽约州，这是位于纽约的基金公司向格林威治小镇集聚的一个重要因素。

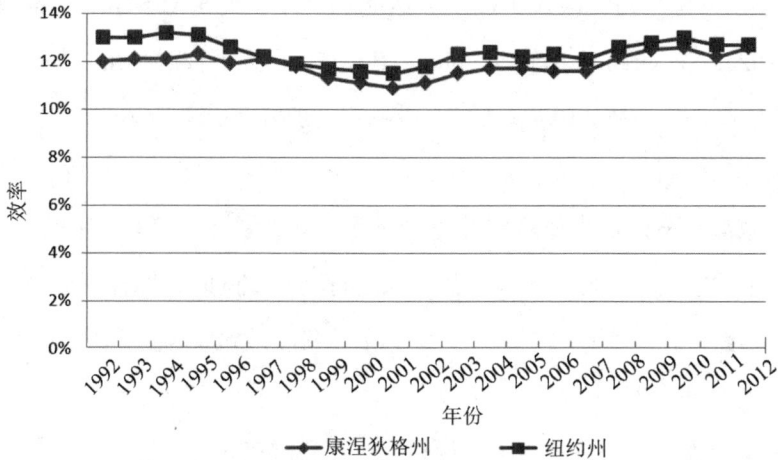

图 2.2　1992 年至 2012 年康涅狄格州与纽约州税负对比

数据来源：根据 TAX FUANDATION 数据整理而得。

表2.3为2018年TAX FUNDATION发布的康涅狄格州与纽约州各主要税种税率对比，从表中可以看到，康涅狄格州与纽约州相比，主要是个人所得税前者比后者低了1.83个百分点，对收入普遍较高的基金行业从业者来讲具有较强的吸引力。

表2.3　2018年康涅狄格州与纽约州各税种税率比较表

税种	州名		差异
	康涅狄格州 （Connecticut）	纽约州 （New York）	
个人所得税（Individual Taxes）	6.99%	8.82%	−1.83%
财产税（Property Taxes）	1.62%	1.4%	+0.22%
企业所得税（Corporate Taxes）	8.25%	6.5%	+1.75%
销售税（Sales Taxes）	6.35%	4%	+2.35%
州及地方税人均负担占收入比例	12.6%	12.7%	−0.1%

数据来源：TAX FOUNDATION 2018，https://taxfoundation.org/facts-figures-2018/.

2009年，当时格林威治的个人所得税率最高为5%，而作为金融中心的纽约市个人所得税税率最高为6.85%，并且计划将其提高到10.3%。TAX FUNDATION的Josh Barro在2009年2月一篇名为"Will the Last Investment Banker Left in Manhattan Please Turn Out the Lights?"的文章写道："纽约市计划将最高个人所得税率从6.85%提高到10.3%，邻近的格林威治最高的个人所得税率为5%，这就促使众多的金融企业在近20年中从纽约市搬迁到了格林威治。"

从地理位置来看。格林威治小镇具有较好的地理位置。该小镇位于康涅狄格州最西南端，与金融中心曼哈顿相距56公里，从小镇出发1个小时内可以到达纽约市中心。小镇周边有2条高速路，2小时车程内拥有5个机场、4个火车站。

从居住环境及配套设施来看。小镇地处康涅狄格州的黄金海岸，海岸线长达50多公里，自然环境非常优美，适宜居住。

在教育资源方面，小镇有众多公立学校，有11所小学、3所中学、1所高中，小镇还有11所私立学校。在文化和体育设施方面，小镇有众多数量的公园、私人俱乐部，以及包括交响乐团、合唱团、博物馆、艺术馆等在内的各类文化设施。

另外，格林威治小镇引入大量国际品牌和餐饮等社区服务，提供了优质的社区服务。

从政府规划角度来看。格林威治小镇成为闻名的基金公司聚集地，是地理位置、居住环境、人口结构以及税收政策等各个方面共同作用的结果，单纯的政府支持政策并不一定具有吸引力。

近几年，格林威治小镇房价逐年升高，据当地杂志《格林威治时报》（Greenwich Time）称，2005年，房屋的平均售价为247万美元，比前一年上涨11.2%。自1968年以来，房价的年均涨幅超过了10%。

高涨的房价也提高了商业办公成本，近几年，格林威治的办公成本已经高于纽约曼哈顿。与此同时，纽约州正逐步降低企业所得税，3年前，纽约州就开始降低企业所得税税率，根据TAX FUNDATION统计，

2018年纽约州企业股本利得税（capital stock tax）由12.5%降低至10%。2018年纽约州企业所得税在全美排名第7位（最好为1，最差为50），而格林威治所在的康涅狄格州企业所得税排名为第31位。

因此，格林威治小镇作为全球对冲基金最集中的地方，也面临着成本过高、税收优势减弱的问题。

二、美国沙丘路风投基金中心（Sand Hill Road）

沙丘路并非一个行政区域，原指位于加利福尼亚州门洛帕克（Menlo Park, California）的一条主干道，是斯坦福大学（Stanford University）与硅谷(Silicon Valley)西北面最便捷的入口，如图2.3。目前，"沙丘路"是风险资本的代名词，其在私募基金界的影响力，相当于金融中心的纽约华尔街和政治游说中心的华盛顿特区K街，几乎所有硅谷顶尖的公司都得益于沙丘路风险资本的投资。

图 2.3　沙丘路及周边

图片来源：https://en.wikipedia.org/wiki/Sand_Hill_Road.

1972年，沙丘路第一家风险资本公司KPCB（Kleiner Perkins Caufield & Byers）成立。KPCB基金公司是目前美国最大的风险资本之一，主要投资于各大高校的校产业务。还有同样是1972年成立的著名的红杉资本

(Sequoia Capital)也位于此。在20世纪70年代，沙丘路仅有50～100家的风投机构，而到目前，沙丘路聚居了几千家风投机构，风险投资机构数量占全美的60%。沙丘路成为全美年租金最贵的地区。

根据美国VC协会（National Venture Capital Association）的统计数据，在2010—2014年期间，美国38%的创投量和43%的投资金额都产生在硅谷。绝大多数硅谷科技巨头都受益于沙丘路风险资本的支持，如苹果（Apple）、微软（Microsoft）、Facebook、推特（Twitter）、Skype等。

1997年，哈佛大学商学院在沙丘路3000号设立了加州研究中心，主要目标是为哈佛商学院编写硅谷商业案例服务。

沙丘路成为风险投资最为集中的地方，有其特殊的原因：

在地理位置方面。沙丘路位于硅谷与斯坦福大学之间，长约5.6英里（约9公里）。硅谷是目前世界科技中心，集聚着全球最优秀的科技公司，也是对风险投资需求最为旺盛的区域。另外一端是著名的斯坦福大学，1951年，斯坦福大学首次在大学内创办了工业园区，并以极低的价格吸引企业入驻，吸引了大批高科技企业。同时，将大学与引进的企业进行产研对接，给斯坦福学生提供研究项目和实习机会。

美国《连线》（WIRED）杂志商业栏目在2017年10月24日有一篇名为"沙丘路如何成为风险投资的主要街道（How Sand Hill Road Became the Main Street of Venture Capital）？"的文章，其中梅菲尔德基金（Mayfield Fund）前合伙人格兰特·海德里奇（Grand Heidrich）提到："1969年跟汤姆·福特（Tom Ford）（斯坦福大学前不动产主管）参观斯坦福大学时，当时280号洲际公路还没修好，汤姆指着这片布满荆棘和荒草的山坡说：'我能预见这里将会是最受欢迎的办公地点，因为它位于圣荷西（San Jose）与旧金山（San Francisco）之间，也是斯坦福大学的入口。'"

在政策方面，政府在风险投资中主要发挥间接作用而非直接作用。Greylock合伙人戴维·史（David Sze）在《风险投资在硅谷的发展》一文中谈到政府在风险投资中的作用时指出，政府提供的稳定支持是成功开展风险投资活动的关键因素之一，同时，尽可能地将政府干预的程度最小化。他还说："美国对风险投资的支持在很大程度上都是间接参与的，它只是提供一个非常稳定的金融和货币环境，使得公共市场能够规范化，能够有很完善的制度和很高的流动性。除此以外，美国政府还能够提供很优惠的税收政策，能够保护资本的优势。"

在风险投资方面，政府需要做的是创造良好的投资环境和宽松的法律环境。在硅谷，有完善的立法，并且这种立法是建立在一个非常发达的基础设施之上的。美国在1958年颁布了中小企业投资法，促进了一大批中小企业的建立，政府还从税收、融资、贴息贷款等方面提供优惠。由于加州法律环境较为宽松，跳槽变得容易，这就有利于人才流动。

从历史上来看，美国支持中小企业有失败的教训。1958年，为了解决小企业融资难的问题，美国成立小企业投资公司（SBIC），美国小企业管理局（SBA）具体负责该计划的实施与管理。其目的在于通过设立政府风险基金，引导和带动民间资金进入风险资本市场，支持风险企业的创立和成长，以促进高新技术产业的发展。这种风险基金主要是提供低息贷款，由政府负责管理，支持中小企业投资公司进行风险投资。由于有还款的压力，而中小企业投资公司取得的是低息贷款，再加上许多投资人和管理者的急功近利，使得不少公司在取得贷款后并非真正用于支持创新者创业，而是以高利率转贷给工商企业以赚取利率差。1978年，这些公司管理的风险资金占全美总额的21%，而到1989年则降至只占1%。美国经济学家认为政府以4倍的杠杆向中小企业投资公司发放优惠贷款，表明在SBIC计划中，风险投资的主体已经是政府而不是民间部门，这是该计划失败的主要原因，同时，发放优惠贷款也不符合风险投资的股权投资性质[①]。

在居住配套方面，沙丘路所在的门罗帕克市，是美国小城镇住宅"精确规划"的典范，为沙丘路风险投资的从业者提供了较为适宜的配套

---

① 周志丹、杨青：《从硅谷和128公路地区的兴衰谈政府在风险投资中的作用》，《经济问题探索》2005年第8期。

政策与良好的居住环境。

近几年，随着沙丘路风险投资市场的过度集中，风投机构正在转移办公地或者开设第二办公地，包括标杆资本（Benchmark Capital）、维洛克资本（Venrok）、经纬创投（Matrix Partners）、高原资本（Highland Capital Partners）以及Canvas Ventures在内的众多风险投资机构离开了沙丘路。邻近旧金山SOMA地区的南公园（South Park）和布雷西地奥（Presidio）两地逐渐成为新的风险投资的聚集地。其中南公园是旧金山最早的公园，距离AT&T园区半英里，是目前高科技企业的另一个热点。红点创投（Redpoint Ventures）2015年在南公园设立了办事处，合伙人在南公园和沙丘路两点联合办公。布雷西地奥的风险投资机构主要集中于莱特曼数字艺术中心（Letterman Digital Arts Center），该中心建于2005年，是原莱特曼陆军医院所在地。

另外帕罗奥图（Polo Alto）市中心也逐渐成为风险资本的集中地，经纬创投和高原资本已经将办公地设置于此[①]。

三、卢森堡金融中心(Luxembourg)

卢森堡位于欧洲西北部，与法国、德国和比利时相邻，国土面积为2586平方公里，2001年人口约43.9万人，最大的城市卢森堡市（Luxembourg City）人口约8万。根据国际货币基金组织统计，2016年按照购买力平价计算（purchasing-power parity）的人均GDP为100991美元，全球排名第二。

截至2018年2月，卢森堡的投资基金净资产达到4.19万亿欧元，是欧洲最大的投资基金中心，基金规模位列全球第二，仅次于美国，同时，也是全球最大的投资基金分销中心，销往全球近70个国家。卢森堡在欧洲投资基金零售市场和机构市场均处于支配地位，是大部分亚洲、拉美

---

① Marisa Kendall：VCs leave Sand Hill Road, seek out new hot spots in Palo Alto, San Francisco，THE MERCURY NEWS，2016年2月25日。

和中东市场的中转站，也是另类投资基金（Alternative Fund）的主要中心，管理着全球20%的基金资产。

卢森堡基金中心吸引了世界上65%的跨国基金，占据欧洲72%的市场份额，同时是欧洲基金第一注册地，600多家基金发起人将卢森堡作为注册平台，近3886多家基金法人机构聚集于此，有近13500种基金①，如图2.4。

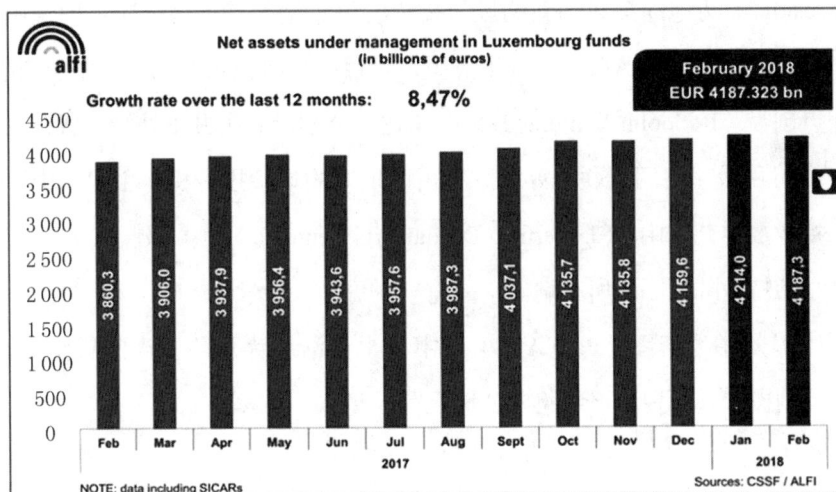

Net assets under management in Luxembourg funds
(in billions of euros)

February 2018
EUR 4187.323 bn

Growth rate over the last 12 months: **8,47%**

3 860.3	3 906.0	3 937.9	3 956.4	3 943.6	3 957.6	3 987.3	4 037.1	4 135.7	4 135.8	4 159.6	4 214.0	4 187.3
Feb	Mar	Apr	May	Jun	Jul	Aug	Sept	Oct	Nov	Dec	Jan	Feb
				2017							2018	

NOTE: data including SICARs

Sources: CSSF / ALFI

图 2.4　2017—2018 年卢森堡基金净资产管理规模

数据来源：卢森堡基金业协会 http://www.alfi.lu/node/3274.

金融业在卢森堡国内经济中占有举足轻重的地位。根据中国驻卢森堡大使馆商务参赞处数据显示，截至2016年底，卢森堡拥有143家上市银行，其中外国银行占78%；98家保险公司，包括44家财产保险公司、50家人寿保险公司和3家综合性保险公司；还有223家再保险公司，组成了卓越的金融服务网络。卢森堡的银行业总资产达到7666亿欧元，约是其经济总量的21倍，银行存款是其经济总量的10倍。截至2016年第四季度，金融业从业人员有4.35万人，约占总人口的7.73%，上缴税收占国家财政收入的40%，金融业产值约占GDP的25%。

---

①　https://encyclopedia.thefreedictionary.com/Luxembourg.

卢森堡金融业能够快速发展，成为投资基金中心，主要在以下几方面具有优势。

（一）强有力的经济实力

根据IMD全球竞争力2015年度排名（IMD World Competitiveness Yearbook, 2015），卢森堡是欧洲最具竞争力国家，在全球排名第六。根据《fDi》杂志（fDi *Magazine*: European Cities and Regions of the Future），卢森堡市在欧洲468个城市和地区经济潜力排名中名列第一。这得益于其稳定的政治和社会环境，经济长期稳定增长，较低的通货膨胀率，以及较高的创新水平，且失业率也一直处于较低水平。通过稳定的政治、经济和社会环境带来良好的监管环境，稳定的经济发展带来较低的财政赤字，政府能够对作为金融中心的各类需求做出前瞻性的预判以及采取后续的措施。

（二）拥有丰富管理经验与反应灵敏的政府机构

卢森堡具有全欧洲最高效和最实用的政府管理服务。根据2013年欧洲城市满意度调查（Eurostat Urban Satisfaction Rate 2013），卢森堡位列第一。卢森堡的基金监管机构与政府部门在金融创新、新规则与新政策的适应性方面具有快速反应能力和良好的声誉。它是欧盟中第一个通过将可转让证券集合投资计划（UCITS）纳入国家立法的成员国，这一举措有力地帮助了卢森堡发展成为投资基金的主要中心。可转让证券集合投资计划是具有真正品牌的被全球最广泛接受的投资基金架构。目前，卢森堡被公认为代表最高水平的可转让证券集合投资计划基金（UCITS fund）以及非可转让证券集合投资计划基金（non-UCITS fund）的法律与监管框架。

卢森堡在这个计划中处于前列的良好名声，让它赢得了新的业务，从而成为欧洲投资基金老大以及全球领先的基金分销中心。卢森堡的可转让证券集合投资计划基金分销到全球超过70个国家，包括美洲、中东和亚洲。通过卢森堡投资的国家或在卢森堡有基金管理经理的国家均得益于市场上众多的跨境分销专业人员。

政府在职能机构方面具有弹性和良好的商业关系，商业机构之间也保持紧密的合作关系，在战略方面也将不断巩固卢森堡作为全球最具吸引力的投资基金中心的地位。

（三）拥有多种语言化与高度国际化的专业从业人员

卢森堡拥有多语言和多文化融合的从业人员。这里46%的人口来自全球超过170个国家，61%的人口除母语外能够使用至少3种外语。国际基金经理通常能够使用多种语言，投资者能够在卢森堡轻松找到使用本人母语的基金经理[①]。

高度专业化的从业人员能够提供全方位的、横跨整个投资基金价值链的专业化、集中化服务。卢森堡具有众多基金审计公司、律师事务所、管理公司，聚集了高度专业化、具有丰富经验和能力的专业人员，能够提供充裕的专业服务，吸引了许多行业中的主要成员将总部或办公室设在此地。

卢森堡拥有先进的ICT（信息通信技术）基础设施支持，允许向规范的IT(信息技术)服务提供商外包运营流程。根据2015年全球信息技术报告（Global Information Technology Report 2015），卢森堡ICT全球排名第九。

（四）优越的地理位置、便利的工作生活环境

卢森堡作为欧盟的创始成员国之一，位于欧洲的中心，与法国、德国和比利时相邻，拥有5亿欧洲客户。

卢森堡拥有便利的工作生活环境，如图2.5。2015年，其卢森堡市被评为欧洲第二和全球第五的最佳外籍人士居住城市，全球第三的外籍人士最喜爱的工作地（Expat Insider 2015）。卢森堡市还被评为欧洲最安全的城市之一（Mercer's Quality of Living Survey 2015），生活成本方面在欧洲所有首都中最低。同时，卢森堡市还提供完善的运动配套设施，有近在咫尺的森林公园。卢森堡市有10家米其林星级餐厅，是全球人均米其林星级餐厅拥有率最高的城市。卢森堡市拥有便利的交通，从卢森

---

① 卢森堡基金业协会：https://www.alfi.lu/.

堡市中心到芬德尔机场（Findel Airport）仅需要几分钟时间，该机场可飞往66个目的地。

图 2.5　卢森堡生活配套

图片来源：卢森堡基金业协会：Quality of Business Life. http://www.luxembourg for finance.com/sites/luxembourg for finance/files/infographic_quality_of_business_life_0.pdf.

（五）优惠的税收政策

卢森堡的税收优惠政策虽然受到一些质疑，2014年与300多家企业签订的秘密税收协定被曝光后，欧盟成员国要求在欧盟内统一税率，但是卢森堡的税收政策在促进金融业发展中还是起到了非常大的作用。卢森堡经济和外贸大臣施耐德介绍说："政府制定了许多税收优惠政策，比如所得税的减免、利润再投资以及对新兴产业的税收优惠政策等。另外，我们对知识产权收益的所得税减免幅度达80%，这吸引了许多美国公司前来卢森堡投资。卢森堡还与一些国家签订了避免双重征税的协议。"

根据卢森堡基金协会网站显示，该国在税收上有以下几方面优势：

☆稳定和前后一致的税收法规。卢森堡的税收政策保持相对的稳定并且前后一致，对企业来讲能够做出准确的预期。

☆税务监管当局采用的务实态度，对企业预计开展的活动可以事先与卢森堡税务机关讨论，以确保结果的确定性。

☆与全球超过60个国家订立了双边税收协定（DTT），通过国家间的协定可以广泛避免对同一来源的收入在两国重复课税的问题。

☆享有所有欧盟法规引申的优点。

☆灵活运用税收效率结构返还利润。

☆根据参与豁免税收政策，股息和资本收益可以免税。

☆在符合一定条件下，对于利息、牌照费用收入、股利等无预扣税。

☆无资本税/印花税。

☆由卢森堡服务提供商向集合投资计划基金（UCI）提供的管理服务和行政服务免征增值税或者在征收增值税范围之外。

☆为符合一定条件的外籍特殊专业人员提供特殊税收政策。

四、英国曼彻斯特金融服务中心（Manchester）

曼彻斯特市位于英国西北部，属于大曼彻斯特都会区（Greater Manchester），是大都会区下属的一个自治市，2014年有520215人，面积115.6平方公里。2014年，曼彻斯特被全球化和世界城市研究网（Globalisation and World Cities Research Network）评为贝塔级世界城市（Beta World City），是英国仅次于伦敦的，具有世界影响力的城市，也是继英国伦敦和爱丁堡之后的第三大旅游目的地。英国没有单独的曼彻斯特市的经济数据统计，但会对南大曼彻斯特都会区的几个城市合并进行统计，包括曼彻斯特、索尔福德（Salford）、斯托克波特（Stockport）、塔姆塞德（Tameside）和特拉福德（Trafford）。2013年这几个城市GVA（增加值）产值375亿英镑，同比增长9.6%[1]。

曼彻斯特是英国老牌的工业城市和工业革命的发源地之一，工业革命时期，曼彻斯特曾是著名的棉纺中心，之后成为全球最大的棉纺产品交易地。19世纪50—60年代，曼彻斯特自工业革命兴起的棉纺织产业被其他城市超越，其工业开始向棉产品深加工和棉纺织机械制造转变，同

---

[1] https://encyclopedia.thefreedictionary.com/Manchester.

时贸易需求带来交通的发展，特别是航运业的发展。在二战以后的20世纪70年代末，棉纺织产业和航运产业相继陷入严重衰退，传统工业日渐式微，城市经济陷入衰退，大量土地被弃置，城市面貌日益破败等问题突出。20世纪80年代初，内城各级相关政府机构——从大都市区议会到各自治市镇——都制定了一系列的措施来推动城市更新，从而引发了曼彻斯特经济、社会和空间形态的全面转型。20世纪60年代初，曼彻斯特经济总产值中制造业约占70%，至2012年，曼彻斯特经济总产值中金融和商务服务占比达到40%，制造业降低至10%[①]。

目前，曼彻斯特是英国除伦敦以外最大的金融中心，金融专业雇员占全英国的10%，金融服务产值占全国的7%，有近60家银行在曼彻斯特开展业务，其中外资银行有40家，是英国最大的区域性金融服务和股票经纪中心，如图2.6。2011年曼彻斯特金融和保险产值约32亿英镑，全英国排名第三，位列伦敦和爱丁堡之后，金融产业人员93600人，约占全部从业人员的31.4%。例如苏格兰皇家银行在曼彻斯特的雇员有近7000人，1844年成立的高品集团（The Co-operative Group），总部设在曼彻斯特，另外还有德勤会计师事务所等专业服务机构。

图2.6 曼彻斯特金融中心广场

图片来源：https://en.wikipedia.org/wiki/Economy_of_Manchester.

---

① 曹晟、唐子来：《英国传统工业城市的转型：曼彻斯特的经验》，《国际城市规划》2013年第6期。

从交通方面来看。在航空交通方面，曼彻斯特国际机场是英国第三大机场，排在伦敦希思罗机场（Heathrow Airport）和盖德维克机场（Gatwick Airport）之后，每年人员吞吐量达2000多万，年旅客增长率达到10%，提供近200条不同航线，有直达纽约、法兰克福、日内瓦和新加坡等国际金融中心的航班，另外还有众多国内航班来往于伦敦希思罗国际机场。在铁路方面，曼彻斯特有四个火车站，每年运送旅客近3700万人，最大的是皮卡迪利火车站（Manchester Piccadilly），年运送旅客量近1900万人，高速铁路每隔20分钟就有前往伦敦的列车，2个小时即可到达；从曼彻斯特到伦敦的高铁二期（High Speed 2）预计将在2026年开通，届时，到伦敦的时间将缩短为1小时。

在市内交通方面，曼彻斯特轻轨交通由Metrolink负责运营。Meterolink是英国最大的有轨交通集团，提供完善的轻轨交通网络，有效连接了曼彻斯特和索尔福德的城市中心地区，如图2.7。公交巴士由First Manchester和Stagecoach提供服务，每年运送旅客近8700万人。

图2.7　曼彻斯特皮卡迪利火车站

图片来源：https://en.wikipedia.org/wiki/Economy_of_Manchester.

从经济规模来看，曼彻斯特已超过一般的特色小镇，且其作为产业转型升级的典范，因此也将其作为国外金融类特色小镇进行对比分析。曼彻斯特从传统工业转型为以金融业为主的产业结构，主要有以下几个方面措施：

第一，确立新的产业转型理念。确立自由市场为主的产业理念，新自由主义政策力图减少政府对自由市场的干预力度，限制政府的规划行为并为私人投资松绑。新政策为以曼彻斯特为代表的衰落工业城市重新注入了活力，并一举扭转了发展颓势。而在发展手段上，地方政府都采用了一方面对外围市郊地区的发展权进行限制，另一方面积极推进内城地区社区更新的方式，以促进资源和关注度回流到衰落的旧城地区。

第二，多途径的配套政策。曼彻斯特设立各类专门机构，例如城市开发公司（UDCs）、城市更新机构（URAs）和英国伙伴公司（EPs）等机构，作为独立于政府之外专门负责城市开发的机构，其在城市内部划定的特定区域内拥有规划许可权。城市开发公司被授权可强制购买土地从而获得区位重要、价值稀缺或规模成片的土地用于开发，同时也被准许向私人机构提供资助，并在划定的区域内负责基础设施建设。在资金来源方面，多种类型的城市开发建设资金［包括城市开发资金（UDG）、城市更新资金（URG）和后来的城市资金（CG）］对私人企业参与城市更新项目起到了积极的作用。这些资金的投入优化了私人和公共投资的比例，金融政策对城市更新的成功起到了关键的刺激和撬动作用。

第三，持续的产业开发升级。曼彻斯特从20世纪80年代开始空间转型，对旧城中心区域和索尔福德码头地区（Salford Quays）进行改造，改善中心城区和码头地区的环境和基础设施条件。90年代开始，利用申办奥运会、千禧年计划等重大活动规划，来消除1996年市中心爆炸带来的消极影响，恢复并强化城市零售中心的地位，形成一个具有多元化经济基础的中心地区。在建筑策略上，修缮、保护受到爆炸破坏的历史建筑，引入现代建筑和创新设计新形象，并通过搬移部分建筑，创造出新的城市空间轴线和节点。2000年以后，针对新一轮的全球竞争，曼彻斯特确立新的发展定位，将曼彻斯特市区确立为英格兰西北地区最大的就业驱动引擎和英格兰北部最重要的文化和创意中心。在政策上，统一的地方发展框架替代了之前的结构规划、地方规划和单一发展规划，这一框架既包含战略性的长远目标，又包含具体的行动规划。

曼彻斯特未来的优势产业包括金融和其他专业服务、运输、银行和保险行业等。从经济驱动力上看，曼彻斯特的优势主要体现在较高的知识型商务活动和良好的企业家文化。曼彻斯特的产业转型成功，是基于政府和私人的共赢合作，不仅有地方政府长期有效的政策支撑和公共投入，也通过一系列改造措施形成吸引私人投资的发展环境，加强市场力量广泛而深度的介入，以高质量的再开发项目激活城市，从而将衰退地区的区位价值、文化价值等显化，通过不断的产业升级打造出具有后工业时代城市特征的新的城市空间。

五、金融类特色小镇发展路径及影响因素

从国外典型的金融类特色小镇发展路径及影响因素来看，主要有以下几个方面（见表2.4）：

第一，良好的自然环境。金融类特色小镇一般具有优越的地理位置，具有优于大城市的自然风光与环境，能够吸引金融专业人员。

第二，明确的发展定位。每个金融类特色小镇都有基于自身的发展特点，以与小镇所在的经济环境相适应，选择合适的金融产品定位。如格林威治以对冲基金为主，沙丘路以风险投资基金为主。

第三，政府在金融类特色小镇发展中发挥的作用不同。对于以民间资本为主的特色小镇，政府需要发挥的是间接的作用，创造有利于资本市场发展的环境，而非直接进入市场，如沙丘路风险投资中心和格林威治对冲基金小镇。对于吸引资本入驻，扩大金融产业的小镇来说，需要政府各类优惠政策的不断支持，特别是税收等直接优惠性政策。同时，也需要政府有长期、稳定的规划。

第四，较长的发展过程。从国外金融类特色小镇发展时间来看，其均通过几十年的发展过程，才达到目前的发展状态。

第五，面临的竞争压力。随着环境的变化，金融类特色小镇面临着众多的压力。例如格林威治基金小镇，随着近几年纽约州逐步降低税率，小镇所在的康涅狄格州税收优势将失去吸引力，而且作为成熟的基金小

镇，高昂的房价又提高了基金公司成本。沙丘路风险投资中心也面临着房价过高、风投公司过于集中等问题，使得部分风险机构已经将公司外迁，或在其他地方设立第二分部等。

表2.4　国外金融类特色小镇影响因素分析

地区	发展现状	优势	政策	定位特色
格林威治 （Greenwich）	①对冲基金小镇 ②超过500家基金公司	①靠近纽约 ②景色优美、配套完善 ③高净值人群集聚	相对于纽约整体税负较低	对冲基金
沙丘路 (Sand Hill Road)	①全美风险投资中心 ②私募基金集聚地	①位于硅谷，邻近斯坦福大学 ②风险投资需求旺盛 ③市场化运转模式	①鼓励中小企业发展 ②创造风险投资环境 ③以市场为主，减少政府直接干预	风险投资
卢森堡 (Luxembourg)	全球第二、欧洲最大的投资基金中心	①稳定、连续的政策 ②优越的地理位置、便利的工作生活条件 ③多元化的语言环境	①优惠的税收政策 ②高效、灵敏的政府服务	投资基金
曼彻斯特 （Manchester）	英国第二大金融中心	①良好的政府规划 ②良好的地理位置，便利的交通	①具有延续性的产业升级规划 ②多途径的配套政策	产业转型升级

第三节　生态农业类特色小镇

生态农业类特色小镇种类较多，通常具有某种农产品独特的生长气候条件，拥有较长时间的种植培育历史，形成了当地特色农业优势，并将生态农业与旅游相结合，以良好的产业生态环境吸引游客，形成具有自身特点的农业产业与旅游目的地。下面以美国纳帕谷（Napa Valley）、法国格拉斯（Grasse）小镇和保加利亚卡赞勒克（Kazanlak）小镇为例进行详细的分析。

一、美国纳帕谷（Napa Valley）

美国纳帕谷，一般指纳帕县（Napa County），该县位于美国西海岸加利福尼亚州，圣巴勃罗湾北面，是世界闻名的红酒产地。根据2010年美国人口调查数据显示，该县人口为136484人，面积2042平方公里，是一块50公里长、8公里宽的狭长区域。该县下属5个市：纳帕（Napa）、卡利斯托加（Calistoga）、美利坚峡谷(American Canyon)、扬特维尔（Yountville）、圣海伦娜（St. Helena），另外还有6个镇[①]。

纳帕谷是典型的生态农业类特色小镇，根据其发展历史，可以看到政府部门通过统一规划，发挥自身特点，提高自身优势，在小镇发展过程中起到了重要作用。

纳帕谷属于丘陵地带，自身拥有较好的农业自然环境，适合葡萄的种植与红酒酿造。从19世纪中期开始，当地商人和居民充分依托这些自然优势，开垦葡萄种植园，开办酿酒厂，农业种植和酿酒加工成为这一时期纳帕谷的主导产业，形成了一定的规模。19世纪末，虽然当地有近140家葡萄酒生产厂商，但是产业类型较为单一，发展相对粗放无序，小镇之间各自为政，发展严重同质化。

1965年，加利福尼亚州颁布了《威廉森法案》（The Williamson Act）[正式称为《加利福尼亚土地保护法案》（The California Land Conservation Act）]，该法案主要为了减轻农业用地的财产税，适用于拥有农业土地并承诺十年内不开发或转让的使用者，法案出台的目的是鼓励建立农业保护区。

纳帕县监事会和计划委员会从长远考虑，抓住这个机会，在1966年提出一项关于设立农业保护区的计划，通过2年讨论，于1968年正式出台。建立农业保护区的最初目的是将农业作为该区域内的唯一活动，同时设定最小面积限制土地，防止进一步向第三方细分，抑制城市化，鼓励农业发展，确立以有限的资源优先发展农业。开始时面积为20英亩（1平方公里约等于247.1英亩）农业保护区和40英亩集水区，后来分别增加到了40和160英亩。农业保护区从最初的位于纳帕与卡利斯托加之间26000英亩（约105平方公里）的土地，到现在总共有31609英亩（约

[①] Napa Country：https://www.countyofnapa.org/1366/District-1.

128平方公里），并且在此期间没有保护区的土地被变更用途①。

通过近50年的保护区政策，纳帕县建立了全美独一无二的农业形态。见证1968年农业保护区建立的KPIX-TV记者马蒂尼（Martini）说道："如果当时农业保护区没有被通过，纳帕谷将是另一个圣克拉拉谷（Santa Clara Valley）。"圣克拉拉县毗邻纳帕谷，人口普查局于2008年估算，该县人口已达到1764499人，是旧金山湾区内人口最多的县。

图2.8为1940年与2005年在同一地点拍摄的两张对比照片，从中可以看到纳帕谷建立农业保护区保留了原始的农业风貌，而没有建立农业保护区的圣克拉拉谷目前已是面目全非。农业保护区的建设是纳帕谷保持独一无二的农业特色的根本所在。

（左为1940年的纳帕谷，右为2005年的纳帕谷）

（左为1940年的圣克拉拉谷，右为2005年的圣克拉拉谷）

图 2.8　不同时期纳帕谷与圣克拉拉谷对比

图片来源：https://spark.adobe.com/page/zbWFca14xeUpk/.

---

① 纳帕县设立农业保护区50周年活动（The Napa County Agricultural Preserve: Fifty Years as a Foundation of American Premier Wine Region）。https://www.researchgate.net/publication/329884039_The_Napa_County_Agricultural_Preserve_Fifty_Years_as_a_Foundation_of_America%27s_Premier_Wine_Region.

在资金资助方面，1976年，纳帕县建立了土地信托基金（Land Trust of Napa County），这是一个非营利机构，目的是为纳帕县农业永久保护区提供帮助，用于保护生物多样性、自然景观以及农业生产力。截至2017年，该机构拥有会员和支持者1700多人，已经为215个项目提供服务，受益面积达65000英亩（约263平方公里），占帕纳县面积的12%。

建立农业保护区以及土地信托基金，将区域内的各个市合并为一个主体，在合并区域内，住宅用地扩张的速度得以减缓，整个区域的住宅用地在适度的范围内进行。

在资源配置方面，纳帕谷通过统一规划，根据县内各个市和镇的特点，统一对外口径，协调各自的发展方向，避免同质化竞争，每一个市在红酒大产业下面有各自的特色。如下属的5个市中，最大的纳帕市（Napa）是县政府所在地，它的宣传口号是"红酒天堂的入口"，如图2.9。该市以提供多样化的美食以及丰富多彩的活动为特色，如互动式的街头艺术、充满生气的夜生活，还有体验式的农产品市场。

图 2.9　纳帕谷葡萄种植园

图片来源：https://en.wikipedia.org/wiki/Napa_County,_California.

卡利斯托加（Calistoga）以休闲旅游为特点，它的宣传口号是"放松，你在卡利斯托加"。该市最著名的是温泉和泥浴，近100年来，当地的SPA吸引了世界各地的游客。

美利坚峡谷（American Canyon）主要以探险、远足等户外运动为特点，它的宣传口号是"在这里开启你的纳帕谷探险之旅"。该市坐落于纳帕谷的最南端，区域内有大片湿地和未开发的保护地，可以远足或自行车骑行，适合家庭出行。

扬特维尔（Yountville）以美食加美酒作为特色吸引游客，它的宣传口号是"纳帕谷的厨房"。该市拥有北美最高的人均米其林星级餐厅拥有率，以及众多的世界级餐厅。

圣海伦娜（St. Helena）的特点是融合了其他各市的特色，它的宣传口号是"纳帕谷的缩影"。这里既有纳帕谷的历史，又具有现代世界级红酒酒庄，还有米其林星级餐厅，以及众多的现代美术馆。

另外还有奥克维尔（Oakville）和拉瑟福德（Rutherford）两个小镇，以高品质的世界级红酒为特点，它们的宣传口号是"小乡镇大红酒"。这里可以给游客带来充满乐趣的红酒品尝体验，被誉为干红爱好者的天堂。

2010年6月，纳帕县成立了旅游与发展区域委员会，该区域包括美利坚峡谷、纳帕市、圣海伦娜、扬特维尔以及其他未进入合并区域的地区。这个委员会又成立了一个名为所有者协会的机构，形式上以非营利的企业来进行管理，管理所有非当地目的地的游客以及保持市场的活力。

纳帕谷采取政府与社区委员会共同管理城市的政治制度，政府主要负责规划指导和资金支持，社区委员会负责具体的实施。在日常的管理中，社区委员会、社区领导人、专业社区工作者、非营利组织和社区居民、志愿者均是社区治理的主体，对纳帕谷社区建设和社区的可持续发展负有责任和义务。根据《加州环境质量法案》（CEOA），环境保护是地方政府决策的强制性部分。2012年，纳帕谷政府制定了《纳帕县可持续性发展计划》（下面简称《计划》）。该计划资金来源于美国能源部能源效率和自然资源保护项目（EECBG），由城市政府运作可持续发展计划（城市计划）和社区可持续发展计划（社区计划）两部分组成。

《计划》制定的初衷是保护纳帕谷的环境，主要针对温室气体的排放（碳排放）。城市计划包含能源、运输、水、废物减少与回收、土地规划和利用5个要点；社区计划包含了能源、交通运输、废物减少与回收、食品、自然和建筑环境、商业和经济、社区连通性7个要点，社区计划是社区层面城市规划的细节展示。可见，城市计划层面主要为城市发展方向的控制，社区计划层面主要负责具体方案的实施。《计划》制定时，城市计划层面的主要参与人员包括城市工程人员和决策者，这项工作在相关专业人员的指导下完成。社区计划层面的主要参与人员包括社区领袖和社区居民，他们当中有各行各业的专家及小镇居民。这些行业包括社区发展委员会（CDD）、金融行业、工业、公园及娱乐行业、市政工程行业等。社区人员的参与为《计划》的制定提供了宝贵的技术支持与一线资料，有利于《计划》的实施[1]。

二、法国格拉斯小镇（Grasse）

格拉斯位于法国南部普罗旺斯－阿尔卑斯－蔚蓝海岸大区(Provence-Alpes-Côte d'Azur)的滨海阿尔卑斯省（Alpes-Maritimes）格拉斯郡（Grasse），面积44.44平方公里，2012年统计人口为51021人，是著名的香水生产基地，被誉为"香水之都"，同时该小镇也是旅游胜地，以香水为特色每年吸引上百万的游客光顾。

自18世纪末开始，香水业在格拉斯繁荣起来。目前，格拉斯是法国的香水制造中心，这里生产的香水和食用芳香产品占整个法国产量的一半，占全球产量的8%左右。近60家香水制造企业呈网络状遍布于小镇，

---

[1] 朱哲：《全域旅游视角下农业型特色小镇案例研究——以美国纳帕谷为例》，《小城镇建设》2018年第10期。

雇佣员工近3500人，此外，1万左右的居民从事与香水间接相关的行业。香水行业贡献了小镇几乎一半的商业税，每年给小镇带来近6亿欧元的产值[①]。格拉斯成为闻名的香水特色小镇，主要有以下几方面原因：

（一）独特的气候环境

格拉斯位于地中海沿岸，拥有独特气候，非常有利于花卉的生长。小镇海拔350米，为丘陵地带，东南临地中海，距离海边约20公里，西北面为培阿尔普达叙尔地区国家公园，属于中央高原，是阿尔卑斯山脉的南端。小镇属于地中海式气候，冬季寒冷的西北风对这里影响不大，基本上无霜冻，夏季从海上吹来的风湿润宜人。这里的土质十分肥沃，顺着阿尔卑斯山而下的充足的水源，汇集于格拉斯，再加上山前充足的阳光，使格拉斯成为花草优生地带。于1860年开挖的用于灌溉的锡亚涅运河（Siagne），也为花木的种植提供了水利上的保障。

（二）悠久的种植历史

16世纪开始，香水的主要原材料茉莉由法国南部的摩尔人（Moors）引入格拉斯小镇。当时格拉斯是著名的皮革手套产地，但是皮革的异味让部分贵族不愿意戴这种手套。有一个名叫加利马尔（Galimard）的皮革匠想了一个办法，在手套上洒上香水以掩盖异味，并且以礼物的形式送给了当时的法国皇后梅迪奇（Catherine de' Medici）。后来，这种手套流行于贵族和上层社会，格拉斯也因此闻名于世。18世纪中期，该镇的香水行业得到了快速发展，通过新的生产方法适应新市场的需求使当地的香水行业真正实现了产业化。

（三）及时调整适应市场

格拉斯传统香水行业最重要的产品是天然原料和浓缩液。20世纪60—70年代，大型跨国公司逐渐购并了众多当地的家庭工厂。当时，格拉斯小镇的企业主要生产天然原材料。在20世纪60—70年代，香水市场发生了巨大的变化，人工混合化学芳香产品业迅速发展。传统的自然芳

[①]　https://encyclopedia.thefreedictionary.com/Grasse.

香产品由于在成本与产量上无法与之抗衡，因此市场份额大幅下降，人工混合芳香产品占领了大部分市场。同时，伴随经济全球化，保加利亚玫瑰具有更强的竞争力，1公斤来自格拉斯的玫瑰成本是产自保加利亚同量玫瑰价格的10倍，从而导致格拉斯花卉产品的产量从40年代的500吨下降到当时的不足30吨，产量减少90%以上。格拉斯的香水制造企业面临严峻的生存压力。

面对迅速变化的产品需求和严峻的市场形势，格拉斯传统香水制造业在充分分析优势与劣势的基础上，发挥自然产品的优势，及时调整战略，细分市场，将产品线从单一的香水制造转变为食用芳香产品与香水齐头并进，同时推出混合香精产品。通过这样的调整，避开了与香水行业巨头的直接竞争。从20世纪70年代起，格拉斯产品中混合香精和食用芳香产品占比逐渐上升，特别是食用芳香产品增长迅速。目前，格拉斯生产的香料中，食用芳香产品占一半以上。

（四）重视产品创新

香水产品的创新，最重要的是靠香水怪才"闻香师"（Nose）。这些香水制造大师能够诠释、识别和创造新的香水产品。顶级的闻香师能在不用任何仪器的情况下，识别出4000多种香水的味道，他们只需将香水轻轻地一闻，便能准确地判断出香水中含有的50多种成分。

闻香师是格拉斯最重要的资产之一。传奇闻香师埃莱纳（Jean-Claude Ellena）就出生在格拉斯，曾为爱马仕（Hermès）创造了"尼罗河花园香水"（Jardin sur le Nil）。他曾任职于香奈儿（Chanel）、现就职于迪奥（Dior）的德马希（François Demachy），几乎一生都在这个小镇。

2002年，格拉斯小镇成立了格拉斯香水学院（The Grasse Institute of Perfumery，GIP），开展香水创新艺术的教学，每次只招收10～12名学生。在超过14个月的学习期间，香水大师指导学生学习从香味的识别到香水制作的整个过程，将知识传承下去，类似于传统的师徒制，这是全球独一无二的课程，如图2.10。

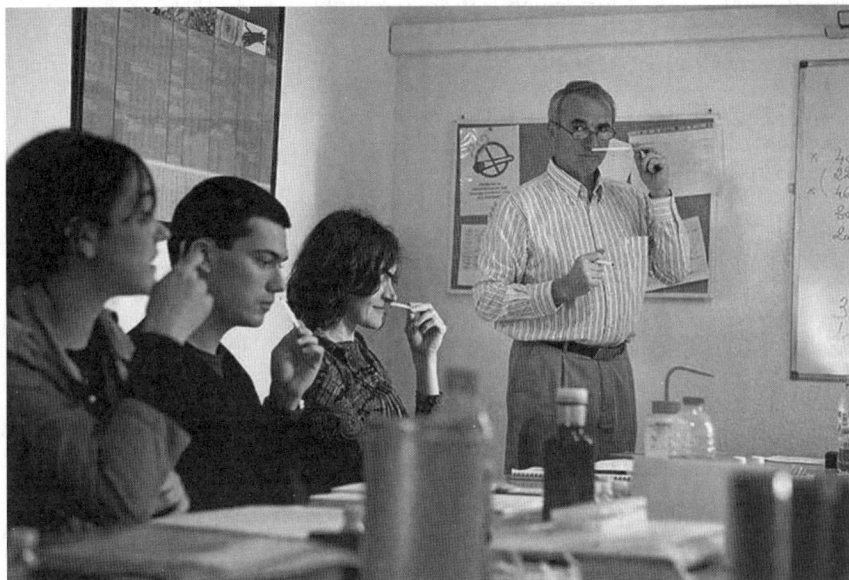

图 2.10　格拉斯香水学院课堂

图片来源：https://www.norwegian.com/magazine/features/2013/07/inside-grasses-perfume-industry/2.

博迪费（Han-Paul Bodifée）是法国香水行业的著名人物，任格拉斯香水研究院创始人兼主席，法国香料生产者协会原会长。他在谈到格拉斯香水行业面对竞争时采取的措施时谈道："不断适应，是格拉斯小镇香水行业持续繁荣的主要原因。50年前，格拉斯收入的主要来源是原材料的生产。而现在，这里已经是香水产业主要创新地，是香水行业的'硅谷'。你可以从印度、埃及或者南美进口香水，但是你无法进口香水生产方法。"

（五）坚持天然产品

格拉斯一直坚持采用天然原料，没有其他地方能够像格拉斯一样可以坚称"天然香水"。Han-Paul Bodifée 在接受 *Norwegain* 采访时说："许多曾经生产人工香精的大公司现在纷纷转向天然香精，那些在天然香精不流行时转向人工香精的公司，现在或许后悔了。"

美国香精市场领先的 IFF（International Flavors & Fragrances）和瑞士

排名第一的芬美意（Firmenich）从2000年开始，在格拉斯设立了办公室，从事天然原料的生产与提取。成立于1850年的格拉斯罗伯特（Robertet）香精香料公司，是目前法国第二大香精香料生产商，它们的格言是"天然——始终天然"。

（六）经营模式的创新

重新回归天然的趋势，激发了格拉斯小规模花卉种植商的积极性，这些小种植商采取抱团合作的形式。例如2008年成立的Fleurs d'Exception du Pays de Grasse，是当地有机花卉生产商集团，在小镇周边种植了约16公顷的香水植物，包括茉莉、晚香玉等。再如Carole Biancalana，它们与迪奥签订协议，迪奥承诺购买它们所有产品。而Sébastien Rodriguez成了IFF的供应商。

三、保加利亚卡赞勒克小镇（Kazanlak）

卡赞勒克小镇位于保加利亚中部老扎果拉大区、老扎果拉平原的中部和巴尔干山脉脚下、著名的玫瑰谷（Rose Valley）的最东边。小镇也是卡赞勒克自治市的政府所在地。小镇2011年人口47325人，面积36.07平方公里，海拔407米，这里是保加利亚玫瑰精油的萃取加工中心。保加利亚玫瑰是该国的国花，也是保加利亚国家的象征。

卡赞勒克小镇具有悠久的历史，最早可以追溯到8000年前的新石器时代（Neolithic era），中世纪时期成为Krun地区的管理中心。1370年起被奥斯曼土耳其统治，15世纪开始建立现在的小镇，"卡赞勒克"这个地名就来自土耳其语"Kazanlık"。当时小镇为军事要塞，后来逐渐发展为手工业为主的城市，有超过50种不同的手工业，例如玫瑰种植、制革、铜器加工、制鞋等。玫瑰精油加工主要从波斯（Persia）、叙利亚（Syria）和土耳其（Turkey）等中东国家传入。当地的光照、温度、土壤以及海拔等都有利于玫瑰的生长，使得卡赞勒克生产的玫瑰精油具有很高的品质。从当地种植的玫瑰提取的精油，在巴黎、伦敦、安特卫普、米兰等地举办的国际博览会上都获得过金奖，当地成为著名的玫瑰精油产地。至2008年，保加利亚玫瑰精油产量约占全球产量的70%，而保加利亚80%的玫瑰精油产自卡赞勒克①。

卡赞勒克作为全球著名的玫瑰精油产地，主要有以下几个原因：

第一，独特的气候环境。保加利亚北部属于温带大陆性气候，南部属于地中海式气候。卡赞勒克位于其中部，全年气候温和，冬季1月份平均温度在0～1.5℃，夏季7月份平均温度20℃；春天温度上升较快，3月初平均温度能达到5℃以上，4月平均温度超过10℃。降雨量主要集中在夏季，6月份是降雨量最多的月份，2～3月是降雨最少的时期。春季漫长而湿润、夏天凉爽、光照时间长、冬季无严寒是玫瑰生长的最佳气候条件。

第二，肥沃的土壤条件。保加利亚土壤种类丰富，拥有近20种土壤类型。卡赞勒克所在地大部分属于褐色森林土（cinnamon-forest soil），这类褐色土壤土层较深厚，自然肥力较高，主要由登萨（Tundzha）和伊涅斯卡（Eninska）两条河流冲积形成。

第三，悠久的文化传统和种植历史。卡赞勒克文化教育的历史非常久远，在文艺复兴早期，卡赞勒克就开办了学校，包括教育学，为全国培养教师，也培养了许多艺术家。卡赞勒克有500多年的玫瑰种植历史，近400年的玫瑰精油加工历史。通过不断地更新，形成独特的玫瑰品种，高品质的精油加工工艺。

第四，对玫瑰产业的重视。玫瑰作为卡赞勒克的支柱产品，也是保加利亚国家的象征，全国从上到下非常重视。

1.组织举办玫瑰节。每年6月的第一个星期是当地传统的玫瑰节，这个节日从1903年第一届起，已经有一百多年的历史，如图2.11。在玫瑰节时，有时保加利亚总统也会参与庆典，体现了国家对这个节日的重视。

---

① https://encyclopedia.thefreedictionary.com/Kazanlak.

图 2.11　卡赞勒克玫瑰节

图片来源：https://www.rosefestivalkazanlak.com.

2.严格的质量保障体系。1922年，保加利亚议会制定了《保加利亚玫瑰生产法》，1927年成立保加利亚国家玫瑰实验室。实验室有两个功能：第一，监督出口质量。由于保加利亚玫瑰精油参加1900年巴黎世界博览会销量大增，曾经出现过造假现象，因此，成立了国家玫瑰实验室，并且规定所有的玫瑰精油出口必须经过这个实验室检验，否则不准运出保加利亚。通过全方位监控玫瑰精油质量，对所有出口的玫瑰精油采取逐批检验制度，以保证玫瑰精油的质量，同时，还对每个玫瑰企业建立档案，做到产品源头可溯。第二，保证精油稳定性。玫瑰精油中含有370多种成分，容易受天气变化的影响，国际标准要求在证书中标出的不超过12个，而不同年份不同生产者生产的精油均有差别。因此，为保证玫瑰精油的稳定性，国家玫瑰实验室将当年不同厂家生产的玫瑰精油进行调和，或者使用往年生产的玫瑰精油进行调和，以获得具有稳定特性的玫瑰精油。此外，实验室还要确保保加利亚大马士革玫瑰（Rosa Damascena）的单一性，防止外来品种[1]。

第五，及时调整产业政策。20世纪80年代末东欧剧变，保加利亚从社会主义体制转变到市场经济体制后，由于土地私有化导致玫瑰种植面

---

[1]　郑宝强、王雁、缪崑：《政府为保加利亚玫瑰业保驾护航》，《中国花卉园艺》2010年第17期。

积减少、加工设备陈旧等原因，保加利亚的玫瑰产量锐减，从原占国际市场70%份额下降到仅占30%[①]。之后，保加利亚农业部出台政策，为玫瑰种植者提供贷款，鼓励增加种植面积；在玫瑰种植和提炼加工生产中采取多种生产经营方式，扩大引进外资，如利用欧盟设立的帮助中东欧国家在加入欧盟前发展农业和农村的基金"沙巴特基金"。

通过一系列措施，到2001年，保加利亚玫瑰精油产量占国际市场的50%，到2010年，玫瑰精油产量上升至70%。

四、生态农业类特色小镇发展路径及影响因素

从国外典型生态农业类特色小镇发展路径来看，主要有以下几方面因素（见表2.5）：

首先，独特的自然环境。生态农业类特色小镇具有适合某类农作物生长的气候条件，这是生态农业类小镇的先决条件。此外，还要维护良好的生态环境，注重环境保护，确保农业环境可持续发展。

其次，有长期的发展过程。生态农业类特色小镇一般都具有几百年的农业发展历史，长期从事某类农业产品种植加工，如：法国格拉斯有近600年的花卉种植和香料制造历史；保加利亚卡赞勒克有500多年的玫瑰种植历史，近400年的玫瑰精油加工历史；美国纳帕谷红酒产业有150多年的历史。生态农业类特色小镇通过长期的种植，逐渐发展出自身传统农业优势，以某项或某类产品作为主打，产品具有较高品质，占有很高的市场份额。

再次，政府层面出台政策。政府不断出台各项政策，统一发展规划，提供发展资金，包括保护农业生态环境方面的政策，统一农业发展规划方面的政策，扶持农业发展资金方面的政策等。如：1965年，美国加利福尼亚州颁布《威廉森法案》（The Williamson Act），该法案以减轻农业用地的财产税，鼓励建立农业保护区；1976年，纳帕县设立用于保护农

---

① 《保加利亚玫瑰油生产现状分析》，《国内外香化信息》2006年第2期。

业生态环境和农业生态保护区的非营利性土地信托基金；1922年，保加利亚议会制定《保加利亚玫瑰生产法》，1927年成立保加利亚国家玫瑰实验室。上述政策措施从政府层面确立了对农业生态保护的基本政策，起到了较好的引导和保护作用。

在生态农业类特色小镇发展过程中，政府政策发挥着重要的作用，通过统一规划与引导，整合资源，加上配套资金支持，可以有效消除农业生产者规模小、过度竞争以及受气候影响导致生产不稳定等不利因素，以统一规划、规模发展、突出优势等方法提高竞争力。

最后，面对市场不断调整。生态农业类特色小镇在长期的发展过程中，不断面临着市场的变动、经营模式、市场竞争等挑战。因此，上述成功的小镇不断改变经营策略，分析自身的优势与劣势，调整战略以适应市场的变化。如法国格拉斯在20世纪60—70年代，随着人工混合化学芳香产品的迅速发展，人工混合芳香剂占领了大部分市场，格拉斯的香水制造企业无法与国际化学巨头竞争的形势下，迅速调整产品，利用天然芳香产品可食用的优势，结合市场需求，推出混合香精与食用芳香产品，实现了单一产品线向多元产品线的战略转变，取得了显著的效果。

表2.5　国外生态农业类特色小镇影响因素分析

地区	发展现状	优势	政策	定位特色
美国纳帕谷（Napa Valley）	①美国唯一的农业生态保护区 ②著名的红酒生产与旅游体验地	①自然条件适合葡萄种植与红酒生产 ②美国唯一的农业生态保护区 ③限制产量，提高红酒声誉 ④统一规划，形成谷内各具特色的红酒旅游体验区	①1965年，加州出台《威廉森法案》，鼓励开设农业保护区 ②1976年，纳帕县建立非营利土地信托基金 ③2010年，纳帕县成立旅游管理委员会 ④2012年，纳帕县政府制定了《纳帕县可持续性发展计划》	世界著名的红酒生产与旅游地

地区	发展现状	优势	政策	定位特色
法国格拉斯（Grasse）	①全球著名的香水旅游地 ②香水产量占法国的50%，全球的8%	①自然条件适合花卉种植 ②悠久的香水制造历史 ③面对市场变化及时调整竞争策略 ④培养独特的香水人才	政府不直接参与，以市场导向和行业自律为主	世界著名的香水生产与体验旅游地
保加利亚卡赞勒克（Kazanlak）	①玫瑰精油产量占全球的70% ②著名的玫瑰旅游地	①自然条件适合玫瑰生长 ②国家对玫瑰产业重视 ③严格的质量控制体系	①1922年制定《保加利亚玫瑰生产法》 ②1927年成立国家玫瑰实验室 ③农业部为玫瑰种植者提供贷款	全球最大的玫瑰精油生产与旅游地

第四节 文旅类特色小镇

文旅类特色小镇，是以历史文化以及旅游产业为特色的小镇，这类特色小镇一般具有深厚的历史文化积淀或突出的自然景观，能够吸引游客前往。从小镇的具体特色来看，可以分为历史文化型特色小镇和自然景观型特色小镇。历史文化型特色小镇通常具有悠久的历史、鲜明的特色风俗或深厚的人文积淀，小镇依托上述资源，挖掘文化内涵，发展新型旅游产业。自然景观型特色小镇通常依托自身突出的自然景观资源，深入利用资源，开发"会议+旅游"等新业态。下面以英国温莎（Windsor）小镇、瑞士达沃斯（Davos）小镇和德国海德堡（Heidelberg）小镇为例进行详细的分析。

一、英国温莎小镇（Windsor）

温莎小镇位于英国东南部伯克郡（Berkshire County），北靠泰晤士河

（Thames River），2011年人口约26885人[①]。

温莎小镇是全球典型的文旅类特色小镇。小镇最为著名的是温莎城堡，该城堡是英国皇室的住所之一，每年吸引众多的游客光临。温莎小镇作为著名文旅类特色小镇，主要有以下几个特点：

（一）重要的地理位置

温莎小镇位于伦敦西部，距离伦敦市中心约34公里，北面为泰晤士河，东距梅登黑德（Maidenhead）11公里，西距雷丁镇约35公里，与古时的姐妹镇伊顿镇（Eton Town）隔泰晤士河相望，中间有温莎桥（Windsor Bridge）相连。

在11世纪前后，皇室成员经常到温莎，因为这里是进入林地（Woodland）的一个方便的入口，而林地是皇室打猎与军事训练的重要场所。

（二）悠久的历史

历史上的温莎小镇是著名的市场镇（Market Town），而非正式的行政镇。该小镇大约出现于7—8世纪，当时并没有城堡，只是沿泰晤士河沿岸顺流而下大约4.8公里的一个地带。

到12世纪早期，亨利一世（Henry I）建造了最初的城堡。亨利二世时，重建城堡并将大部分小镇从旧温莎移到新温莎。为了加强防护能力，城堡重建时用石头作为材料。同一时期，建造了温莎桥，成为最早在泰晤士河上建造的连接雷丁与斯坦恩斯（Stanies）的桥，而当时造桥是非常少的。因此，温莎小镇成为国家道路系统的重要组成部分，连接了伦敦与雷丁和温切斯特（Winchester）地区，同时便利的交通促进了当地经济的发展。

温莎在中世纪时期是当时英国著名的小镇，在1332年是当时英国最富的50个小镇之一。由于毗邻皇室城堡，众多的商人，如黄金商、红酒商、绸缎商等都将商品从伦敦运到温莎，同时，也给小镇带来了就业机会。

---

① https://encyclopedia.thefreedictionary.com/Windsor%2c+Berkshire.

1350年起，爱德华三世（Edward Ⅲ）对古堡进行了扩建，这是当时英格兰最大的工程项目，通过参与城堡建设项目，又给小镇带来了巨大的财富。城堡的建设项目一直持续到15世纪晚期重建圣乔治教堂（St George's Chapel），当时的温莎已经成为英国国民，特别是伦敦市民的朝圣地，如图2.12。

图 2.12　温莎城堡

图片来源：https://encyclopedia.thefreedictionary.com/Windsor%2c+Berkshire.

在16—17世纪，受到宗教改革以及英格兰内战的影响，温莎小镇的发展陷入暂时的停滞，其间一直处于贫困状态。

到1778年，乔治三世出现在温莎小镇，温莎小镇进入了新的建设时期。在这时期建造了许多著名的建筑，例如1793年由温莎镇长威廉·托马斯（William Thomas）建造的位于希特街（Sheet Street）的路德利会馆（Hadleigh House）。

1840年开始在温莎建造维多利亚女王的行宫，1849年两条经过温莎的铁路建成，这是温莎小镇历史上最为显著的变化。这些事件让小镇从中世纪的沉睡中快速苏醒过来，成为帝国的中心。小镇大部分街道建于19世纪中后期，但主要街道披索街（Peascod Street）非常古老，比城堡建造的时间要早很多，据推测建于撒克逊时期。

（三）便利的交通

在交通方面，温莎小镇北面的M4环线公路与伦敦连接，到伦敦约1小时车程。铁路方面，温莎小镇有两个火车站，温莎—伊顿中央车站（Windsor & Eton Central Railway Station）主要是连接温莎与斯劳（Slough）之间的穿梭火车，从斯劳站可以到达伦敦帕丁顿（Paddington）火车站以及雷丁站（Reading Station）。另外一个火车站为温莎—伊顿河滨车站（Windsor & Eton Riverside Station），连接温莎与伦敦滑铁卢（Waterloo）车站。公交方面，镇内公交由Reading Buses、Courtney Buses和First Berkshire & The Thames Valley三家公交公司负责运营，同时每天有巴士频繁穿梭于希思罗国际机场和伦敦市中心的维多利亚汽车站（Victoria Coach Station）。

整体来看，温莎小镇以历史形成为主，辅以特殊的皇室城堡作为亮点，从政府获得的支持政策较少。

二、瑞士达沃斯小镇（Davos）

达沃斯小镇位于瑞士东部，隶属于格劳宾登州（Graubünden）的普拉第高/达沃斯（Prättigau/Davos）行政区，该行政区于2017年1月1日调整为格劳宾登州的一部分。达沃斯小镇面积约283.98平方公里，农业用地占36.8%，森林占21.9%，非生产用地占38.3%，建筑物与道路占2.1%，河流占0.9%。截至2015年，小镇常住人口11109人，包含六个区域：最大的是位于东北部的Davos Dorf和位于西南部的Davos Platz，合计占全镇人口的89%，另外还包括弗劳恩基奇（Frauenkirch）、格拉里斯（Glaris）、蒙施泰因（Monstein）和维森（Wiesen）四个区域。达沃斯是阿尔卑斯山区的一个小镇，边上有一条30.5公里长的兰德沃瑟（Landwasser）河，小镇海拔1560米，被誉为"阿尔卑斯山最高的小镇"[①]。

从交通方面来看，达沃斯虽然深居高山，但具有较为便利的交通。

[①] https://encyclopedia.thefreedictionary.com/Davos.

铁路是到达沃斯最方便的方式，雷蒂亚铁路（Rhaetian Railway）是瑞士最大的私营铁路，已有超过一百年的历史。RHB在达沃斯设有两个站点，北部站点为Davos Dorf，南部站点为Davos Platz。公路方面，瑞士28号公路直通达沃斯，28号公路向西与3号公路相连，可直接到达瑞士最大城市苏黎世（Zurich），距离苏黎世国际机场121公里，往北与13号公路相连。此外，达沃斯建有达沃斯机场，可供小型飞机和直升机起降。

从产业方面来看，达沃斯小镇第三产业占绝对主导地位。截至2014年，达沃斯小镇总人口中从事第三产业的有7564人，占总人口的68%；从事第二产业的有996人，占总人口的9%；从事第一产业的有203人，占总人口的2%；其余21%的人口领取社会补助。从企业规模来看，达沃斯小镇以小型企业为主。有1家大型企业，雇佣369名员工，有17家中型企业，雇佣2074名员工，有908家小型企业，雇佣5211名员工。

旅店业是达沃斯的主导产业，截至2014年1月1日，根据达沃斯政府官网的数据，小镇有五星级酒店3家，可提供床位764个；四星级酒店8家，可提供床位2797个；三星级酒店18家，可提供床位1070个，二星级酒店8家，可提供床位388个；一星级酒店4家，可提供床位477个，其他酒店10家，可提供床位836个。此外，达沃斯还提供其他类型住宿，如有青年旅社床位1983个，保健机构及医疗机构床位507个，假日公寓床位约8000个等。2015年当地旅店过夜游客797348人，其中有46.9%为国际游客。

如今的达沃斯小镇既是瑞士最大的滑雪胜地之一，也是世界上历史最悠久的冰球锦标赛施彭格勒杯（Spengler Cup）的举办地，同时还是世界经济论坛（World Economic Forum）的举办地。达沃斯的发展经历了几个不同的阶段。

（一）疗养胜地阶段

现在的达沃斯小镇建立于中世纪中期（11—13世纪），当时达沃斯是一个偏远的山区小镇。达沃斯地处高原山谷，属于温带大陆性气候，四面环山，拥有独特的小气候，有极其优越的自然环境。19世纪中期，德国医生亚历山大·斯普林格（Alexander Spengler）首次在达沃斯进行肺结核病人的疗养试验并取得了成功，于是，达沃斯逐渐成为肺病患者的疗养地。一些社会名流也在达沃斯进行疗养。如获得1929年诺贝尔文学奖的德国作家保尔·托马斯·曼（Paul Thomas Mann），他在达沃斯疗养期间，创作了小说《魔山》（*The Magic Mountain*）。另外，如著名的艺术家协会"桥社"的创建人之一，德国艺术家恩斯特·路德维希·凯尔希纳（Ernst Ludwig Kirchner），从1917年起就居住于此。随着达沃斯疗养人员的不断增多，小镇的旅店业也逐渐起步。

（二）冰雪胜地阶段

在冬季运动以天然环境为主的年代，达沃斯的冰雪运动迅速发展。1877年，达沃斯建立了当时欧洲最大的天然滑冰场，这里成为竞速滑冰选手的热门地，许多世界冠军在这里产生，同时也是众多世界纪录的诞生地，如1898年，挪威滑冰选手皮德·斯特伦德（Peder stlund）在达沃斯打破了四项世界纪录。1913年，唯一的欧洲曲棍球锦标赛在达沃斯举行。20世纪初，达沃斯当地的冰球俱乐部HCD（Hockey Club Davos）在户外滑冰场进行当地赛事；1923年起，HCD每年在达沃斯举办国际冰球锦标赛——施彭格勒杯邀请赛，这是世界上历史最悠久的国际冰球锦标赛之一，如图2.13。

图2.13 早期的达沃斯HCD冰球比赛

图片来源：来自网络。

冰雪赛事吸引了众多游客，特别是来自英国和荷兰的游客。游客大量增加，对休闲运动的需求量也大增，达沃斯抓住这个机会，大力发展冰雪休闲设施，建立了雪橇道、滑雪场以及高尔夫球场等来满足游客的不同需求。达沃斯逐渐从冰雪竞赛运动向冰雪休闲运动发展，游客数量迅速增加。

此外，单纯的冰雪运动具有较强的季节性，呈现明显的淡旺季。为解决这一问题，达沃斯积极寻找各种方法，利用其地理特点拓展其他运动，如山地马拉松、越野自行车等。每年夏季，达沃斯所在的瑞士阿尔卑斯山区都会举办山地越野马拉松，这是世界上历史最为悠久的山地超级马拉松赛事之一。

（三）会议经济阶段

到20世纪70年代，随着竞争加剧、市场饱和、全球变暖等原因，达沃斯冰雪休闲游客数量趋于稳定，冰雪运动热逐步降温。达沃斯成为了一个虽处于领先地位但对游客缺乏明确主题的旅游目的地。

面对这样的局面，达沃斯开始转变思路，寻找更多的商机。达沃斯根据自身的气候、环境、地理以及瑞士是中立国等特点，以高端会议商务作为发展方向，于1969年建立了达沃斯会议中心。1971年，瑞士日内瓦大学经济学教授克劳斯·施瓦布（Klaus Schwab）建议创立"欧洲管理论坛"，总部设在瑞士日内瓦。论坛目的是在瑞士联邦政府监督下，为当时西欧企业界领导人提供社交活动和服务组织，提供西欧企业界的基本资料，促进西欧企业界，特别是中小企业之间的接触与交流。作为当时欧洲最大的滑雪胜地的达沃斯，具备了承办大型会议的能力，因此，1971年1月，第一次"欧洲管理论坛"在达沃斯召开。1973年，布雷顿森林体系瓦解以及阿以战争爆发等事件，使论坛将年会的讨论重点从管理领域扩展至经济和社会领域，政界领导人也于1974年1月首次受邀前往达沃斯。之后"欧洲管理论坛"的主题不断扩大，从地区经济问题逐步演变为解决国际争端的平台。1987年，"欧洲管理论坛"更名为"世界经济论坛"，如图2.14。

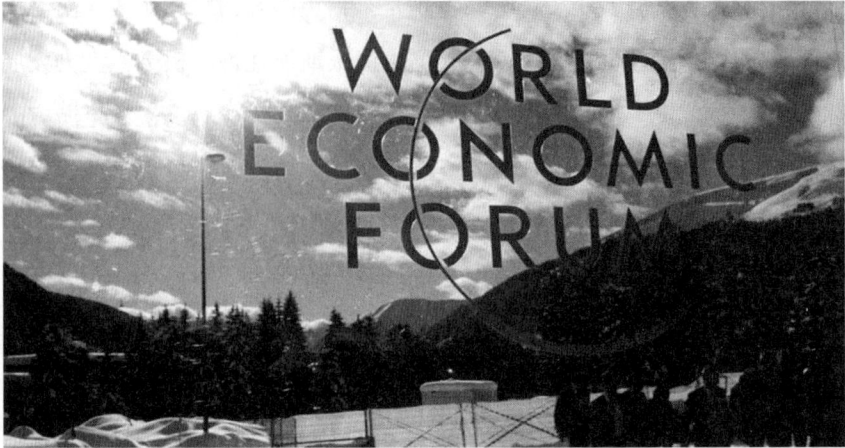

图 2.14　达沃斯世界经济论坛标志

图片来源：Davos: http://www.gemeindedavos.ch/de/ueberdavos/fakten/.

从第一次"欧洲管理论坛"起，每年1月份的论坛会议均在达沃斯召开，世界经济论坛也因此被称为"达沃斯论坛"，达沃斯逐渐成为世界著名的商务会议中心。

达沃斯能够成为著名的文旅类特色小镇，主要有以下几方面因素：

第一，优越的自然环境。达沃斯是阿尔卑斯山区海拔最高的小镇，周边群山环绕，非常适合冬季冰雪运动，同时，小镇主要以第三产业为主，注重生态环境保护，这是达沃斯成为旅游目的地的先决条件。

第二，中立、多元的文化传统。瑞士是一个多语言、多元化的国家，有德语、法语、意大利语、罗曼什语四种官方语言，语言的多样性和多元化的开放性加强了瑞士同世界的联系。同时瑞士又是传统的"中立国"，这种独特的文化构成、历史地位和宽松的社会经济环境，使达沃斯成为理想的国际性会议召开地。在达沃斯小镇，当地居民主要讲德语、塞尔维亚-克罗地亚语（Serbo-Croatian）以及意大利语。

第三，抓住机遇。在传统旅游业竞争加剧、冰雪运动逐渐降温的形势下，达沃斯及时调整产业，利用自身特点与优势，调整产业方向，拓展高端会议商务，并以此为契机，打造达沃斯世界经济论坛。

第四，公信力造就达沃斯论坛。达沃斯论坛具有非官方、非盈利、开放性、定时期、定会址、定主题这六大特点，通过40多年的发展，成为全球首屈一指的经济论坛，带动了达沃斯小镇旅游、会议业等全面发展[①]。

三、德国海德堡小镇（Heidelberg）

海德堡小镇位于德国西南部巴登-符腾堡州（Baden-Württemberg），位于内卡河（Neckar River）河畔。内卡河是莱茵河的支流，长362公里。海德堡面积108.83平方公里，根据2015年统计，人口为156257人，其中1/4为学生。海德堡是著名的文化之城，海德堡大学成立于1386年，是德国最古老的大学，也是欧洲最有声誉的大学之一，这里聚集了众多的科研机构，包括四个马克思-普朗克学会（Max-Planck Institutes）研究所。同时，海德堡有优美的自然环境和城市风光，是德国著名的旅游胜地，每年吸引近350万游客[②]。

海德堡历史悠久。在这里发现的著名的"海德堡人"（Heidelberg Man），距今约20万～60万年，是欧洲发现的最早的人类。公元前5世纪，凯尔特人（Celtic）在这里建造了用于避难和宗教活动的堡垒。公元40年，这里被罗马人占领，并建立了堡垒。公元369年，罗马人又对堡垒进行了重建，成为内卡河边的标志性城堡。海德堡作为村庄首次被记载是在公元769年，一个称为"Bergheim"的小山村，现位于海德堡中心。现代海德堡开始于12世纪，根据文献记载，1196年，海德堡的名字首次出现。1386年，鲁珀特一世（Rupert I）创建了海德堡大学，之后海德堡大学一直作为海德堡的人道主义和改革的领导者，也是路德教派（Lutheranism）和加尔文教派（Calvinism）共同斗争的地方。1421年建立了海德堡图书馆，这是德国现存最早的图书馆，1518年马丁·路德（Martin Luther）曾来到海德堡。从17世纪初到19世纪初，这两百年的时间是海德堡大学的低谷，大学遭到毁坏和重创，学术上缺乏改

---

① 余国扬：《达沃斯现象研究》，《热带地理》2003年第1期。

② https://encyclopedia.thefreedictionary.com/Heidelberg.

革创新精神，财政也困难。1803年，海德堡被划入巴登州，巴登州大公查尔斯·弗雷德里克（Charles Frederick）重建海德堡大学，大学的名字由两名重建者命名，取名为鲁普莱希特-卡尔斯-海德堡大学（德文名：Ruprecht-Karls-Universität Heidelberg），之后，海德堡大学在哲学、法学和自然科学等方面取得了重要成就，重新成为世界瞩目的大学。海德堡作为一个大学城，整个小镇的发展与兴衰同海德堡大学息息相关。

从地形和气候来看，海德堡位于莱茵河上游平原（Rhine Rift Valley），内卡河由东向西横穿而过。河的左边为柯尼希斯特尔（Königsstuhl）和盖斯贝格（Gaisberg）两座山，这两座山都不高，海拔分别为568米和375米。河的右边是海拔445米的海德堡山，如图2.15。

图 2.15　海德堡俯瞰

图片来源：https://en.wikipedia.org/wiki/Heidelberg.

海德堡属于海洋性气候，来自西部的海洋气流给这里带来终年温和的气候，7月份最高温度在30℃左右，1月份最低温度在−1℃左右。海德堡周边山丘、中间峡谷的地理环境，带来了湿润空气和更多的降水。2009年，德国气象局将海德堡定为德国最温暖的城市。

从交通方面来看，海德堡向东南距离巴符州首府斯图加特（Stuttgart）约118公里，向北距离德国最大的机场法兰克福国际机场（Frankfurt International Airport）约78公里，其位置介于两者之间。

公路方面，位于小镇西部的5号高速公路连接海德堡与法兰克福；南北向的3号公路，穿过小镇东部；东西向的535号公路位于小镇南部，连接6号高速公路；沿内卡河南岸的37号公路，东西向穿过小镇，向东连接45号公路，向西连接656号高速公路。

铁路方面，莱茵河山谷线（Rhine Valley Railway）经过这里，设有海德堡中央火车站，铁路由城际高铁（Intercity Express）和欧洲城市（Euro City）两家铁路公司运营，连接德国、丹麦、奥地利、比利时、法国和瑞士等周边国家。

公共交通方面，从1883年起，海德堡就拥有了公交系统，1901年开始有轨电车改造，1902年首条有轨电车开始运营，到了20世纪60年代，由于汽车等交通工具的发展，有轨电车逐渐被拆除。2006年起，新的有轨电车网络开始运营。此外，汽车租赁（Carsharing）业在14个区域提供12个服务点，近一百多辆汽车可供租赁。2003年起，海德堡建立公交网络，连接整个莱茵河－内卡河（Rhine-Neckar）地区。

此外，海德堡还有特有的索道铁路（Funicular Railway），最早建于1890年，1961年开始重建，并且增加新的站点。1962年新的缆车正式运营，2003年开始进行新的扩建，到2005年重新运营。

从教育和文化方面来看。海德堡是著名的大学城，海德堡大学有600多年的历史，是德国历史最悠久的大学，欧洲最有声誉大学之一，如图2.16。2014年，海德堡大学有注册学生30898人，其中20%为国际学生。另外，还有海德堡应用技术大学、海德堡教育学院和海德堡犹太研究学院等10所综合性、应用技术和高等职业院校。海德堡也有许多研究机构，如欧洲分子生物学实验室（EMBL）、德国癌症研究中心（DKFZ）、马克思-普朗克学会的医学、天文、核物理、公共及国际法等四个研究所。海德堡有公办和私立学校共23所，提供完整的小学、初中和高中教育。

图 2.16　海德堡大学图书馆

图片来源：https://en.wikipedia.org/wiki/Heidelberg.

从旅游活动方面来看。海德堡每年定期开展多种活动，如每年1月的吸血鬼舞会（Ball of the Vampires），3月的春季古典音乐节（Classic Music Festival），4月的国际复活节彩蛋市场（International Easter Egg Market），4月最后一个周末的半程马拉松，夏季的城堡和老桥的灯光和烟花秀，9月的老城秋季节，包括中世纪市场、艺术和手工艺市场、跳蚤市场以及音乐节，10—11月的海德堡剧院日、海德堡爵士音乐节、曼海姆–海德堡电影节（IFFMH），12月份的圣诞市场（Christmas Market）。

从经济方面来看。海德堡主要产业为旅游业，2004年海德堡有81.8%的人从事服务业，只有18%的人从事工业，主要为印刷和出版业。海德堡还是许多世界著名公司总部所在地，著名的钢笔品牌凌美（LAMY）的总部、全球第二大水泥生产商海德堡水泥公司（Heidelberg Cement）总部都在这里。南部距离海德堡10公里左右的沃尔多夫是著名的IT小镇，是全球最大的ERP软件提供商SAP的总部所在地。

海德堡作为德国最热门的文旅类特色小镇，主要有以下几个方面原因：

第一，悠久的历史与文化底蕴。海德堡从1196年正式命名到现在已有800多年的历史，德国最古老的海德堡大学有600多年的历史，此外众多的现代科研机构，打造了海德堡浓郁的学术氛围，小镇大部分居民为学生和大学及研究机构人员。

第二，优美的自然环境。海德堡地处丘陵地带，有湿润温暖的海洋性气候，内卡河穿流而过，孕育了海德堡美丽的风景，吸引着众多游客。

第三，对历史的保护与再开发。海德堡大部分旧城风貌和历史遗迹得到了很好保护，当然，这有二战时幸免于轰炸的原因，但更多的是海德堡政府对历史的珍视与保护。小镇中有4600多处文化保护项目，管理十分严格，即使是私人所有也不能随意改造。海德堡将历史保护与再创造融合，以历史个性吸引游客，将传统文化再创造。静态文化方面，以建筑、遗迹等展现质朴、纯真的文化历史质感；动态文化方面，将文化场所和设施遍布全镇，常年举办多样性的高水平文化演出活动，将文化与艺术有机结合①。

第四，面向未来的可持续发展理念。海德堡着眼全球，从本地抓起，在执行1992年召开的联合国国际大会形成的"21世纪议程"上不遗余力，形成《21世纪行动计划》。1997年市议会通过《海德堡市2010发展计划》（简称STEP），并设立顾问委员会，对STEP的每一个细节进行讨论，确立市政府一切行动所涉及的"社会责任""环境和谐"和"经济成功"三个发展目标同等重要的理念。2002年春季，《海德堡市2010发展规划》正式发布。项目在实施时通过具体的计划落实，调动跨国公司以及一些市民团体组织参与到地方议程的实施过中，如海德堡巴西森林项目、中小企业可持续经营项目、地方21世纪议程与学校技术会议项目等。海德堡市曾荣获"2003年度欧洲可持续发展城市奖"②。

---

① 于水、张琳：《特色小镇建设的国际经验及对江苏的启示》，《江南论坛》2018年第8期。

② 李富明：《共创未来——海德堡的21世纪议程》，《技术经济与管理研究》2004年第3期。

四、文旅类特色小镇发展路径及影响因素

从国外典型的文旅类特色小镇发展路径来看，主要有以下几个方面的发展共性（见表2.6）：

第一，以文化为发展基础。国外典型的文旅类特色小镇均拥有悠久的历史、厚重的文化沉淀，通过挖掘历史文化，来推动旅游的发展。如：英国温莎小镇是传统的皇室居住地，以温莎城堡作为核心，带动小镇及周边地区的旅游发展。德国海德堡以海德堡大学作为文化基础，以文化与历史的融合来吸引游客。

第二，对历史的保护与发展。历史文化是文旅类特色小镇的核心资源，在此过程中，政府发挥了重要的作用。如：英国1947年颁布实施的《城镇和乡村规划法》，将城乡纳入一体，对历史小镇进行统一规划，改善当地居民日常生活的需要，往往通过开辟邻近新区，提供配套来进行。1953年颁布的《历史建筑和古老纪念物保护法》避免了大规模拆除历史建筑，保留了文化古迹，仅对需要的部分进行内部改造。在2004年，对《城镇和乡村规划法》进行了修订。英国通过对一系列法规的制定，使得小镇新旧融合，既满足小镇居民生活需要，又较好地保护历史文化，从而促进当地旅游经济的发展。

第三，便利的交通设施。文旅类特色小镇以历史文化带动旅游发展，最终目的还在于旅游。因此，便利的交通与出行，是带动文旅类小镇发展的另一关键点。从上述几个文旅类小镇来看，均具有交通便利、设施完善等特征。

第四，可持续发展策略。文旅类特色小镇的可持续发展，需要政府有明确的发展策略，制定长期的发展规划。在规划执行过程中，政府起到带头作用，调动市民参与到实施过程中。如：德国海德堡将"社会责任、环境和谐、经济成功"作为三大同等重要的发展目标，制定《海德堡市2010发展规划》，明确了发展目标，并且调动跨国公司、团体以及市

民的积极性，使其参与到规划的执行中去。

表2.6 国外文旅类特色小镇影响因素分析

地区	发展现状	优势	政策	定位特色
英国温莎（Windsor）小镇	著名的皇室城堡旅游地	①悠久的历史 ②英国皇室仍在使用的行宫 ③位于伦敦近郊，便利的交通	作为皇室居住地，得到良好的政策保障	著名的文化旅游目的地
瑞士达沃斯（Davos）	①著名的冰雪旅游地 ②世界经济论坛召开地	①优美的自然环境 ②便利的交通 ③面对市场变化，及时调整发展策略	①保护生态环境 ②统一的小镇发展政策	高端商务会议目的地与旅游地
德国海德堡（Heidelberg）	①著名的文化旅游目的地 ②著名大学与科研机构所在地	①优美的自然环境 ②悠久的历史与文化 ③历史的保护与发展相融合 ④可持续发展策略	①严格的历史遗迹保护政策 ②确定可持续发展理念，制定各项发展规划	社会责任、环境和谐、经济成功的典范

第五节 科技类特色小镇

科技类特色小镇具有典型的产业特征，小镇历史不一定非常悠久，有些可能是新兴的小镇，但发展非常迅速。科技类特色小镇通常拥有特定的产业历史或资源环境，依托行业巨头总部或研发中心，形成雄厚的研发实力，吸引高端人才集聚，同时，小镇自身拥有优越的自然环境和完善的配套设施，使人才能够留在小镇。下面以美国硅谷山景城（Mountain View）、德国英戈斯塔特（Ingolstadt）小镇、英国信芬（Sinfin）小镇为例进行详细分析。

一、美国硅谷山景城（Mountain View）

山景城是全球著名的高科技小镇，作为美国硅谷区重要的城市之一，聚集了众多高科技公司的总部，如谷歌（Google）、莫兹拉基金会（Mozilla

Foundation）、赛门铁克（Symantec）和财捷集团（Intuit）等，如图2.17。

山景城位于美国加利福尼亚州圣克拉拉县（Santa Clara County），因为圣克鲁斯山（Santa Cruz Mountains）景色而得名，面积31.79平方公里，截至2010年4月，人口为74066人。山景城处于特殊的地理位置，与帕罗奥拓（Palo Alto）相邻，北面是旧金山湾（San Francisco Bay），南部是洛斯阿托斯（Los Altos），东边是森尼韦尔（Sunnyvale）。山景城具有非常便利的交通，85号高速公路北部起点位于这里，往南与加州最长的101号高速相连，另外还有82号高速穿过。目前，大部分的商业园区都位于沿海一带，主要分布在101号高速的北面和85号高速的东面。

图 2.17　Google 公司总部

图片来源：https://en.wikipedia.org/wiki/Googleplex.

从产业发展来看，在19世纪，山景城最初是一个马车驿站，到20世纪早期成为水果和粮食运输的中心，同时，也是宗教书籍的出版地，但与目前的高科技产业基本无关。1929—1994年，美国海军墨菲机场（Moffett Field Naval Air Station）设立在此。1940年，美国国家航天咨询委员会（National Advisory Committee for Aeronautics）即现在的美国航空航天局埃莫斯研究中心（the NASA Ames Research Center）在山景城设立。1956年，第一家以硅为半导体设备的肖克利半导体实验室（Shockley

Semiconductor Laboratory）在此成立，这也是其称为"硅谷"的来由。这些机构的设立影响着山景城航空电子工业的发展。围绕着这些军事基地，一些为电子通信技术提供原材料的民用技术公司逐步成立，军事基地给这些公司带来了稳定的订单，有力地促进了这些公司的发展。1990年，凯文·达根（Kevin Duggan）开始执掌该市，他推出一项措施，与Google等大型高科技公司签订长期的租赁协议，从此，高科技产业成为该市经济的基础[①]。

从政府支持政策来看，政府在高科技企业管理方面具有清晰的职能定位，主要为企业营造良好的政策环境，提供适度和完善的法律体系。目前，山景城所在的加州相对于美国其他州而言，整体法律环境较为宽松。此外，政府不直接组织高科技企业，不直接介入企业的管理，而是把重点放在为创业人员和企业提供规范的竞争制度，为企业创造公平的竞争环境。

另一方面，政府为高科技企业提供优惠的税收政策。20世纪70—80年代，加州政府连续出台了鼓励投资和对中小企业实行税收优惠的政策，促进了风险投资的发展，使其逐步成为硅谷创业者的主要资金来源。

在保障员工权益方面，政府不断出台政策以保障企业员工的基本权益，如2015年通过投票上调了最低工资的增速，2017年12月地方议会实施最低15美元的强制工资标准，从2019年1月1日起，企业最低工资标准将随"旧金山－奥克兰－圣荷西地区消费指数（the San Francisco-Oakland-San Jose Regional Consumer Price Index）"每年进行调整。2018年在CareerBliss网站"全美最愉快的工作地"比较、评选中，山景城位列第一。

山景城能够吸引众多高科技公司，成为典型的科技类特色小镇，主要有以下几方面因素：

第一，特有的创业文化。斯坦福大学面向市场的科研和较为宽松的

---

① https://encyclopedia.thefreedictionary.com/Mountain+View%2c+California.

包容失败文化，为山景城以及整个硅谷提供了科技来源和创新的机制。以市场需求为导向，斯坦福大学以及相关的科研机构能够把握具有前瞻性、战略性、应用性以及基础性的研究，硅谷总产值中六成以上均与斯坦福大学及相关的科研机构有关联。对公司创新失败的宽容文化，使企业能够不断容错，从而创造了诸多对全球具有重大影响的企业[①]。

第二，创业资本的扶持。1953年，美国成立小企业局（Small Business Administration），主要任务是制定贷款担保计划，通过为小企业提供银行贷款担保，帮助小企业创业者获得贷款。小企业管理局还向小企业提供风险资金，此资金由风投公司提供。在纳税方面，美国政府还专门颁布有助于小企业发展的税务计划，帮助小企业推销产品，并简化为小企业员工设立退休金计划的手续。沙丘路附近众多的风险投资公司为创业企业提供了有力的资金来源，科技创新企业给风险投资提供了投资对象，创业企业也取得了需要的资本，两者相互作用，形成良性的循环（见图2.18）。

图 2.18 山景城东威丝曼社区

图片来源：https://www.mountainview.gov/business/default.asp.

---

① 刘刚、张再生、吴绍玉：《创新生态系统的生成机理与运行模式研究——基于美国硅谷和天津高新区的对比分析》，《科学管理研究》2017年第6期。

第三，高效的创业孵化。山景城政府为创业企业提供完善的孵化功能和专业化的服务体系也是山景城成功的重要因素之一。这里聚集了众多专业的服务公司，能提供多种专业服务。围绕科技发明、高科技产品产业化和市场化进程，能够满足创业企业金融、中介、商业、生活等全方位需求，为创业企业提供便利，也缩短了产品从研发到市场化的时间，有效地发挥了高科技创业企业的孵化器功能[1]。

第四，"精确"的城市规划。山景城能够吸引众多高科技公司的另一个原因是良好的城市规划。1980年美国开展"新城市主义"运动，通过重新建立公共空间、步行尺度和邻里单位来推动新型社区发展。山景城是当时的一个典型案例，它通过一个名为"精确规划"的计划调整了该社区的规划方案和监管规定，增加了公交设施周围的土地利用密度，进而使社区居民获得了所需的住宅用地。山景城的总体规划体现了精明增长的原则，其中包括鼓励提高公交车站附近街区的开发密度。精确规划是实现这一目标的主要方法之一，它包括针对取代原有区划的指定地区而制定的综合区划和设计指导原则[2]。

二、德国英戈斯塔特小镇（Ingolstadt）

英戈斯塔特小镇是著名汽车品牌奥迪的总部所在地，也是空中客车防务飞机制造基地（Defence Aircraft Manufacturer Airbus）。小镇位于德国巴伐利亚州中部，多瑙河畔，面积133.37平方公里，截至2015年12月，人口132438人，是慕尼黑都市圈城市之一。英戈斯塔特奥迪生产工厂，2013年雇有员工35097名，小镇约1/4的居民为奥迪员工，年汽车生产量达576680辆，英戈斯塔特小镇是奥迪在全球最大的生产基地[3]。

奥迪汽车生产工厂原来建在开姆尼茨（Chemnitz）和茨维考

---

① 李海超、齐中英：《美国硅谷发展现状分析及启示》，《特区经济》2009年第6期。

② 黄慧明、Sam Casella.Faicp.PP：《美国"精明增长"的策略、案例及在中国应用的思考》，《现代城市研究》2007第5期。

③ https://encyclopedia.thefreedictionary.com/Ingolstadt.

（Zwickau），在二战中，这两个工厂被摧毁，战后两地成为东德的一部分。1936年，在开姆尼茨成立由四家汽车生产商组成的汽车联合会（Auto Union），在战后立即着手寻找合适的地区，计划将公司整体搬迁。1945年，奥迪首次将制造工厂搬迁到英戈斯塔特。1949年，在美国"马歇尔计划"的帮助下，汽车联合会在英戈斯塔特小镇重新建立工厂，直到1964年被大众汽车收购。目前，奥迪汽车是当地最大的企业，也是当地经济支柱。

从自然环境来看，英戈斯塔特小镇具有优越的自然环境。小镇位于多瑙河畔西北岸的一片平原，最高海拔374米，最低362米，与侏罗丘陵（Jura Foothills）相邻，西南是多瑙沼泽，东部是多瑙河流域第二大冲积平原——硬木森林。英戈斯塔特被称为"绿色城市"，有许多的公园、绿地和森林。最主要的公园是格拉西斯（Glacis），其刚好形成一个绿色带，将交通、居住区和学校分离开来。

从交通方面来看，英戈斯塔特小镇距离巴伐利亚州首府慕尼黑约80公里，距离巴伐利亚州第二大城市纽伦堡约95公里，通过A9高速公路可以在1小时左右到达两地。A9高速公路是连接德国南北的交通要道，也是德国最繁忙高速公路之一，南北连接慕尼黑与柏林、莱比锡等城市。13号公路与16号公路分别在北部和南部穿过英戈斯塔特，与A9高速公路形成交通圈。

2006年慕尼黑至纽伦堡高速铁路建成，在英戈斯塔特设置站点，这条高速铁路将原来62分钟的行程缩短为半个小时。英戈斯塔特距离慕尼黑机场70多公里，慕尼黑机场是欧洲最繁忙的机场之一，在德国仅次于法兰克福机场，排名第二。

从历史上来看，英戈斯塔特小镇具有悠久的历史，自小镇建立距今已有1200多年的历史。公元806年，查理曼大帝签署一份文件，使英戈斯塔特一带土地成为英戈尔德（Ingold）的领地。大约在1250年，英戈斯塔特被授予城市的身份。在1339—1447年，英戈斯塔特是巴伐利亚-英戈斯塔特（Bavaria-Ingolstadt）公国的首都，之后被巴伐利亚-兰德胡特（Bavaria-Landshut）统一，巴伐利亚公爵路易七世命令建造了典型哥特式的新城堡。1472年，路易九世创建了英戈斯塔特大学（1826年迁至慕尼黑）；宗教改革期间，众多著名学者，如厄克博士（Johann Eck）为该大学发展发挥了重要作用。在军事上，英戈斯塔特是要塞，也是城市防御工事的起源地，一战期间，后来的法国总统查尔斯·戴高乐曾作为俘虏被扣留于此。

从文化方面来看，英戈斯塔特具有深厚的文化沉淀。1850年，阿道夫·施尔泽尔（Adolf Scherzer）在这里创作了著名的《巴伐利亚进行曲》；1818年，玛丽·雪莱（Mary Shelley）将长篇小说《弗兰肯斯坦》（*Frankenstein*）中的解剖实验室设在这里（现在成为医学博物馆）。著名剧作家弗莱贝尔（Marieluise Fleißer）在这里出生，创作了"Pioneers in Ingolstadt"，1928年3月首次在德累斯顿公演。在建筑方面，英戈斯塔特仍保存有完好的中世纪建筑，如图2.19。

图 2.19　英戈斯塔特中世纪建筑

图片来源：https://encyclopedia.thefreedictionary.com/Ingolstadt.

英戈斯塔特小镇拥有两所大学。一所是英戈斯塔特应用科技大学（The University of Applied Sciences Ingolstadt），该大学在校生约6000人，主要专业有计算机科学、工商管理等，是小镇最大的教育机构。

另一所是英戈斯塔特管理学院（Ingolstadt School of Management）。该学院前身是1472年创立的英戈斯塔特大学（University of Ingolstadt），1800年被关闭；现代的校园启用于1989年，是艾希施达特-英戈斯塔特天主教大学（Catholic University of Eichstätt-Ingolstadt）的其中一个校区。该大学是德国本土化的唯一一所天主教性质的大学，也是巴伐利亚州的一所综合性大学，该校的商科在德国享有盛誉，能够授予管理学本科、硕士和博士学位。

英戈斯塔特是典型的将旅游与汽车生产融合的工业旅游小镇。2002年12月，奥迪在英戈斯塔特建立了第一座多功能博物馆"英戈斯塔特奥迪论坛"（AUDI Forum Ingolstadt），这是旅游创新的代表，论坛通过提供多种类型的服务，将品牌、产品、旅游相结合，满足游客、顾客、员工等的需要。英戈斯塔特奥迪论坛推出产品体验式旅游，主要是用生产流程的体验来吸引游客，给游客一种特别的体验。2012年，英戈斯塔特奥迪论坛接待人数超过98万，其中大部分为游客，46%的游客来自200公里以外[①]。

英戈斯塔特奥迪论坛主要通过以下措施吸引游客：第一，独特的汽车生产游览。经过特殊培训的参观导览，能够满足多种语言的需求，具体行程从汽车零部件生产到整车组装，给6～10岁的小孩提供虚拟驾驶、设计自己的汽车等游戏，都是很受欢迎的项目。第二，开展不同的活动。在这里召开重要的会议、举办政治活动，开办老爷车展览以及文化与娱乐节目，将文化作为创造价值的来源，形成文化产业。比如每年9月到次年5月开放的爵士中心、美食休闲中心的"After Work Jazz"等娱乐项目，另外，每年的圣诞音乐会等也在这里举办。第三，奥迪驾驶体验。将最新的车辆供游客体验，游客能够在英戈斯塔特小镇范围内进行一天的新车试驾。"英戈斯塔特奥迪论坛"作为成功的汽车品牌旅游项目，目前已在全球开设了10个多功能复合式的奥迪汽车博物馆，如图2.20。

---

① Cudy W, Horňák M. The tourist function in a car factory Audi Forum Ingolstadt example［J］. Bulletin of Geography: Socio-Economic Series, 2016, 33(7): 23-38.

图 2.20 奥迪汽车博物馆

图片来源：Cudy W, Horňák M. The tourist function in a car factory Audi Forum Ingolstadt example[J]. Bulletin of Geography: Socio-Economic Series,2016,33(7):32.

英戈斯塔特作为高科技产业特色小镇，能够成为奥迪生产和研发总部、吸引众多游客，主要有以下几个方面因素：

第一，较好的地理位置。英戈斯塔特小镇位于德国南部最大的两个城市慕尼黑和纽伦堡之间，到达两地的时间均在1小时车程内，距离德国另一大城市斯图加特约230公里，车程在两个半小时左右。

第二，优越的自然和人文环境。英戈斯塔特小镇位于著名的多瑙河畔，周边为丘陵地带，拥有很高绿化率。在人文历史方面，小镇历史悠久，有保存完好的中世纪建筑；小镇是文学创作之地，诞生过许多著名作家，出现在许多文学作品之中。教育方面，小镇目前有两所大学，500多年前就建立了英戈斯塔特大学，开设人文、科学、法律和医学专业，奠定了良好的教育基础。

第三，发展体验旅游。英戈斯塔特小镇依托奥迪全球最大的生产基地，以奥迪品牌为基础，通过汽车生产导览、生产体验以及品牌文化等吸引游客。

三、英国信芬小镇（Sinfin）

信芬小镇位于英国英格兰中部德比郡（Derbyshire County），是全球著名的航空发动机生产基地。该小镇位于德比市西南，距离市中心约4.8公里。信芬小镇与另一个小镇奥斯马斯顿（Osmaston）一起属于德比市的防卫镇，历史上在合并到德比之前分属不同的区域。2011年，小镇人口15128人，这里是著名的劳斯莱斯（Rolls-Royce）航空发动机生产基地[1]。

信芬小镇具有悠久的历史。1085—1086年，当时的威廉一世在英格兰与部分苏格兰地区进行人口与土地普查，并于1086年出版了《英国土地清册》（*Domesday Book*），当时小镇名称为Sedenefeld，是农民在德比附近的信芬沼泽狩猎野鸭等的地方。1675年，在Ogilby's Road Maps中，信芬小镇被称为Synfold。1887年的Ordnance Survey Map首次出现了"Sinfin"这个名字，信芬沼泽也被大量开发为私人土地。

信芬小镇历来是重要的战略要地与军工生产基地。特别是在二战期间，劳斯莱斯发动机工厂大力扩张，军火工厂也沿着德比至伯明翰（Birmingham）的铁路沿线迅速发展起来，该铁路在信芬小镇设有车站。二战期间，信芬小镇作为德比的郊区，在田野设有特殊的灯光，用于引诱德军飞机，通过这个方法，德比市区能受到较少的轰炸。战后，劳斯莱斯发动机工厂得到继续发展[2]。

20世纪70年代，劳斯莱斯在英国政府的干预下拆分为劳斯莱斯汽车公司与劳斯莱斯航空发动机公司两部分。90年代末，劳斯莱斯汽车公司被德国宝马汽车公司兼并，而航空发动机公司作为单独的一块留下来，如图2.21。目前劳斯莱斯是欧洲最大的航空发动机厂商，也是全球第三大航空发动机制造商。航空发动机产业成为信芬小镇主导产业。1908—2007

[1] https://encyclopedia.thefreedictionary.com/Sinfin.

[2] Glyn Williams.Sinfin, Derby, Derbyshire, England: http://www.sinfin.net/sinfin/sinfin. html.

年，劳斯莱斯公司位于相距2公里的奥斯马斯顿小镇，2007年搬迁至信芬小镇。从地理位置看，劳斯莱斯发动机公司实际上位于信芬小镇与奥斯马斯顿小镇中间。

图 2.21 劳斯莱斯航空发动机

图片来源：https://www.derbytelegraph.co.uk/news/business/breakthrough-new-engine-rolls-royce-2584597.

从生活配套来看，小镇周边自然环境优越，居民区位于发动机生产基地西南，东北部是信芬公园（Sinfin Park），设有游乐设施和儿童乐园，以及自然保护区域，附近还设有高尔夫球场。西南是斯滕森田地（Stenson Fields），周边被绿地包围。小镇有较完善的配套设施，有位于镇中心的大型商场（Asda Sinfin Superstore），位于北面的信芬中央商务区（Sinfin Central Business Park），并开有10来家酒吧。

在教育配套方面，小镇有1所幼儿园、4所小学和1所中学。中学在2006年发生大火，2008年重新招生，2013年改名为德比中学，是一所混合型的中学。

从交通方面来看，小镇北面是东西向的沃里克（Warwick）大道，南面为东西向的A50高速公路，西面为南北向的A38高速公路，东面为南北向的A6高速公路，这四条主干道形成信芬小镇的交通圈。劳斯莱斯航空发动机生产基地位于A50公路、A38公路之间。小镇距离东米德兰机场约30公里，该机场是英国最大的机场集团，英国第二大货运机场，也是英国第十大机场。

从小镇至德比市的公交车，周一至周六，每天有许多班次，非常频繁，周日和晚上的时间段也仍有公交运行。德比没有铁路，最近的铁路是德比到伯明翰线路，但是在德比没有设车站。历史上，信芬曾设有2个火车站——信芬北火车站和信芬中央火车站，两个火车站于1976年开通，由于一些原因，线路没有很好地运营，到1998年被关闭。近几年，在附近的威灵顿开设了车站，距离约7公里。

信芬小镇作为高科技小镇，能够留住科技人才，成为航空发动机总部所在地、主要有以下几方面因素（见表2.7）：

第一，良好的产业基础。在二战时期，信芬小镇作为主要的军工企业所在地、重要的军火生产地，也是航空发动机生产基地，为后面的小镇发动机产业奠定了较好的基础。

第二，良好的地理位置与配套。信芬小镇距离德比市非常近，再加上便利的公共交通和多条公路形成交通圈，使得小镇能够很方便到达德比市区。

第三，良好的生态环境。信芬小镇历史悠久，一直作为农业用地，周边有生态良好的信芬沼泽，农业用地一直到现在仍旧得到很好的保留，特别是小镇的南部，拥有出色的自然风光。再加上各种配套设施，小镇居民能够在优美的自然环境下，享受现代化配套设施。

四、科技类特色小镇发展路径及影响因素

高科技特色小镇可以分为两类，一类是高科技工业小镇，如专注于汽车生产与研发方面的德国英戈斯塔特小镇和著名的航空发动机小镇英国信芬小镇，另一类是互联网高科技小镇，如美国硅谷的山景城。

从国外典型的科技类特色小镇发展路径来看，主要有以下几方面因素：

第一，产业基础带动总部的发展。先是传统的科技类特色小镇均有

较好的产业基础，再发展成为与原有产业相关的研发与生产总部。如：德国英戈斯塔特的奥迪总部，原来的总部在战争中被毁，二战以后从开姆尼茨和茨维考搬迁至此；英国信芬小镇是二战时期军工企业所在地，战后发展成为航空发动机总部；美国山景城最早是军事机场和航天航空基地，在此基础上发展出电子通信、互联网等高科技产业。

第二，自然环境优越，生活配套设施完善，具有一定的人文历史。科技类特色小镇一般都有非常出色的自然环境，有大城市无法比拟的风光，而公共交通、教育以及娱乐设施等生活配套完善，与大城市相比无很大的差异，因此，能够留住和吸引高科技人才。

第三，地理位置优越、交通便利。科技类特色小镇均具有较好的地理位置，一般距离大城市、机场等较近，道路网络发达、物流便捷。如：信芬小镇距离德比市4.8公里，距离东米德兰机场30公里；英戈斯塔特到慕尼黑和纽伦堡均在1小时车程内，距离慕尼黑机场70多公里，慕尼黑至纽伦堡高铁在小镇设有站点。

从互联网高科技小镇发展路径来看，除了上述产业基础、交通与自然环境外，还得益于政府的大力支持。该类型特色小镇的发展一般从中小企业开始，需要有较多的政策扶持，政府出台优惠的税收政策、创业扶持资金等孵化措施，鼓励中小创业企业发展。

表2.7　国外科技类特色小镇影响因素分析

地区	发展现状	优势	政策	定位特色
美国山景城（Mountain View）	硅谷核心区域之一，众多高科技公司总部所在地	①军用机场及航天基地奠定发展基础 ②适度和完善的法律体系，包括税收优惠、融资政策等 ③企业孵化器、提供专业化的服务 ④精确规划带来的完善生活配套	①鼓励中小企业的税收、资金等优惠政策 ②保障员工的基本权益政策 ③小镇发展的精确规划政策	高科技总部基地

续表

地区	发展现状	优势	政策	定位特色
德国英戈斯塔特（Ingolstadt）小镇	①奥迪全球总部 ②科技体验式旅游典范	①优越的自然与人文环境 ②合理的地理位置，便利的交通 ③依托生产和研发，创新的体验式旅游	①保护生态环境政策，保护历史古迹的政策 ②二战后支持欧洲复兴的"马歇尔计划"	奥迪全球总部，工业与旅游结合的典范
英国信芬（Sinfin）小镇	全球第二的航空发动机公司总部所在地	①优美的自然环境 ②良好的地理位置，位于德比市郊 ③二战时期的军工业奠定发展基础	二战期间作为军工生产基地	航空发动机公司总部

第六节　传统产业类特色小镇

国外的传统产业类特色小镇，通常以某类产业为基础，具有悠久的产业发展历史，在产业发展过程中形成了独特的工艺或市场的积累，通过对产业创新与优化，不断适应新的需求与变化，在市场上具有明显的产业优势，形成具有当地特色的集聚产业。传统产业类特色小镇，其产业类型多样，分布于不同的产业。下面重点对瑞士朗根塔尔（Langenthal）小镇、德国赫尔佐根奥拉赫（Herzogenaurach）小镇、法国维特雷（Vitré）小镇和美国好时巧克力（Hershey）小镇进行详细的分析。

一、瑞士朗根塔尔小镇（Langenthal）

朗根塔尔小镇位于瑞士伯尔尼州（Canton of Bern）奥伯高（Oberaargau）地区，是该地区的教育、文化和经济中心。2010年1月，朗根塔尔小镇合并了邻近的Untersteckholz小镇，合并后，朗根塔尔小镇面积为17.26平方公里，其中41.4%的面积被森林覆盖，23.8%的面积为农业用地。截至2015年12月，小镇人口15447人，85.2%的居民使用德语，少数人口使用意大利语和法语。

朗根塔尔小镇是所在地区重要的经济和产业中心，传统的亚麻纺织业中心，这里聚集了众多的世界级公司，特别是纺织产业。如成立于1881年，具有130多年历史的地毯制造商Ruckstuhl；处于行业领先地位的交通纺织品供应商Lantal Textiles，该公司成立于1886年，目前是全球最大的飞机、火车、大巴以及高端商务纺织品公司；以及同样成立于1886年的著名纺织企业Crément Baumann，该公司在全球9个国家设有分公司，出口40个国家，出口率占全部产品的64%。除了纺织产业外，小镇还有其他的产业巨头，如著名的工程机械集团Ammann Group、润滑剂生产企业Motorex Bucher、食品生产企业KADI AG等。

从历史上来看，朗根塔尔小镇具有悠久的历史，根据考古学的发现，在公元前4000年就有人类在此定居。朗根塔尔这个名字已有1100多年历史，最早记载于861年。在16世纪，一些手工艺匠人和小商贩陆续迁入该小镇，1571年，伯尔尼地区授予小镇两个每年举行一次的交易市场。很快，商品的供应超过了两个每年举行一次的交易市场的容量。1613年，小镇建立了固定的市场Kaufhaus，并且把年度市场改为每周一次的市场，该市场于1808年重建，在1894—1992年作为小镇礼堂。

得益于亚麻交易的成功，朗根塔尔小镇快速发展起来，甚至连邻近的阿尔高州公路都要绕道经过这里。18世纪，小镇为市场铺砌路面，逐渐修建了石桥和一些新的房屋。之后，一小部分精英人群包括商人、律师、外科医生和药剂师等聚集到朗根塔尔小镇，使得小镇成为现代早期自由主义和民族主义思想的中心。

从产业和经济来看，2008年朗根塔尔小镇就业人口9065人，其中有第一产业企业21家，就业人数32人；第二产业企业149家，就业人数3398人；第三产业企业658家，就业人数5635人。2011年失业率2.52%[①]。

从市场管理来看，从1616年起，朗根塔尔小镇就制定了一系列法律和规定来管理快速增长的市场贸易。1640年，朗根塔尔成为亚麻帆

---

① https://encyclopedia.thefreedictionary.com/Langenthal.

布的生产和出口中心，产品销往法国、意大利、西班牙和葡萄牙。1704年，小镇占有奥伯高地区亚麻帆布业领导地位，能够集合编织工人、作坊以及贸易商来确保他们的利益。18世纪，瑞士东部亚麻产业的衰落促进了伯恩地区对市场的监管，使得朗根塔尔纺织品产业有更长足的发展。1758年起，伯尔尼政府加强了纺织品质量监控。

从地理位置来看，朗根塔尔小镇位于1760年建成的伯尔尼至苏黎世公路的中间。另外，1857年建成的瑞士中央铁路也通过这里，给小镇带来便利的交通，促进了纺织和机械产业的发展，如图2.22。

图 2.22　铁路海报

图片来源：https://en.wikipedia.org/wiki/Langenthal.

在公共设施方面，朗根塔尔很早就建立了完善的配套设施。1894年引进公共自来水设施，两年后完成电力设施建设。

从产业转型来看，20世纪初，朗根塔尔小镇成长为一座高度专业化的产业集群城镇，直到第二次世界大战前夕，朗根塔尔始终保持着重要工业中心的地位，一些新公司相继成立。20世纪60年代，朗根塔尔小镇经历了产业结构的调整，大多数公司不得不削减产量，而将重点放在市场和产品创新上。

面对产业结构的调整与市场环境的变化，伯尔尼州政府对小镇定位进行了调整，依托原有的亚麻纺织产业基础，丰富、延伸其产业链。为此，小镇成立了"朗根塔尔设计中心"，作为一个设计、制造、交易商，以及市场、教育及培训的服务中心，以此促进纺织业竞争力的提升。小镇两年一度的"设计人周六"（Designers' Saturday）是云集设计界高手的国际聚会；"瑞士设计奖"（Design Prize Switzerland）用以鼓励"勇于创新的想法"；"朗根塔尔设计之旅"由州旅游局赞助，是欧洲顶级的设计活动。而正是得益于持续的创新力，即使在2008年经济危机时，瑞士的纺织服装业仍然取得了成功[1]。

朗根塔尔小镇作为纺织业传统产业特色小镇，主要有以下几方面因素：

第一，具有悠久的产业历史。纺织业在朗根塔尔有300多年的发展历史，早在17世纪这里就是亚麻布生产加工中心。

第二，统一的市场管理。17世纪初，在亚麻纺织的贸易发展初期，朗根塔尔小镇就制定了一系列规定和法律，用来规范亚麻产品的生产与贸易。18世纪初，小镇联合编织工人、生产作坊以及贸易商等亚麻产业的各个环节，建立联合的行业组织，来确保他们的利益。18世纪中叶，面对瑞士东部其他地区亚麻业的衰落，政府加强市场监管，提高产品质量标准。

第三，及时调整产业方向。20世纪60年代，朗根塔尔纺织产业遇到较大挑战，面临着产量下降、全球竞争加剧等问题。小镇及时调整产业方向，从原来的生产贸易为主，转向市场和设计，延伸其产业链，将小镇定位为纺织业设计、制造、交易商以及市场、教育及培训的服务中心。

二、德国赫尔佐根奥拉赫小镇（Herzogenaurach）

赫尔佐根奥拉赫小镇位于德国巴伐利亚州埃尔兰根－赫克施塔特

---

[1]　张蕊：《朗根塔尔：纺织品大公司聚集的特色小镇》，中国企业网，2017年6月19日。http://www.zqcn.com.cn/qiye/201706/19/c497467.html.

（Erlangen-Höchstadt）地区，属于巴伐利亚州弗兰肯三个行政区之一的中弗兰肯行政区（Middle Franconia），位于著名城市纽伦堡（Nuremberg）西北大约23公里处，旁边是奥拉赫河（Aurach River），奥拉赫河是德国美因河支流雷格尼茨河（Regnitz River）的支流。小镇总面积47.6平方公里，2015年人口23095人。

赫尔佐根奥拉赫小镇具有悠久的历史，最早见于记载是在1002年，当时由神圣罗马帝国亨利二世（Holy Roman Emperor Henry Ⅱ）将小镇授予班贝格大主教（Prince-Bishopric of Bamberg）[①]。

13世纪，赫尔佐根奥拉赫小镇成为弗兰肯地区周围农民交易和手工业中心。之后，小镇的布料产业快速发展起来，逐渐成为纽伦堡附近的布料交易中心，直到1800年，小镇有近一半的市民从事布料产业。19世纪起，小镇的产业逐渐从布料生产转移到制鞋产业，包出制（Putting-Out System）得到了广泛应用。到1884年，拖鞋开始被纳入制鞋产业，在高峰时期，小镇鞋类产品的80%为拖鞋。

传统产业在小镇持续发展，著名体育用品巨头阿迪达斯（Adidas）和彪马（Puma）发源于此，也是两家企业全球总部所在地。阿迪达斯和彪马曾经同属一家公司，由阿道夫·达斯勒（Adolf Dassler）和鲁道夫·达斯勒（Rudolf Dassler）两兄弟共同创办。1948年，由于纠纷，公司一分为二，两兄弟分别创建了各自的体育用品品牌阿迪达斯和彪马，并且把工厂开在奥拉赫河的两岸，隔河相对，在品牌竞争上也是针锋相对。直到现在，两个品牌的总部仍设在小镇上。

二战后，金属制造产业逐渐发展起来，逐渐成为小镇经济的重要部分。这里是全球轴承产业巨头舍弗勒集团（Schaeffler Group）总部所在地，也是集团的生产、研发和培训地。目前，该企业在当地大约有8000名雇员，是小镇最大的企业。舍弗勒是德国乃至欧洲最大的家族企业之一，是世界领先的轴承及汽车配件供应商，全球有员工80000人，在49

---

① https://encyclopedia.thefreedictionary.com/Herzogenaurach.

个国家开设179个分支机构。1946年，舍弗勒兄弟（Wilhelm and Georg Schaeffler）共同创办了INA；1965年，INA作为股东投资成立了LuK（LuK Lamellen und Kupplungsbau GmbH）公司；1999年收购了LuK公司；2002年收购FAG（FAG Kugelfischer AG）公司；到2003年，由INA、FAG和LuK共同组成了舍弗勒集团[①]。

从地理位置来看，赫尔佐根奥拉赫小镇具有便利的交通，3号高速公路从小镇经过，距离纽伦堡等大城市约半个小时车程。小镇附近有火车站，拥有完善的公交网络系统，公交线路覆盖整个小镇。此外，小镇还有一个机场，可供小型飞机起降，也为一些飞行训练学校提供培训场地。

从配套设施来看，赫尔佐根奥拉赫作为一个中等规模的小镇，却拥有完善的配套设施和较高层次的购物体验。从在生活配套方面，小镇沿着奥拉赫河两边展开，拥有良好的公共设施，小镇西边设有游泳池，东南部有大型的高尔夫球场，东北为阿迪达斯和彪马等品牌的运动品商店。另外还有高端宾馆、乡村酒吧，传统的弗兰肯餐馆等，同时为游客提供相应的旅游指导。小镇东北边10多公里为埃尔朗根市（Erlangen），该市有历史悠久的埃尔朗根－纽伦堡大学，也是德国电子巨头西门子医疗总部所在地。

小镇拥有完善的公交系统，多条公交线路密布于小镇各个角落，只需使用公共交通就能到达小镇任何地方。

在教育配套方面，赫尔佐根奥拉赫小镇有多种教育途径可供选择。有公立的学校，如：小学有Carl-Platz Schule，中学有Mittelschule和Realschule Herzogenaurach，以及Gymnasium Herzogenaurach。另外，还有多种私立学校，如：私立小学Volksschule和Liebfrauenhaus Herzogenaurach，专注于学生脑力开发的蒙台梭利学校（Montessori Schule），职业中学Berufsschule等。对于诊断为智力较低的特殊学生，小镇开设针对这类学生的特殊课程（DFK），学生可以用3年的时间学习普通学校1～2

---

① https://www.herzogenaurach.de/en/urban-space/economy.

年的课程，课程结束后，如果符合条件，可以进入普通小学三年级进行学习。邻近的埃尔朗根也提供了更多的教育资源，如弗兰肯国际学校（Franconian International School）等。

在体育娱乐方面，赫尔佐根奥拉赫小镇拥有两支足球队，分别由阿迪达斯和彪马两家企业提供赞助，当然其处于业余球队水平。2006年德国世界杯时，阿根廷国家队就驻扎于此。

从经济方面来看，赫尔佐根奥拉赫小镇的产业以多样性著称，现有的企业既有机械工程、自动化企业，也有运输物流和服务企业。从形式来看，既有传统工艺企业，也有高度竞争的行业企业。小镇建立了由近108家企业组成的市场与商业发展协会，涵盖了工业、商业、服务和手工业。

作为全球两大著名体育用品总部所在地，赫尔佐根奥拉赫小镇设有多家体育用品工厂店（Factory Outlet）。体育用品商店集中于小镇的东北部，最东面为阿迪达斯总部，设有两家阿迪达斯体育用品商店，分别为Adidas & Reebok Outlet Store和Adidas & Reebok Brand Store，如图2.23，另外还有Adidas Pitch和Adidas Halftime，四家商店围绕着整个阿迪达斯总部。

图2.23　阿迪达斯工厂店

图片来源：Herzogenaurach: https://www.herzogenaurach.de.

在沿着Hans-Ort-Ring路往西到与Zum Flughhafen路交界处，路两侧为彪马和耐克体育用品商店（见图2.24），以及时尚服装店S. Oliver Outlet，另外还有Sport Hoffmann体育用品商店。

图 2.24　彪马工厂店

图片来源：https://www.herzogenaurach.de.

赫尔佐根奥拉赫作为全球著名的体育用品和金属制造业小镇，主要有以下几方面因素：

第一，体育用品生产有一定的历史。赫尔佐根奥拉赫生产跑鞋已有百年历史，阿迪达斯和彪马两家体育用品巨头的竞争也带动了体育用品产业的发展。

第二，便利的交通、完善的配套设施。小镇在生产体育用品前，已有近1000年历史，在教育、公共交通网络等方面发展较为成熟，能够提供完善的配套设施，为生活提供便利。

第三，产业的多元化。赫尔佐根奥拉赫既是阿迪达斯和彪马两个体育用品巨头的总部所在地，也是著名的轴承生产巨头舍弗勒的总部。体育用品和金属制造两个产业实现共同发展。

三、法国维特雷小镇（Vitré）

维特雷小镇位于法国西北部布列塔尼大区（Brittany）的伊勒－维莱讷省（Ille-et-Vilaine），在布列塔尼地区最东边，与诺曼底（Normandy）、曼恩（Maine）和昂儒（Anjou）三个省份交界。小镇面积37.03平方公里，截至2013年，人口为17463人。[①]

维特雷以艺术与历史闻名，拥有丰富的文化遗产，被法国文化部命名为"历史与文化之城"，小镇历史建筑的数量在全法排名第37位，拥有全省14%的文化遗产。1598年，法国国王亨利四世（Henry Ⅳ）惊叹于维特雷的富有，曾说过："如果我不是法国国王，我愿意成为维特雷的一个市民。"维克多·雨果在其著作《巴黎圣母院》（*The Hunchback of Notre Dame*）第三册第二章中对维特雷的哥特式建筑也有描述，称其可与德国巴伐利亚的纽伦堡（Nuremberg）和西班牙的维多利亚（Vittoria）相媲美。

从历史来看，维特雷具有悠久的历史。维特雷这个名字最早出现于高卢－罗马时期，约公元前2世纪，维特雷（Vitré）一词来源于高卢－罗马名字"Victor"或者"Victrix"。维特雷作为布列塔尼地区边防重地，具有重要的战略地位。很早以前，一些领地就出现了以木头栅栏为材料建造的小型城堡，1070年，由罗伯特（Robert Ier）开始以石头为材料，在维莱纳河谷地带突出的岩石上建造城堡，现在还能见到当时城堡的基础，如图2.25。到了13世纪，城堡加强了装备，增加瞭望塔和幕墙。之后的统治者整合了原来以突出的三角形岩石为基础的城堡，扩大了城堡的范围，并将Nôtre-Dame教堂一并作为东部的防御工事。经过上述加强后，整个小镇被加强的军事工事和护城河包围，被称为"围墙之城"，形成了小镇现有的状态。自此，维特雷包含了传统的中世纪城市的所有要素：防御城堡、教堂、学院以及郊外。

[①] https://encyclopedia.thefreedictionary.com/Vitr%c3%a9%2c+Ille-et-Vilaine.

图 2.25 维特雷城堡

图片来源：https://en.wikipedia.org/wiki/Vitré.

到了15世纪，随着火炮的发展，城堡的功能也随之改变，逐渐由军事要塞变为舒适、适合居住的区域，城内也慢慢出现了半木制的房子和私人建造的一些楼房。1472年成立了维特雷纤维交易市场（Market of Fabrics），国际纺织品交易繁荣起来。文艺复兴时期（Renaissance），维特雷经济迅猛发展，16世纪达到最高峰，当时一些商人冒险在当地生产大麻，并销往欧洲各地，这些商人建造了大量的建筑物，墙壁上有华丽的文艺复兴时期的流行装饰，至今仍可看到。1762年，维特雷小镇居民已经达到14000人，是当时布列塔尼地区最大的城镇之一。1857年，巴黎-布雷斯特铁路线（Paris-Brest line）通过维特雷，小镇是这条线路的中心。

在一战和二战期间，维特雷没有遭受大规模的破坏，保留了大量的历史遗迹。但人口迅速下滑，到1931年，小镇人口仅为8212人。从1950年起，维特雷快速发展，在"30年辉煌时期"，大量农村人口进入小镇，这些移民促进了当地经济的发展，小镇成为工业中心。

从交通区位来看，维特雷小镇地理位置优越。小镇位于维莱纳河（Vilaine River）沿岸，维莱纳河是布列塔尼地区的一条河流，全长218公里，向西流入大西洋，维莱纳河为小镇提供了便利的水上交通。同时，巴黎-雷恩铁路线（Paris-Rennes line）经过小镇，将小镇南北一分为二，从维特雷坐火车2个小时左右可以到达巴黎。小镇距离该省首府雷恩大概30多公里，开车半小时即可到达。小镇交通非常发达，D178高速公路以半包围形式与D794、D777等主要高速公路相连，另外还有D108、D179、D857等普通公路，整个交通系统以小镇为中心呈星形散布，形成便捷的公路网络。

从产业转型来看，20世纪60年代，发展中国家凭借丰富而廉价的劳动力迅速抢占了发达国家劳动密集型的传统工业，许多以传统工业为主导的地区都因为承受不住冲击而彻底垮掉，但维特雷却凭借那些经营高端奢侈品鞋业的家族企业和古老精湛的纺织技艺得以继续维系。

在竞争中，维特雷选择了精细的高端战略使之安全渡过存亡危机，但是由此也不得不以削减就业岗位为代价，伴随而来的是当地支柱性产业遭受重创，维特雷人很快意识到了自身的发展局限，迅速开启了旅游开发转型之路，拓展了经济发展新天地。

伴随着维特雷现代化的建设步伐，小镇的旅游业也得以迅速发展。进出小镇的汽车数量与日俱增，由此又引发了交通拥堵和停车难等困局。为了能更高效地利用土地，减少小镇的建筑密度，维特雷人独具匠心地设计了集约型的立体停车场，在既能满足小镇的基本停车需求之外，又增添了一道绿色景观，使之成为小镇迎接外来游客的又一"门面"。

通过阶梯状的绿地设计，将停车场用地灵活地转化成了小镇的绿化空间。与此同时，还在停车场顶部搭建了人行天桥，来回穿行的游人可以在天桥上观赏当地标志性建筑——建于1000年的维特雷城堡。这座天桥还很自然地将旧停车场、火车站站台、新停车场以及位于附近的维多利亚公园等原先被铁路分隔开的空间，又连接到了一起，如图2.26。

维特雷小镇从传统的工业为主转为旅游业为主，是产业转型的典型，主要有以下几方面因素：

第一，悠久的历史。维特雷小镇的历史有近2000年，拥有丰富的文化遗产，有许多保存完好的历史建筑，被法国文化部命名为历史与文化之城，这些建筑与人文历史是小镇产业转型的前提条件。

第二，地理位置优越、交通便利。维特雷位于巴黎–雷恩铁路线上，到首都与州首府都非常方便，周围公路形成了完善的交通网络。

图2.26　维特雷火车站停车场

图片来源：https://cd.news.fang.com/open/24738661.html.

第三，及时进行产业转型。18世纪中期至一战前，维特雷一直是布列塔尼地区最大的镇，二战后的30年工业迅速发展，成为法国重要的工业小镇。20世纪70年代起开始，工业发展受限，小镇及时调整产业政策，依托历史与文化背景发展旅游业，将原有的工业设施改造为现代化的设施，小镇成为著名的旅游目的地，是产业转型的典范。

四、美国好时巧克力小镇（Hershey）

好时巧克力小镇位于美国宾夕法尼亚州（Pennsylvania）多芬县(Dauphin)德里镇（Derry）。德里镇位于宾夕法尼亚州首府哈里斯堡（Harrisburg）东面，距离市区约23公里，面积37.3平方公里，2010年人口14257人。好时巧克力小镇并非建制镇，在行政区划上属于德里镇，著名的糖果业巨头好时巧克力（Hershey's）总部位于该小镇，所以又被称为"美国巧克力小镇"，也被誉为"地球上最甜蜜的地方"①。

好时巧克力小镇是典型的产业型小镇。德里镇位于宾州中部，这里是美国由东海岸通往中西部各州的重要门户，也是一个纵贯南北、横贯西东的重要贸易口岸，自古即为交通要地，是货物批发、零售中心。同时，当地发达的农业资源、优良的生态环境则为巧克力的生产提供了新鲜的牛奶及干净的生产环境。1903年，米尔顿·好时（Milton Hershey）在故乡德里镇开始筹建巧克力工厂。1905年巧克力工厂建成，成为当时全球最大的巧克力工厂，应用最先进的大规模生产技术制作巧克力，如图2.27。在经营巧克力工厂的同时，米尔顿先生在工厂周围建立起适合居住的全新小镇，供员工居住，即现在著名的好时巧克力小镇。好时巧克力小镇建设了众多的配套设施，比如好时游乐园、酒店、社区中心、剧院和体育馆等，将这座小镇变成了主要的旅游景点，每年都吸引大量游客。

从地理位置来看，好时巧克力小镇毗邻宾夕法尼亚州首府哈里斯堡，从小镇到哈里斯堡约半个小时车程。哈里斯堡具有悠久的历史，也是宾夕法尼亚州的文化中心。小镇具有非常便利的交通，公路四通八达，东西向的两条主干道在小镇西部呈"V"字形经过小镇，422号公路从小镇中心横穿而过，该条公路长436公里，连接俄亥俄（Ohio）与宾夕法尼亚两州，在小镇的那一段又称巧克力大道。沿着422号公路向东69公里可以到达雷丁市（Reading）。322号公路穿过小镇的南部，该公路长795公里，连接俄亥俄、宾夕法尼亚和新泽西（New Jersey）三个州，是22号公路支线，也是1926年建成的最早的公路之一，其中的一段属于"湖海高速"（Lakes-to-Sea Highway）公路。位于小镇东部的743号公路呈南北向，连接422号和322号公路，是小镇东部的主干道。39号公路在小镇北

部，呈东西向，西部连接322号公路，向东可以直达好时巧克力游乐园。

好时巧克力小镇西南有哈里斯堡国际机场，距离约19公里。在1944—1981年期间，小镇拥有自己的小型机场，机场位于米尔顿中学前的草地。

Amtrak's Keystone Service火车线路长约314公里，连接费城（Philadelphia）和哈里斯堡，在小镇附近设有多个站点，距离米德尔镇（Middletown）站约15公里，距离哈里斯堡站约21公里，距离伊丽莎白镇（Elizabethtown）站约18公里，线路向东终点站为费城。公路运输线路CAT和LT能够提供公路运输服务。

图2.27　好时巧克力工厂

图片来源：https://en.wikipedia.org/wiki/Hershey_Pennsylvania.

从配套设施来看，好时巧克力小镇是典型的工业小镇。小镇大部分居民为好时巧克力公司员工，公司为员工建设了完善的配套设施。小镇西南有大型医院、购物中心，东北部建有啤酒厂、高尔夫球场、动物园、植物园以及著名的好时游乐园，如图2.28。镇中心为住宅区，建有多个教堂、杂货店、电影院等。

图 2.28　好时游乐园

图片来源：http://www.thehotelhershey.com/destination/.

教育方面，小镇设有公立的德里镇学校（Derry Township School District），其中包括顶尖的好时高中（Hershey High School），该高中于1996年因优异的教学通过美国教育部认证，被授予"蓝带高中"（Blue Ribbon School）称号。私立慈善学校米尔顿·好时学校（Milton Hershey School）于1902年由米尔顿·好时学校（Milton Hershey）捐赠设立，为贫困家庭儿童提供帮助，目前帮助的对象从幼儿园起至12年级。私立学校The Vista School属于特殊学校，为孤独症患者开设课程，学生年龄从3至21岁。小镇还拥有医学院（Penn State College of Medicine），隶属于好时医学中心（Hershey Medical Center）。

1935年，公司创始人米尔顿·好时捐赠了个人在公司的所有股份，成立了公益性的好时基金会（The M.S. Hershey Foundation），为德里镇的居民提供接受教育和提升文化的机会。基金会早期主要投资教育方面，成立了好时大专（Junior College）和提供教学的好时医疗中心，同时也投资体育和娱乐方面。1980年，基金会增加了好时花园（Hershey Gardens）、好时博物馆（Hershey Museum），帮助建立了好时社区档案馆（Hershey Community Archives），购买了巧克力镇广场社区公园（Chocolate Town Square Community Park）。截止到目前，基金会拥有好时博物馆（Hershey Story）、好时剧场、好时花园、好时档案馆等小镇标志性设施。[1]

---

[1]　好时基金会官网：https://mshersheyfoundation.org/about/.

好时巧克力小镇拥有百年历史，建立时处于工业革命时期，当时需要大量的人力投入生产。为更好地留住员工，企业在工厂周边为员工建造了大量高质量的住宅，并且建立了剧院、公园等各项娱乐配套设施。在之后的发展过程中，得益于好时企业创始人建立的公益基金，用于为小镇居民提供教育机会，并且由专门的好时信托公司（Hershey Trust Company）来运营，使基金能够长期运转，在促进小镇教育、文化方面取得较好的效果。

好时巧克力小镇从传统的产业小镇，成为闻名的企业、社区与旅游相结合的典范，主要有以下几方面因素：

第一，小镇创始人的情怀。好时巧克力小镇，从1903年开始建立巧克力工厂开始，企业的创始人致力于创造企业与社区结合的小镇，在后期发展中，不断加大教育、医疗等配套的投入，将好时建设为适合工作和居住的小镇。

第二，良好的地理位置、便利的交通。好时巧克力小镇距离州首府哈里斯堡仅20多公里，能够方便享受大城市的成熟设施。小镇有多条公路交叉形成网络，连接费城与哈里斯堡的铁路是美国北部东西方向的铁路主干线，在好时小镇设有站点，此外，小镇距离哈里斯堡国际机场仅19公里。上述公路、铁路与机场为小镇生产物流以及游客提供方便的交通。

第三，产业拓展。随着交通和生产技术发展，好时巧克力小镇的定位也随之改变，从单纯以产业为主，逐渐向产业+旅游多元化发展转变，使小镇能够不断发展。

五、传统产业类特色小镇发展路径及影响因素

从国外典型传统产业类特色小镇发展路径来看，主要有以下几方面因素（见表2.8）：

第一，长期的产业历史。传统产业类特色小镇以传统的产业作为支柱，经过多年的发展逐渐在行业中占据重要地位。如：瑞士朗根塔尔的

亚麻生产与贸易产业已有300多年的历史，德国赫尔佐根奥拉赫的体育用品产业和美国好时巧克力生产企业都有近百年的历史。

第二，宜居的环境。传统产业类特色小镇一般是历史悠久的小镇，具有完善的生活配套设施、浓厚的人文历史，有完备的教育、医疗、娱乐等设施。

第三，地理位置优越，交通便利。传统产业类特色小镇均具有较好的地理位置，一般位于大城市附近，公路交通发达或位于铁路沿线，附近有大型国际机场，为传统产业的原材料、产成品的运输提供便捷物流。如：德国赫尔佐根奥拉赫小镇距离纽伦堡28公里；美国好时巧克力小镇距离哈里斯堡机场19公里；法国维特雷小镇位于雷恩与巴黎铁路主干线，2小时能够到达巴黎。

第四，政府主导产业管理或产业转型。传统产业在长期发展过程中，不断面临市场竞争、产业衰落等不利局面，政府通过对传统产业的统一管理与监管，提高产品质量标准，拓宽产业链，增强产业竞争力；在需要产业转型时期，政府主导产业方向的选择与战略调整，通过挖掘小镇产业优势，出台相关政策，来鼓励小镇产业转型，促进小镇经济可持续发展。如瑞士朗根塔尔一直由政府主导的行业组织，对市场交易和产品质量等进行监督，以提高产品竞争力，在市场变化时，着力于拓宽产业链，设立纺织品设计中心，组织纺织品设计周和设计之旅等活动，促进产业优化。法国维特雷是产业转型的典型，政府在包括转型方向的选择、转型支持政策、后期宣传等各个环节发挥了主导作用。

表2.8 国外传统产业类特色小镇影响因素分析

地区	发展现状	优势	政策	定位特色
瑞士朗根塔尔（Langenthal）	全球著名的纺织品生产、贸易、设计和研发中心	①亚麻等纺织品生产和交易具有悠久的历史②对行业的统一严格管理，保证产品质量③调整产业方向，着重设计与研发	①制定市场管理法律与行业自律规定②政府统一产业调整方向③政府主导扶持新产业，组织各项活动	纺织品设计、研发、生产交易中心

地区	发展现状	优势	政策	定位特色
德国赫尔佐根奥拉赫(Herzogenaurach)	全球著名体育产品企业和轴承业巨头总部所在地	①小镇悠久的历史带来宜居的环境②合理的地理位置、便利的交通③多元化的产业发展	小镇多元化的发展以市场主导，政府创造发展环境，较少直接参与	体育产业与金属轴承产业多元发展
法国维特雷（Vitré）小镇	从工业产成功转型的旅游小镇	①悠久的历史，具有众多历史遗迹和深厚的人文底蕴②良好的地理位置，位于巴黎与雷恩铁路沿线③依托小镇特色及时进行产业转型	①政府主导产业转型②主导对小镇设施进行的现代化改造③加强旅游宣传，举办各类活动	历史与文化旅游小镇
美国好时巧克力（Hershey）小镇	著名的巧克力生产、旅游小镇	①完善的生活配套，教育、医疗优势明显②良好的地理位置，交通便利③适时发展旅游，拓展产业链	企业和非营利性基金会主导，政府较少直接参与	企业、社区、旅游相结合的典范

第七节　影视类特色小镇

这种类型的特色小镇，具有典型的行业特点，处于影视价值链中的特定环节，通过长期的发展或特定的影视文化元素等，具备较大的影视业影响力，取得行业竞争优势，同时发展旅游产业，形成具有复合效应的特色小镇，如法国戛纳（Cannes）小镇、日本柯南（Conan）小镇等。

一、法国戛纳小镇（Cannes）

法国戛纳小镇位于法国南部普罗旺斯−阿尔卑斯−蔚蓝海岸大区（Provence-Alpes-Côte d'Azur）的滨海阿尔卑斯省（Alpes-Maritimes）格拉斯郡（Grasse），邻近意大利。小镇面积19.62平方公里，2012年人口73603人，是著名的度假旅游胜地，拥有众多豪华宾馆和高档餐厅。这里每年会举办国际电影节（Cannes Film Festiva）、国际音乐博览会

（MIDEM）、国际地产投资交易会（MIPIM）以及国际创意节（Cannes Lions International Festival of Creativity）等，同时也有诸多的国际会议在这里召开，如2011年G20峰会[①]。

戛纳具有悠久的历史。早在公元前2世纪，在戛纳与Lérins Islands之间就有渔村，当地人以打鱼为生。公元10世纪，戛纳被称为Canua，来源于芦苇的名称"Canna"。戛纳最早是利古利亚人（Ligurian）的一个小港口，对面有几个小岛组成的群岛，称为Lérins Islands，是当时戛纳防卫设施的重要组成部分。1035年建成一座城堡，命名为"Cannes"，也就是我们现在熟知的名称。11世纪末开始在对面的Lérins Islands岛上，修建了两座塔楼。1530年左右，戛纳从修道院中分离出来，成为一个独立的地区。19世纪末，众多的铁路线路完工，也促进了地面电车的发展。到20世纪，戛纳建造了许多豪华酒店，增加了体育中心、邮局和学校等现代化设施。1939年，为了对抗当时受意大利政权控制的威尼斯国际电影节，英、法、美三国联手，意图举办一个新的电影节。当时法国政府曾在戛纳和大西洋畔的小城比亚里茨之间进行选择，在戛纳政府大力争取下，电影节最终被确立在戛纳举办，如图2.29。

图2.29　戛纳电影节

图片来源：http://www.investincotedazur.com/en/sophia-antipolis/.

---

① https://encyclopedia.thefreedictionary.com/Cannes.

在1946年举办了第一届电影节后，每年一度（一般在5月）的戛纳电影节在此举办。戛纳电影节与威尼斯电影节（Venice Film Festival）、柏林电影节（Berlin International Film Festival）并称为三大国际电影节。

在自然环境方面，戛纳气候宜人，是典型的地中海式气候。夏季时间长，一般从6月到9月，每天有近11小时的日照时间，白天最高温度一般在30℃左右，日平均温度25℃，这是最繁忙的旅游季节。冬季温度低于10℃的时间只有3个月，从12月到2月。春秋两季温暖微凉，降雨集中在10到11月。

在经济方面，戛纳的产业主要包括两个方面，一是旅游和会议产业，二是高科技产业。每年5月举办的电影节、国际音乐博览会、国际地产投资交易会以及国际创意节等是当地会议经济的主要组成部分。戛纳电影节最初由政府主导，具有明显的政治色彩。从20世纪70年代开始，戛纳电影节进行了众多改革，以市场为主导，注重电影创新，大力促进电影创作，逐渐淡化政治色彩。电影节期间举办的各类交易会逐渐成为全球各电视台及电影公司推销或选购片子的重要渠道，戛纳电影市场成了全球电影业内最重要的交易盛会。戛纳逐步形成了以电影节为中心，囊括了旅游、住宿、广告、餐饮、会展、赌博等在内的一系列会展服务产业链，将原本单一的电影产业发展为以会展经济为主要模式的复合型文化产业链。

以2016年为例，有118个国家的11900人来到戛纳参展，985部电影参加了共计1426场影展。参展的注册费达到280万到400万欧元，同时还有4000多部电影在电影市场进行交易，博彩额高达10亿美元。电影节15天期间产生直接收益约2亿欧元，间接收入约7亿欧元。

高科技产业也是戛纳经济的重要部分。这里是法国南部航空航天重地，戛纳曼德利尔航天中心（Cannes Mandelieu Space Center）坐落于戛纳西南部，成立于1929年，是著名的航空航天器和人造卫星制造基地，目前隶属于欧洲最大的人造卫星制造商Thales Alenia Space公司，戛纳是该公司总部所在地。

此外，全球著名的索菲亚·安蒂波里斯科技园（Sophia Antipolis）距离戛纳小镇仅12公里的路程，如图2.30。

图 2.30　索菲亚·安蒂波里斯科技园

图片来源：https://sophia-antipolis.org.

索菲亚·安蒂波里斯科技园坐落于戛纳前面的小山上，建于1969年，被誉为"法国硅谷"，与英国的剑桥科技区和芬兰的赫尔辛基高科技区并称欧洲三大科技园区，也是法国40多个高科技园区中创办最早、规模最大、最有影响力的。园区集中了计算机、电子、药业和生物技术等尖端科技业，欧洲电信标准化协会（ETSI）和万维网（W3C）总部也设在这里。根据索菲亚科技园区官网数据显示，2016年园区有2230家企业以及研究机构，来自63个国家的近33630名雇员，全球著名的英特尔（Intel）、IBM、华为（Huawei）、法国航空（Air France）等均在此设立机构。园区也聚集了众多国际顶尖商学院，如SKEAM、Eurecom Institute，共有近5000名学生在此学习。2016年园区收入56亿欧元，保持7%的年增长率。

从交通方面来看。在航空交通方面，戛纳距离尼斯国际机场（Nice International Airport）约24公里，尼斯国际机场每年吞吐量达到110万人，是法国第三大国际机场；距离法国第五大的马赛国际机场（Marseille Provence Airport）约150公里。另外，戛纳拥有较小的戛纳机场（Cannes-Mandelieu Airport），位于小镇西部5公里处。

在铁路交通方面，由法国国营铁路公司SNCF运营的城际高铁TGV在戛纳设有站点，连接巴黎、尼斯、马赛、里昂和图卢兹等法国主要城市。通过城际高铁还可以到达布鲁塞尔、米兰、巴塞尔、罗马和威尼斯等其他欧洲主要城市。

在公共交通方面，戛纳设有汽车站，提供由Eurolines多个公交公司运营的国际线路和CTM等运营的地区线路。

戛纳作为全球著名的影视小镇和高科技园区所在地，主要有以下几方面因素：

第一，较为悠久的历史。戛纳从1035年正式以现在的名字问世，有近1000年的历史，具有一定的历史积累和文化沉淀。

第二，优美的自然风光。戛纳位于地中海边，为典型的地中海式气候，终年气候宜人，是理想的度假胜地。

第三，便利的交通。19世纪末开始修建的铁路线促进了戛纳小镇电车等其他地面交通的发展，便利的交通加快了戛纳成为旅游胜地的步伐。

第四，政府主导的初期定位与后期的主动调整。1946年第一次戛纳电影节举办，缘于英、法、美三国联手举办用以对抗威尼斯电影节，虽具有一定的政治色彩，但对于扩大电影节影响力起到很好的作用，戛纳电影节迅速成为国际三大电影节之一。在后来的发展过程中，戛纳政府主动调整方向。20世纪70年代，随着政治色彩的减弱，电影市场发生了变化。戛纳在以电影节为主的基础上，从单一电影节扩展到整个电影产业链，注重电影创新与创作，增加基础设施，吸引各类国际性的会议，使旅游与会议成为戛纳经济发展的支柱之一。

第五，多元化的经济发展道路。戛纳具有多元的经济结构，高科技产业是戛纳经济的另一个重要部分。戛纳曼德利尔航天中心是法国南部的航天中心，邻近的索菲亚·安蒂波里斯科技园是全球著名的高科技产业园，吸引了众多的高科技企业与人才。

二、日本柯南小镇（Conan）

柯南小镇位于日本本州西南部鸟取县（Tottori-ken）东伯郡（Tōhaku）

北荣町（Hokuei），北面为日本海，人口14760人（2016年），面积56.94平方公里，2005年10月由大荣町与北条町合并而成①。

位于日本西南部的鸟取县本身拥有的旅游资源以自然风景为主，主要有日本最大规模的沙丘——鸟取沙丘。鸟取沙丘东西约16公里、南北约2.4公里。在鸟取县西部有一座与富士山相提并论的山峰——大山，有"东之富士、西之大山"这一说法。

鸟取县所辖的北荣町是典型的农业之乡，主要农产品有西瓜、烟草、葡萄等，在沿海地区的九座巨大的风力发电机，是北荣町一个标志。

北荣町是著名动漫《名侦探柯南》作者青山刚昌的家乡。《名侦探柯南》系列动漫于1994年开始在《周刊少年Sunday》连载，1996年《名侦探柯南》电视动画播出，1997年首次推出剧场版。20多年来，《名侦探柯南》系列动漫以惊险的故事情节、独特的人物塑造受到几代人的喜爱，在25个国家和地区出版和放映。

北荣町依托《名侦探柯南》以及作者的名声，打造了以"柯南"为主题的小镇。将原来火车站JR由良站(JR Yura Station)改名为"柯南火车站"，火车也命名为柯南列车，火车内部以动漫《名侦探柯南》里的各种人物装饰。距离小镇约40公里的原鸟取机场，2015年命名为"鸟取沙丘柯南机场"（Tottori Sand Dunes Conan Airport）。

2007年，小镇开设青山刚昌故乡馆，展出了部分作者创作手稿，馆内设有互动游戏，可以亲身体验动漫人物阿笠博士（Hiroshi Agasa）的发明，如柯南使用的滑板车、变声领结等；柯南爱好者也可以挑战相关的"鉴定问题"，分为不同级别，可以逐级挑战，根据级别颁发鉴定证书；故乡馆还可以给游客制作柯南纪念章；另外，故乡馆提供自行车出租服务，方便游客在小镇游玩②。

小镇最主要的街道取名为柯南大道，以柯南人物形象为主要特色，将动漫人物融入各类场景，大道上随处可见柯南以及其他人物雕像、柯

---

① https://encyclopedia.thefreedictionary.com/Hokuei%2c+Tottori.

② https://matcha-jp.com/en/5431.

南图案，如图2.31。在柯南大道上有各种柯南商店，出售各类原创纪念品，例如柯南骑骆驼的玩偶，柯南T恤衫等。柯南大道设有完善的配套设施，如咖啡馆、餐厅等。

图 2.31　柯南大道柯南雕像

图片来源：https://matcha-jp.com/en/5431.

柯南小镇积极抓住机会，拓展影响力。在北荣町镇长松本爱子（Mayor Akio Matsumoto）多次邀请下，2018年9月，美国脱口秀主持人、作家柯南·奥布莱恩(Conan O'Brien)参观了这个同名的动漫小镇，在其脱口秀节目中加入柯南小镇这个主题，并且与镇上的居民和游客举办了有1000个汉堡的烧烤聚会。小镇聘任柯南·奥布莱恩为名誉镇长。一系列的活动，大大增加了小镇的影响力。

柯南小镇成为著名的影视类特色小镇有以下几方面因素：

第一，具有独特的影视资源。《名侦探柯南》作为全球著名的漫画，拥有众多的观众，同时，柯南小镇是漫画作者的家。这些是小镇独特的资源优势。

第二，政府主导全面转型。柯南小镇原名北荣町，是日本鸟取县一个普通的小镇，以农业为主要产业，在自然风光等旅游资源上并无特殊优势。小镇从2007年开始，依托特有的影视资源，将小镇定位为影视体验旅游地，对小镇进行全面改造，通过附近机场和铁路线的命名，建造柯南作者故乡馆，改造小镇各类公共设施，将小镇几乎所有的设施与影视元素相关联，以此吸引游客。

三、影视类特色小镇发展路径及影响因素

从国外典型影视类特色小镇发展路径来看，主要有以下几方面影响因素（见表2.9）：

第一，政府主导的产业方向。以影视产业为小镇发展定位，一般都以政府作为主导，打造影视产业基础设施。例如：戛纳小镇，前期由政府主导将电影节定为小镇发展方向；柯南小镇从原有的农业小镇发展为影视旅游产业小镇，对小镇进行全面改造，政府发挥了主导作用。

第二，后期的发展以市场化为主。影视类特色小镇前期由政府主导产业定位，在后期的发展过程中，需要由市场发挥主要作用，随着市场的变化，对产业方向需要及时进行调整。例如：法国戛纳小镇，因政治因素逐渐削弱，市场化因素逐步占据主导地位，小镇扩展产业链条，从单一的电影节转向电影创造、交易等多个方面，打造旅游与会议产业结合的复合型影视小镇；日本柯南小镇，因发展时间较短，目前仍处于以影视文化吸引旅游者的阶段，产业结构较为单一。在未来的发展过程中，面对市场的变化，需要及时调整产业结构。

表2.9　国外影视业类特色小镇影响因素分析

地区	发展现状	优势	政策	定位特色
法国戛纳（Cannes）	①全球著名的电影及其他会议中心②著名的旅游度假胜地	①悠久历史、优美的风景以及便利的交通等基础条件②前期政府主导的电影节产业方向，后期多元化的电影产业链发展战略③多元的经济结构，旅游会议业与高科技产业共同发展	①市场化的旅游产业没有政府过多的参与②政府主导前期，以电影节作为产业方向	国际著名旅游、会议地

续表

地区	发展现状	优势	政策	定位特色
日本柯南 (Conan) 小镇	著名的漫画影视小镇	①著名影视漫画作者的家乡 ②政府主导的产业发展方向 ③将影视IP元素全面引入，对小镇进行全方位改造	①政府主导产业发展方向 ②对小镇全面改造的政策	漫画影视旅游小镇

第八节　体育类特色小镇

体育类特色小镇指以体育产业链中的某类或多类项目为主体，通常凭借自身自然地理环境或依托国际性赛事，形成某类体育项目的竞争优势，打造体育产业与旅游产业相结合的产业生态链。下面以新西兰皇后镇（Queenstown）和法国霞慕尼（Chamonix）小镇这两个体育类特色小镇为例进行详细分析。

一、新西兰皇后镇（Queenstown）

皇后镇位于新西兰南岛奥塔戈大区（Otago）西南部，2016年皇后镇区域人口总计34700人，其中城镇人口14300人，区域总面积8704.97平方公里，其中镇中心面积25.55平方公里，海拔310米，是奥塔戈大区第二大市镇。整个镇沿着瓦卡蒂普湖（Wakatipu Lake）的皇后镇湾而建，瓦卡蒂普湖是新西兰第三大湖，形成于冰河时期，呈狭长的"Z"字形，湖周边山峰环绕，如The Remarkables、Cecil Peak、Water Peak以及小镇后面的Ben Lomond和Queenstown Hill等山峰[①]。

皇后镇的最早居民为毛利人（Māori）。1853年9月，欧洲人首次到达瓦卡蒂普湖，1860年，欧洲探险家威廉·吉尔伯特·里斯（William

---

① https://encyclopedia.thefreedictionary.com/Queenstown%2c+New+Zealand.

Gilbert Rees）在现在皇后镇所在地建立了农场。皇后镇的命名过程有不同的版本，根据书面记载，1863年通过公共会议，正式将该地命名为皇后镇。

皇后镇海拔不高，周围有高山环绕，属于海洋性气候，夏天时间长，气候宜人，最高温度会超过30℃；冬天较为寒冷，气温一般在个位数，有时会有降雪，但没有永久积雪。

皇后镇交通便利，除了火车之外，通过陆路交通和航空可以方便到达该镇。作为度假胜地，皇后镇为游客特别是背包客提供多种巴士交通。

皇后镇机场有多条航线前往澳大利亚，与新西兰航空（Air New Zealand）、澳大利亚航空（Qantas）、维珍航空（Virgin Australia）以及捷星航空（Jetstar）等建立合作关系，国际航线可以到达布里斯班（Brisbane）、黄金海岸（Gold Coast）、墨尔本（Melbourne）以及悉尼（Sydney），国内航班可以到达奥克兰(Auckland)、克赖斯特彻奇（Christchurch）和惠灵顿（Wellington）。航班数量随旅游的淡旺季调节，在冬季滑雪季节或者夏天，航班数量会大量增加。皇后镇机场是新西兰第四大机场，是新西兰直升机基地，机场也为游客提供飞行观光服务，一般采用螺旋桨或固定翼等小型飞机。通往皇后镇最重要的道路是6号国家高速公路，通过6号高速公路可以到达南岛南部地区。小镇也是著名景区米尔福德峡湾（Milford Sound）一日游的起点。

皇后镇以探险度假为主要定位，被誉为"极限运动天堂"，在2012年就为游客提供近220项旅游探险项目，如滑雪、漂流、蹦极、高山自行车、摩托艇、滑板、滑翔伞、飞钓等，如图2.32。小镇也是新西兰雪上运动的中心，新西兰以及全球的冰雪爱好者都会集中到皇后镇附近的四座山峰（Cardrona Alpine Resort、Coronet Peak、The Remarkables and Treble Cone）。

皇后镇成为全球著名的体育运动小镇，主要有以下几方面影响因素：

第一，地方政府有效的管理机制。在1999年，新西兰政府为了解决在"新政府模式"中存在的泛滥的个体主义、群众意见表达碎片化的现象，继续加深改革，完成了新西兰现有的政府管理机制，即"整体政府"模式。在"整体政府"模式的作用下，新西兰皇后镇的地方政府拥有一定的资源调配权限和自我规划权限，地方政府可以以区域会议的形式完成各类项目审核，进而组织实现某一项目在全地区范围内的正常运作，特别是在地方组织特色节日和特殊商业活动时，政府可以提供强有力的行政保障和资金资助。

图 2.32 皇后镇蹦极

图片来源：https://en.wikipedia.org/wiki/Queenstown,_New_Zealand.

对已经审批的项目，在实施进行中，则由监督部门完整地对其操作流程、资源消耗、环境影响等方面加以评估，在项目实践完成1～5年内有短期的跟踪调查，对于自然破坏度较大、环境影响较差、效益收益不佳的项目提出整改意见，在整改后进行二次评估，对效果依旧不良的项目则提出废弃、拆除等不同的后续要求。在皇后镇旅游产业扩大化发展的过程中，会对涌入当地投资的投资商资质加以审核，对土地的利用情况进行严格的审批，利用当地的监督体系，长期对外来商业资本投资的旅游、娱乐产业服务状况加以监控，从而使得皇后镇地区避免出现过度商业化开发和资源限制这两种旅游小镇开发中常见的问题，其稳健的投资资金吸引方式也适当地保存了当地一部分优秀的未开发旅游资源，为当地持续性的旅游产业开发和旅游产业升级保留了充分潜力。

第二，不断适应市场需求变化。皇后镇旅游定位以最初依托自然资源为主、提供普通旅游项目向专业化高山运动为主转变，随着全球经济形势以及旅游市场的变化，目前通过价格、服务、资源等形成旅游市场细分。

皇后镇发展早期，当地提供的服务大多为住宿、租赁器械等基础性旅游服务，服务人员一般也多为当地剩余的次级劳动力。但随着消费市场的打开，当地开始出现专业性的旅游酒店，旅游向导、游船码头、高山疗养等也开始出现。在这一阶段，当地采用的是人员专业化方法，专业旅游从业单位为当地服务型劳动力提供专业培训，本地劳动力则以相对廉价的成本为专业旅游单位提供服务。随着旅游产业的进一步扩大，皇后镇也吸引了一些高山运动爱好者前来入驻，他们给皇后镇的体育旅游服务带来了特色，一些优秀的户外爱好者开始集聚，在20世纪80年代，皇后镇一度成为南半球高山运动的重要地标。到了21世纪初，全球高山运动目的地发生转变，皇后镇逐渐失去优势。

面对市场的变化，皇后镇采取"旅游+体育"的融合产业模式，从本土的风光旅游资源出发，开始开展多方位的综合服务，开发了"天空缆车""山顶观星"和"蒸汽游船"等旅游项目，利用本土的水域资源优势，开展了"休闲垂钓""快艇冲浪"等项目，整个旅游产业从高山运动的重镇开始向多年龄层、多爱好群体、多附属功能的休闲型度假小镇过渡[①]。

第三，面向国际的市场开发。新西兰拥有得天独厚的自然资源，旅游是国家对外的一张名片，已打造成了国家品牌。皇后镇在开拓旅游市场方面，充分体现了国际化。例如，邀请知名电影来本土取景和宣传，电

---

① 瞿昶：《基于市场化导向的旅游型特色体育小镇构建探索——以新西兰皇后镇为例》，《体育学研究》2017年第5期。

影《魔戒》在新西兰有大量的取景地，皇后镇是其中之一；与国际知名运动员、演员签约，雇佣其为新西兰旅游代言人和推广人，邀请美国前总统克林顿在汽船码头休闲垂钓，安排他在Boardwalk餐厅品尝当地特色海鲜，以吸引各国游客；安排各类国际体育赛事，提升户外运动在国际上的影响力，2014年举办了新西兰皇后镇国际马拉松，吸引了世界各地万余名马拉松爱好者参赛，2013年新西兰举办BMX（自行车越野赛）比赛，比赛吸引了南半球最好的BMX专业选手参赛，新西兰PGA锦标赛也定期在皇后镇举办，每次开赛都吸引大量高尔夫球爱好者前来观赛和体验。

二、法国霞慕尼小镇（Chamonix）

法国霞慕尼小镇位于法国东南部罗讷-阿尔卑斯大区（Auvergne-Rhône-Alpes）上萨瓦省（Haute-Savoie），全名霞慕尼勃朗（Chamonix-Mont-Blanc），常简称为霞慕尼。小镇面积245.46平方公里，是法国面积第四大的小镇，由16个村庄组成，但人口较少，2013年常住人口8897人。小镇与瑞士和意大利接壤，背靠欧洲最高峰勃朗峰（Mont Blanc），是最接近南针峰(Aiguille du Midi)的小镇。霞慕尼小镇得天独厚的地理位置，使其成为闻名世界的滑雪和高山探险的目的地，是法国历史最悠久的冰雪度假胜地，1924年首届冬季奥运会在这里举办。

霞慕尼小镇地处阿尔卑斯山区，海拔最低995米，最高4810米，属于温带大陆性气候，全年降水1275毫米，夏天温暖，冬天寒冷且降雪量较大。

从交通方面来看，霞慕尼小镇具备公路、航空、铁路以及有线缆车等交通设施。205号国家公路通过霞慕尼，这条公路由于被白雪覆盖，也被称为"白色公路"，205号国家公路是A40高速公路的延长线。这里也是勃朗峰隧道（Mont Blanc Tunnel）起点，该隧道长11.6公里，属于欧洲25号公路（European Route E25），连接瑞士日内瓦（Geneva）和意大利都灵（Turin）。最近的机场为日内瓦国际机场，距离霞慕尼小镇约88公里。

在铁路方面，1901年，首条由法国国营铁路公司运营的火车开通，从圣热尔韦-勒法耶特（St-Gervais-le Fayet）到霞慕尼小镇，火车的开通大大改善了小镇冬天的交通状况，促进了冬季运动旅游。1908年铁路延长到瓦洛西讷，通过瓦洛西讷可以到达瑞士马蒂尼，该线路也称为勃朗峰高速列车，提供从圣热尔韦-勒法耶特（St-Gervais-le Fayet）到马蒂尼之间所有村庄的运输服务，途经赛尔沃兹（Servoz）、莱苏什（Les Houches）、霞慕尼阿让蒂耶尔（Argentière）和瓦洛西纳。列车大约每小时发一趟车，持有贵宾卡的乘客可以免除赛尔沃兹和瓦洛西纳段的车票。另外，霞慕尼还有5.1公里长的蒙坦威尔火车（Montenvers Railway），这条线路是观光齿轮火车，配备专门利于上坡爬行的设施，车厢比一般火车大，是法国最后仅存的两辆高山齿轨火车之一，车行速度比较慢，行程大约20分钟，终点站为海拔1913米的蒙坦威尔（Montenvers），从这里可以前往更高海拔的景点。

霞慕尼小镇有世界上最高以及垂直距离最大的有线缆车，终点站是海拔3842米的指南峰。该缆车首次建于1920年，1950年重建，通过五年时间重建后正式启用，1979年进行现代化改造，2008年又进行了升级改造。在霞慕尼峡谷的另外一个方向，还有另外一条有线缆车，可以到达观光点Planpraz，从这里可以到达布列文峰（Le Brévent）。另外，小镇还有多条缆车，供滑雪者以及当地居民使用。

霞慕尼小镇具有悠久的历史，最早见于历史记载是1091年，当时由热纳瓦（Genevois）伯爵授予本笃会（Benedictine），本笃会于13世纪在这里修建了修道院。1530年，当时经常有政府官员和主教来这里参观，于是，当地居民向热纳瓦（Genevois）伯爵取得特权，允许一年两次的定期集市，但是单纯的民间观光客不多。1744年，来自英国的高级教士理查德·波寇克（Richard Pococke）和诺福克家族的威廉·温德姆（William Windham）等首次记载了在霞慕尼的观光记录。19世纪早期，游客人数逐渐增加，1821年成立了霞慕尼山地导游公司（Compagnie des Guides de Chamonix），这是世界上历史最悠久也是最大的导游公司。1892年起，当地所有导游需要持有法国阿尔卑斯俱乐部颁发的证书才能从事导游服务，取代了当地居民自行管理的模式。19世纪末期，随着当地社区不断依赖于旅游业，当地的旅游业开发不再局限于当地企业，逐渐由国家和国际企业主导。1916年，当地将地名从Chamonix改为Chamonix-Mont-Blanc。

1924年举办的首次冬季奥运会，让霞慕尼具备了成为国际化的旅游目的地的条件。二战期间，霞慕尼小镇设立了儿童中心，为受到纳粹迫害的犹太儿童提供庇护，许多人被授予"国际义人"（Righteous Among the Nations）的称号[①]。

1960年起，当地农业逐步减少，大力发展旅游业。到20世纪末，霞慕尼小镇拥有6万张床位，每年接待游客近500万人。

霞慕尼小镇成为著名的滑雪度假胜地，主要有以下几个方面影响因素：

第一，优越的自然环境。这是霞慕尼成为著名高山运动小镇的先决条件。每年9月开始，霞慕尼地区进入雪季，滑雪季一直延续到来年4月。小镇为各个水平的滑雪者提供多样的滑雪服务，每一个滑雪场都拥有自己的特色和优势。霞慕尼山谷有长达350公里路况良好的徒步小径，160种不同的旅游线路适合各类人开展这项运动。小镇位于"欧洲屋脊"的勃朗峰脚下，勃朗峰作为一处独特的自然景点，是登山爱好者的重要目的地。霞慕尼的花岗岩也吸引了来自世界各地的攀岩爱好者，这里具备多种不同难度的线路，著名的北峰有较容易攀爬的岩壁和适合业余攀岩者和初学者攀爬的大岩石。

第二，专业的服务及培训。从旅游业开始发展不久，小镇就成立了专业的高山导游服务公司，为游客提供专业的登山导游服务，同时规范导游工作。之后逐渐发展专业的高山运动教育培训产业，包括世界上第一所登山向导学校——法国国家滑雪登山学校（ENSA）、高山军校、高山医学培训和研究所、高山警察培训中心等相关的高山机构。

---

① https://encyclopedia.thefreedictionary.com/Chamonix.

第三，国际赛事推动全面发展。霞慕尼小镇打造国际特色体育旅游品牌，以首届冬奥会为契机（见图2.33），之后很多重量级国际赛事也在这里举办，吸引了国际性的滑雪教练训练中心，通过国际赛事达到了很好的传播效果。国际赛事和专业培训共同推动了霞慕尼小镇高山旅游项目的发展，大大促进了当地接待服务设施的完善，带动了食宿、餐饮、体育用品销售等商业服务业的发展[①]。

图 2.33　首届冬季奥运会

图片来源：百度百科。

第四，环境保护等可持续发展策略。霞慕尼市长埃尼克·富尼埃（Éric Fournier）在接受《骄子》记者采访时谈道："霞慕尼非常重视环境保护等政策，维持当地可持续发展。霞慕尼旅游局作为管理机构，一方面要求当地饭店具备全球化的战略思路，各项配套设施能够满足游客的

---

① 董芹芹、沈克印：《法国运动休闲特色小镇建设经验及对中国的启示——以霞慕尼（Chamonix）小镇为例》，《武汉体育学院学报》2018年第6期。

需求。另一方面，强调环境保护，尽量减少人类活动给环境带来的影响。不仅仅是游客给环境带来的影响，也包括开发交通等带来的影响。不断开展各项旨在保护环境的措施，如保护山谷气候运动，限制私家车尾气排放，减少家庭废物排放等。"

三、体育类特色小镇发展路径及影响因素

从国外典型体育类特色小镇发展路径来看，主要有以下几个影响因素（见表2.10）：

第一，优越的自然环境、便利的交通等基础条件。体育类特色小镇需要有优越的自然条件，这是体育项目发展的先决条件。同时，便利的交通能促进旅游业的发展。例如：新西兰皇后镇三面环山，一面临湖，小镇机场提供多条航线连接澳大利亚多个国际性城市，通过铁路可以到达克莱斯特彻奇等大城市；法国霞慕尼小镇位于阿尔卑斯山区，降雪期长，适合冰雪运动，通过小镇的高速公路可直接到达日内瓦等国际性城市和机场，铁路具有悠久历史，非常发达，还有多条高山索道，为冰雪运动提供便利条件。

第二，有效的环境保护。体育类特色小镇依托的自然环境是小镇产业发展最重要的资源，对环境的保护是小镇经济发展的前提条件，因此，政府在小镇发展体育旅游产业的同时，均出台严格的环境保护措施，进行严格的管控，确保经济可持续发展。例如皇后镇在"整体政府"模式下，在辖区内以区域会议的形式进行项目的审核、评估和监督等，确保某一项目在全地区范围内的正常运行，对需要资助的项目，政府提供行政保障和资金资助。

第三，从单一项目到多项目融合。从体育类特色小镇发展来看，初期一般以某一项目为特色项目，由于拥有特定的优势，该项目成为小镇优势产业；随着市场竞争以及需求的变化，小镇逐步从单一项目发展出多项目融合的模式。例如：皇后镇在发展初期以自然观光的普通旅游开

始，逐步发展出高山探险运动项目，之后又推出极限运动与休闲旅游结合的多层次、综合性服务体系，满足不同客户的需求；霞慕尼小镇从开始的高山旅游和冰雪运动，通过设立专业化的高山导游公司，发展为专业的高山探险与普通旅游融合的模式。

第四，专业化的服务机构。体育类运动项目与一般的旅游项目相比，具有较高的专业性，需要通过较高水平的专业化服务来吸引专业人员或者国际比赛，为该项体育运动提供技术保障。例如霞慕尼小镇拥有全球最大的高山导游公司，为高山探险提供专业化的服务，设立各类培训机构，扩大提供专业化服务的范围。

第五，国际化视野。从著名的体育类特色小镇发展来看，国际化是重要的发展方向。凭借国际化赛事、影视作品取景或者名人效应等方式，扩大小镇在全球的影响力，推动当地产业的发展。例如：霞慕尼小镇通过首届冬奥会的举办，以及之后国际性重要赛事的举办，成为全球著名的冰雪运动和高山探险胜地；皇后镇作为《魔戒》取景地，通过著名运动员以及知名人士宣传小镇，举办国际化户外赛事，扩大国际上的影响力。

表2.10　国外体育类特色小镇影响因素分析

地区	发展现状	优势	政策	定位特色
新西兰皇后镇（Queenstown）	全球著名的探险度假小镇	①优越的自然环境、便利的交通等基础条件②政府有效的管理机制③面对市场变化，及时调整产业方向	①以"整体政府"模式，对运动项目的审批、实施与后期的评估等方面进行严格管控②政府主导推动国际化发展定位	探险+旅游的多层次产业融合
法国霞慕尼(Chamonix)	全球著名的冰雪运动与高山探险小镇	①优越的自然条件②专业化的服务机构③国际赛事推动发展④环境保护等可持续发展政策	①在小镇可持续发展方面出台多项政策②政府主导国际赛事，扩大小镇在国际上的影响力	专业高山探险与冰雪运动结合

第三章

国内特色小镇发展路径及影响因素

第一节　金融类特色小镇发展路径及影响因素

国内金融类特色小镇主要以基金小镇为主，根据投中研究院提供的数据，截至2018年8月，全国已公布的基金小镇建设项目已有61个。从建设时间来看，基金小镇规划建设主要集中在2016和2017年，两年中共有44个基金小镇成立，占全部基金小镇数量的72%，其中2016年20个，2017年24个；从地区分布来看，基金小镇主要分布在东南沿海地区，其中浙江省有17个，占全部基金小镇数量的28%，居各省市之首[①]。

从运营模式来看，基金小镇一般有政府主导型、政企合作型和企业主导型三种形式。目前我国基金小镇运营模式主要以政府主导型为主，根据投中研究院提供的数据，截至2018年8月，全国61家基金小镇中，政府主导型有34个，占比56%，政企合作型有20个，占比33%，企业主导型有7个，占比11%。

截至2018年8月，在全国61家基金特色小镇中，资产管理规模超过万亿元的有三个，分别为浙江玉皇山南基金小镇、北京基金小镇和浙江嘉兴南湖基金小镇。下面以这三个资产管理规模超万亿的基金小镇为例进行详细分析。

一、浙江玉皇山南基金小镇

玉皇山南基金小镇位于浙江省杭州市上城区，在杭州市的核心区域。规划面积5平方公里，产业核心区3平方公里，办公面积70万平方米，目

---

① 国立波、王丹丹、隋易霖：《2018年中国基金小镇白皮书》，2019年3月。https://www.useit.com.cn/thread-20110-1-1.html.

前已投入使用面积25万平方米。杭州是浙江省会，地处中国东部沿海地区，是长江三角洲城市群中心城市。杭州具有悠久的历史，从正式设县开始，距今已有2200多年的历史。

玉皇山南基金小镇成立于2015年5月，是浙江省第一批特色小镇。成立当年，小镇就实现税收收入4亿元；2016年被评为浙江省级优秀特色小镇和省级示范特色小镇；2017年5月，小镇与美国格林威治基金小镇签订合作备忘录，并在美国纽约和英国伦敦设立代表处；2017年8月被正式命名为省级特色小镇，成为浙江省首批命名的两个省级特色小镇之一。

根据杭州市上城区人民政府网站公布的数据显示，截至2018年10月，玉皇山南基金小镇累计入驻金融机构2798家，总资产管理规模11200亿元，资产规模连续3年实现翻一番。投资实体经济项目1418个，累计投资金额3800亿元，其中，投向浙江省1473亿元，项目数527个，成功扶持培育公司上市112家。

玉皇山南基金小镇计划到2021年，总资产管理规模达到2万亿元，累计培育上市企业200家以上，具有全球化投资能力的基金公司10家以上，围绕"募投管退"产业链，打造私募产业生态圈。

从地理区位来看，玉皇山南基金小镇位于浙江省杭州市，这里是中国经济最发达的地区之一，也是浙江省的政治、经济、文化、教育、交通和金融中心。小镇距离中国金融中心上海市约180公里，通过高铁可在1小时左右到达。

从自然环境来看，玉皇山南基金小镇北依玉皇山，南临钱塘江，东靠杭州新中央商务区（CBD）——钱江新城，西望群山，生态环境优美（见图3.1）。小镇坐落于南宋皇城遗址核心区，曾是南宋皇室主要活动地，也是南宋造币纸局的所在地。区域内有四大公园，林木水系覆盖率达70%以上。小镇有七处国家级文物遗址，具有深厚的文化底蕴。

图 3.1　玉皇山南基金小镇全貌

图片来源：http://www.51towns.com/information/792e90c0d7804bebbc8ac607fd
ecb72c.

从交通区位来看。在航空交通方面，玉皇山南基金小镇位于杭州市中心区域，距离杭州萧山国际机场28公里，该机场是中国十二大机场之一，年旅客吞吐量超过3000万人次。截至2017年底，杭州萧山国际机场共有运营的航空公司62家，其中国内31家、地区6家、国际25家，通航点162个，其中内地113个、地区6个、国际43个。距离上海浦东国际机场约200公里，浦东机场是中国三大航空枢纽之一，年旅客吞吐量7000万人次，有110家航空公司开通了飞往上海两大机场的定期航班，联通全球47个国家和地区的297个通航点。

在铁路交通方面，小镇距离杭州火车东站11公里，杭州东站是亚洲最大的交通枢纽之一，年客运量超过5000万人次。通过高铁可在1小时左右到达中国金融中心上海。

在公路交通方面，杭州市具有完善的高速交通网络，G25、G56、G60和G92四条国家高速经过这里，连贯东西南北，绕城高速与各条国家高速形成交通网络。

从运营模式来看，玉皇山南基金小镇是典型的政府主导型金融类特色小镇。首先，小镇所在的杭州市上城区成立私募基金小镇领导小组，对基金小镇的政策优惠等进行研究、创新，在现有政策资源的基础上，制定并实施较为科学的扶持机制，实现省、市、区三个层次扶持政策的叠加。其次，成立杭州市玉皇山南基金小镇管理委员会，为入驻机构提供硬件环境、服务配套，如引进专业金融数据资讯提供商 Wind 和全球最大的财经资讯服务提供商 Bloomberg 等。管委会下设两家国有独资公司，分别负责基金小镇规划、投资建设和运营管理，统筹小镇建设日常招商引资等工作。再次，小镇设立创投社区服务中心、基金管理人之家等交流对接平台，提供资本对接、项目路演、联合调研、人才培训等多类型活动形式，在募、投、管、退产业链全方位构建平台服务，协助对接银行资金池，打造私募基金产业链和生态系统。

从产业定位来看，玉皇山南基金小镇借鉴美国格林威治与纽约的错位发展模式。小镇在设立定位上与上海进行金融产业分工和协同，上海作为国际金融中心，以公募基金发展为主，而小镇定位于打造以私募金融产业为核心的中国版格林威治，重点引进和培育私募证券基金、私募商品（期货）基金、对冲基金、量化投资基金、私募股权基金等五大类私募基金[①]。

从配套方面来看，在专业服务配套方面，玉皇山南基金小镇提供完善的专业配套服务（图3.2），推行"一站式"服务，协助企业做好项目申报、资金扶持对接、银企对接；与法律服务、会计审计、研究咨询等机构建立合作，提供完善的文化创意、金融商务服务。在培育和引进各类私募基金等核心业态时，配套引进与其业务密切相关的私募中介服务机构，如证券、期货、信托等机构；辅助性金融产业服务机构，如清算托管、金融数据与服务、金融网络服务等机构；共生性金融产业服务机构，如第三方理财机构、金融科技公司、互联网金融企业等机构；配套支持部门，如法律、会计、审计、研究咨询等机构。上述机构与基金公

[①]　清华同衡规划：《玉皇山南：中国No.1基金小镇的建设运营经验》，2017年4月。

司共同构成五层次生态圈，打造私募基金与上下游企业的"零距离"战略关系，构建完备的私募基金产业链和生态系统。

图 3.2　玉皇山南基金小镇建筑内部（部分）

图片来源：杭州市旅委。http://www.gotohz.com/raiders/lxyj/201805/t20180525_153849.shtml.

在教育、医疗配套方面。2014年成立的杭州市娃哈哈双语学校，是一所九年制民办学校，定位于高端的高品质国际化学校，能有效解决人才子女教育问题。2016年，浙江大学附属邵逸夫医院在杭州玉皇山南基金小镇建立的国际医疗中心正式投入使用，中心共1300平方米，采用会员制和一般诊疗制相结合形式，提供"小病就诊，大病预约"服务模式，为小镇提供高端的医疗服务。

从政府支持政策来看。浙江省作为最早的特色小镇建设省份，出台了多项特色小镇扶持政策。玉皇山南基金小镇在发展支持政策上可分为三个层面。

首先，在省级支持政策方面。自2015年起，浙江省出台了一系列针对特色小镇建设的指导性文件（见表3.1）。

表3.1　浙江省特色小镇主要支持文件

序号	政策名称
1	《关于加快特色小镇规划建设的指导意见》（浙政发〔2015〕8号）
2	《关于加快推进特色小镇建设规划编制工作的指导意见》（浙建规〔2015〕83号）
3	《关于高质量加快推进特色小镇建设的通知》（浙政办发〔2016〕30号）

2015年4月出台《关于加快特色小镇规划建设的指导意见》（浙政发〔2015〕8号）。对于省级特色小镇的优惠政策主要体现在用地保障和财政支持两个方面，纳入省重点培育特色小镇创建名单的对象，如期完成年度规划目标任务的，省里按实际使用指标的50%给予配套奖励，其中信息、经济、环保、高端装备制造等产业类小镇按60%给予配套奖励，对3年内未达到规划目标任务的，加倍倒扣省奖励的用地指标。财政支持方面，在创建期间及验收命名后，其规划空间范围内的新增财政收入上交省财政部分，前3年全额返还，后2年返还一半给当地财政。

2015年9月，浙江省住房和城乡建设厅出台《关于加快推进特色小镇建设规划工作的指导意见》（浙建规〔2015〕83号），对特色小镇建设规划的编制重点、深度要求以及对审查审批工作提出了要求，并明确各特色小镇建设规划应达到控制性详细规划深度，核心功能区或近期建设区应达到城市设计深度，并实现产业规划、旅游规划、空间规划的高度融合。

2016年3月，浙江省政府办公厅下发《关于高质量加快推进特色小镇建设的通知》（浙政办发〔2016〕30号）。主要内容有：（1）发挥典型示范作用。着力推动建设一批产业高端、特色鲜明、机制创新、具有典型示范意义的高质量特色小镇，对在全省具有示范性的特色小镇，省里给予一定的用地指标奖励，省产业基金及区域基金要积极与相关市县合作，设立专项子基金给予支持。（2）引导高端要素集聚。充分整合利用已有资源，积极运用各类平台，加快推动人才、资金、技术向特色小镇集聚。省级有关行业主管部门应充分利用行业优势，积极推荐行业领军人物参与特色小镇建设，推动最新技术在特色小镇推广应用。鼓励指导有条件的特色小镇召开区域性、全国性乃至全球性的行业大会。加强招商引资，依托浙洽会、浙商大会等平台，开展特色小镇推介活动，吸引骨干企业、优质项目落户特色小镇。（3）其他政策。加强监测检查分析，明确部门职责分工；完善动态调整机制和做好舆论宣传引导工作等。

其次，市级支持政策（见表3.2）。杭州市人民政府出台《关于加快特色小镇规划建设的实施意见》（杭政函〔2015〕136号），《关于杭州市高层次人才、创新创业人才及团队引进培养工作的若干意见》（市委〔2015〕2号），对市级特色小镇在用地保障、财政支持、人才引进方面给出了优惠政策。

表3.2 杭州市特色小镇主要支持措施

支持方向	具体措施
财政支持政策	①市级特色小镇规划空间范围内的新增财政收入上交市财政部分，前3年全额返还、后3年减半返还给当地财政。
	②对市级特色小镇内为服务特色产业而新设立的公共科技创新服务平台，按平台建设投入的20%～30%给予资助，单个平台资助额最高不超过200万元等。
人才引进政策	①市级特色小镇引进的各类人才可享受《中共杭州市委、杭州市人民政府关于杭州市高层次人才、创新创业人才及团队引进培养工作的若干意见》所规定的各项政策。为各类人才提供户籍、住房、医疗、社保等多方面优惠政策。
	②企业的股东、员工以及企业的房屋租赁，也可以根据小镇的所处位置不同、产业不同，而享受不同的优惠政策。
用地保障政策	对纳入市本级新增建设用地项目计划的重大项目，所需农转用计划指标由市本级统筹安排。

最后，区级支持政策（见表3.3）。杭州市玉皇山南基金小镇所在的杭州市上城区相继出台一系列政策，扶持小镇建设，主要包括上城区整体的政策与直接针对玉皇山南基金小镇的支持政策。

表3.3 杭州市上城区特色小镇主要支持文件

序号	主要支持文件
1	《关于打造玉皇山南基金小镇的若干政策意见》（上金融办〔2014〕13号）
2	2016年出台《上城区金融人才分类认定办法（试行）》（上委人办〔2016〕1号）
3	《关于新一轮引进海内外高层次创业创新人才"1211"计划的实施意见》（上委〔2017〕60号）

2014年，上城区金融办出台的《关于打造玉皇山南基金小镇的若干政策意见》（上金融办〔2014〕13号），主要内容如下：

1. 各类配套政策

（1）产业服务配套政策。产业链扶持政策，鼓励第三方理财机构、财富管理、金融服务等新兴金融企业以及为金融机构提供资讯、评级、评估、征信、咨询等专业服务的企业入驻基金小镇，以完善产业生态，促进共同发展。对各类投资基金及管理企业给予工商注册登记的便利。（2）生活配套政策。对各类投资基金及管理企业的金融人才，经认定，在办理户籍及子女入托、入学、就医等方面提供优先服务。

2. 经营补助政策

（1）办公场地的补助。对各类投资基金及管理企业新购建、租赁的本部自用办公用房给予一次性补助或每年租金补助。（2）地方贡献补助。对年地方贡献达到不同金额的企业，自形成地方贡献之日起5年内，按形成的地方贡献给予不同比例的项目资助。

3. 财政税收优惠政策

（1）企业所得税优惠政策。对创投企业采用股权投资方式投资于未上市的中小高新技术企业2年以上，可按投资额的70%在股权持有满2年后抵扣创投企业的应纳税所得额。对证券投资基金从证券市场取得的收入，暂不征收企业所得税；对投资人从证券投资基金分配中取得的收入，暂不征收企业所得税；对证券投资基金管理人运用基金买卖股票、债券的差价收入暂不征收企业所得税。（2）项目申请支持政策。支持符合条件的企业申请各级政府设立的战略性新兴产业发展专项资金、服务业发展引导资金、高新技术成果转化专项资金等财政资金，支持有条件的企业进行高新技术企业等认定。（3）投资方向鼓励政策。鼓励各类投资基金支持上城区实体经济发展，投资财政级次在上城区且符合上城区现代主导产业的企业，按照其投资额度的1%～5%给予项目资助，最高资助金额一般不超过300万元。

4.产业宣传激励政策

（1）鼓励与上城区合作，举办具有一定影响力、与投资基金产业相关的论坛峰会，经认定，按照国家级、省级、市级类别，分别给予最高金额不超过50万元、30万元、10万元的补助。（2）鼓励新型金融企业参与市场拓展和产业交流，对推荐参加全国、浙江省、杭州市举办的各类博览会、人才交流会以及相关活动，进行展览展示的企业，经认定，按照不超过实际发生展位费用的50％给予一次性补助，最高金额不超过10万元。

2016年，上城区政府发布《上城区金融人才分类认定办法（试行）》（上委人办〔2016〕1号）政策，明确人才分类认定流程，启动组织辖区有关企业申报金融人才分类认定。主要内容如下：（1）对金融人才所在的团队项目，根据个人投资收益所产生的地方贡献和团队中各类人才构成，给予团队项目资助。（2）对金融个人奖励，根据年薪所产生地方贡献，对不同层次的金融人才，给予从60％到100％的奖励。（3）对个人安家补助，对于在杭购买自用商品住房的，给予一定的购房补贴。（4）对中介的奖励，对引进金融人才的中介组织实施奖励。

2017年，上城区发布《关于新一轮引进海内外高层次创业创新人才"1211"计划的实施意见》（上委〔2017〕60号），以建设一流的国际化现代化城区为目标，着力引进以金融服务、文化创意、信息技术、商贸旅游、健康服务等为核心的现代产业领域的海内外高层次人才，力争到2022年，引进和扶植带项目、带技术的海内外高层次创业创新团队10个；引进和培养海内外领军型人才20名，其中入选国家"千人计划"、浙江省"千人计划"及杭州市"521"计划的10名左右；引进海内外高层次人才创业企业100家，高端海外留学人才100名。

玉皇山南基金小镇在成立的3年多时间里，能够快速成长为资产管理规模超过万亿的金融类特色小镇，主要有以下几方面影响因素：

第一，良好的生态环境。小镇所在地具有悠久的历史，人文底蕴浓厚，自然环境优越。

第二，准确的产业定位。一方面，小镇以中小企业金融服务和民间财富管理为主要方向，浙江省作为中国经济最发达的地区之一，民营经济高度发达，民间资本投资需求旺盛，具有良好的经济基础。另一方面，小镇以私募基金为主要发展方向，而全国金融中心上海以公募基金为主，在定位上与上海错位发展，在金融产业上实现分工和协同。

第三，完善的配套服务。主要包括交通设施、生活配套和专业配套几个方面。交通设施方面，小镇有完善的交通设施，高速公路网、高铁线路和国际机场等方面均非常成熟。生活配套方面，小镇具有住宅、商业、娱乐、医疗、体育、宗教、文化、休闲等城市综合功能。专业配套方面，小镇推行"一站式"服务，在项目申报、资金扶持对接、法律会计服务、研究咨询等方面提供完善的专业化服务。

第四，政府政策支持。小镇在发展上得到了省、市、区三级政府支持，提供财政税收、人才引进、办公场地等各方面的政策支持。

第五，国际化视野。抓住G20峰会机遇，将小镇作为G20各国领导人考察点之一；两度举办全球私募基金西湖峰会；与美国格林威治小镇签订合作备忘录，截至2018年11月，已在美国纽约和格林威治、英国伦敦、德国法兰克福等国际金融中心设立代表处。通过以上一系列举措，迅速扩大小镇在国际上的影响力和知名度。

二、北京基金小镇

北京基金小镇位于北京市房山区长沟镇。长沟镇历史悠久，距今已有2300多年历史，地处太行山、燕山与华北平原的结合部，古迹众多，文化底蕴深厚，被誉为"京南水乡"。北京基金小镇入选了第一批国家级特色小镇，是国家级特色小镇中唯一以基金为主导产业的特色小镇。北京基金小镇规划总面积18平方公里，一期建设用地1.03平方公里，规划建筑面积约90万平方米，其中约50万平方米办公基地，约40万平方米生活配套。

根据《北京日报》的数据显示，截至2019年3月，北京基金小镇已入驻基金产业相关机构1158家，资金管理规模达到1.7万亿元。

从地理区位来看，北京基金小镇地处北京西南，京冀枢纽，是京津冀协同发展的核心区和京保石发展轴的起点位置，距北京市中心约60公里。而北京是我国首都，全国的政治和经济中心，具有良好的经济基础。根据中国证券投资基金业协会数据显示，截至2017年8月，北京地区私募基金管理人总数达3922家，管理私募基金总数达11628只，管理基金规模达23915亿元，管理基金规模位居全国第一。

从自然环境来看，北京基金小镇生态环境优越，林木覆盖率达到70%，拥有3.87平方公里的国家级长沟泉水国家湿地公园，公园水域面积约1600亩，有河流湿地、沼泽湿地、湖库湿地和稻田湿地等多种湿地类型，湿地率达44.73%。

从交通设施来看，北京基金小镇交通便利、路网发达。通过京港澳高速（G4）、京昆高速（G5），1小时左右可以到达北京金融街、北京西站等。距离首都国际机场约100公里，该机场是中国三大门户复合枢纽之一、环渤海地区国际航空货运枢纽群成员、世界超大型机场。2017年旅客吞吐量达9000万人次，位列全球最繁忙机场第2位。机场有国内通航点147个，国际通航点132个，开通国内航线132条、国际航线120条。距离新建的北京大兴国际机场约50公里，该机场规划为超大型国际航空综合交通枢纽，一期预计旅客吞吐量7200万人次，设计预留控制用地终端（2050年），旅客吞吐量1.3亿人次。

从发展定位来看，北京基金小镇定位专注于基金相关服务，实现与北京金融街和中央商务区等区域的错位发展，如图3.3。主要吸引包括创业投资基金、股权投资基金、证券投资基金、对冲基金等各类基金及相关产业链服务机构入驻，打造股权交易平台、基金发行服务平台、基金交流平台、基金业研究创新平台以及实体经济金融服务平台，整合产业链上下游资源，通过基金业服务平台搭建和基金业集聚发展，进一步为我国构建多层次资本市场服务，推动资本服务实体经济发展，将小镇打造成生态优美、智慧科技、宜居宜业、业城融合的首都金融"微中心"①。

图 3.3 北京基金小镇发展定位

图片来源：北京基金小镇官网。http://www.beijingfundtown.com/brief.

从运营模式来看，北京基金小镇采取的是"政府主导、企业主体、市场化运作"的发展模式。在政府主导方面，市区镇三级政府共同主导小镇的发展。北京基金小镇列入北京市"十三五"规划，列为北京市推进京津冀协同发展重点项目。在小镇发展初期，由房山区政府成立了北京基金小镇建设项目办公室，之后设立北京基金小镇管委会，由房山区政府主要领导担任主任，区发展改革委、金融办等为成员，负责全面协调北京基金小镇建设与招商等工作。镇级党政机构提供建设保障服务，包括征地拆迁、政策解读、公共配套和政策宣导等。

在具体运营上，小镇成立了北京基金小镇控股有限公司，负责小镇的具体运营管理工作。根据工商企业信用报告披露信息，北京基金小镇控股有限公司由北京市房山城市投资发展有限责任公司、北京泰玺资产管理有限公司、北京市文资投资基金有限公司、北京市文化创意产业投资基金管理有限公司等四家机构共同成立。

---

① 李雪婷：《南湖私募基金研究百篇系列（之二十四）——国内基金小镇之北京房山基金小镇简介》，南湖互联网金融学院，2017年12月。http://www.nifi.org.cn/index.php/thesis/info/502.

从配套设施来看，主要有三个方面：第一，专业服务配套。引进专业的基金中介服务机构，与世界级、国家级产业组织和高端智库、高校等研究机构建立了战略合作关系，共建基金业研究创新平台；第二，在证监会、中国证券投资基金业协会等政府部门和行业协会的指导下开展各类合规宣教工作，建设基金业发行服务和股权交易平台；第三，与行业协会、各类产业园区、孵化器共同举办各类产业、项目对接路演活动，助力基金机构服务实体产业发展。

至2018年10月，北京基金小镇已与中国农业银行、中国建设银行等11家银行机构，招商证券、华鑫证券等19家证券公司，毕马威、普华永道等5家会计师事务所，大成、国浩等16家律师事务所以及新华金融信息交易所、和逸金融等机构签订战略合作协议，发挥其在各自领域的优势，为入驻机构搭建基金业安全可靠的专业服务平台。

从教育资源配套来看，一方面，北京基金小镇引进了教育资源，为符合条件的小镇专业人才提供北京户口落户政策，规划中将引进幼儿园、小学、初中等优质教育资源。另一方面，开展多方面的人才培训与继续教育。小镇与清华大学、北京大学以及麻省理工学院、宾夕法尼亚大学沃顿商学院等国内外著名大学合作成立基金研究中心和培训中心，构建专业的基金人才库，为行业发展提供创新驱动力。

从风险控制来看，北京基金小镇实行严格的风险控制和退出制度，制定了六级前置风险防控流程，引进北京市金融局采用的"冒烟指数"，通过大数据监控预警系统对入驻机构进行穿透式动态监测，通过收益率偏离度、投诉率、传播虚假性、机构合规度、疑似非法性多个维度进行风险判断。2017年9月，小镇与"天眼查"达成战略合作，借助"天眼查"平台大数据及技术，在征信查询、风险管控等方面构建金融安全风控体系。截至2018年9月，小镇已累计拒绝了279家次拟入驻机构的申请，清退未能遵守基金行业相关规定、没有履行入驻合规经营承诺的基金业机构32家，限期整改11家。

此外，北京基金小镇于2017年5月成立基金业法庭，这是我国第一家专门针对基金行业的专业性法庭，隶属于房山区法院，专门处理基金机构运营过程中涉及公司类、股权类、合伙类等纠纷，以及基金机构与投资人之间的居间、委托合同纠纷，基金机构与借款人之间的借款合同纠纷以及其他相关衍生诉讼。法庭还设置基金业专家咨询和信息共享等专业化机制，并在规范立案前提下简化立案手续。

从政策支持来看，北京基金小镇主要有市、区两级政策支持。在市级支持政策方面，北京市政府将北京基金小镇列入《北京市国民经济和社会发展第十三个五年规划纲要》，作为北京市推进京津冀协同发展的重点项目。北京市金融工作局、北京市发展改革委联合发布《北京市"十三五"时期金融业发展规划》（京金融〔2016〕265号），在"培育新兴金融机构"方面，明确指出要"整合市、区两级政府行政服务资源，充分发挥股权投资基金协会的作用，支持基金小镇建设，建立一站式、一体化的股权投资服务体系"。

在区级支持政策方面（见表3.4），2015年7月，房山区人民政府发布《关于印发促进北京基金小镇建设实施意见的通知》（房政发〔2015〕29号），这是目前北京基金小镇最重要的支持政策，主要包括入驻机构/个人购房或租赁补助、商业活动补助以及人才引进政策等。

2018年5月，房山区政府发布《关于支持构建高精尖经济结构的实施意见》（京房办发〔2018〕18号）和《房山区支持构建高精尖经济结构政策实施细则》，充分发挥政府政策在科技研发、优秀人才、"双创"平台、特色园区、优质企业等5个方面的促进作用。对业绩突出、贡献较大的企业带头人予以资金奖励。加大对企业入驻的奖励力度，对科技研发、金融业等重点领域新入驻房山区的企业或机构，达到特定条件的，连续两年给予资金奖励。截至2019年1月，已投入财政资金12.45亿元，北京基金小镇是重点支持对象之一。

表3.4　房山区政府对特色小镇建设主要政策

补助项目		具体政策
购房或租赁补助	购房补贴	对符合条件的入驻机构及其高级管理人员购买办公或住房的，按每平方米不超过2000元且总额不超过100万元的优惠或补贴。
	租赁补贴	对符合条件的入驻机构及其高级管理人员租赁办公或住房的，按市场租赁金额的50%且总额不超过每年50万元给予优惠或补贴。
	重要机构补贴	对业内有影响力、规模较大或为地方财政做出重大贡献的机构，给予办公费用补贴。
商业活动补助		①对在小镇举办国际会议和国家级会议给予不超过100万元的专项资金支持；②对其他会议和商业活动给予不超过50万元的补贴，特殊情况除外。
课题研究补助		对开展与基金有关的课题研究，按照研究费用总额，给予不超过50万元的补贴。
建设引导基金		设立产业投资引导基金，在5年内注入10亿元，搭建基金与房山区的对接交流平台，促进其对企业和重点项目投资。
人才政策支持	高级管理人员补贴政策	①对区域经济做出突出贡献的企业高级管理人员，可按照上述标准享受奖励、购房优惠或补贴、租房优惠或补贴；②对于引进的在国内、国际有影响力的高端人才，对房山区做出突出贡献的，奖励和扶持政策可不受此限。
	户籍/入学/医疗政策	①对入驻机构的高级管理人员，在办理户籍及子女入托、入学、就医等方面提供优先服务；②对机构引进的高级管理人员属本市紧缺急需的，具有硕士及以上学位或具有本科及以上学历且取得高级专业技术职称的人员，年龄在45周岁以下的，由区人力社保局报市人力社保局批准后办理调京手续和本市户口；③对入驻机构需在教育部直属院校、其他部委所属院校、中央与地方共建院校及列入"211"工程的地方院校范围内引进紧缺专业学士及以上学位非北京生源应届毕业生的，由区人力社保局报市人力社保局批准后办理留京、调京手续和本市户口。

　　从国际合作来看，北京基金小镇大力开展国际交流合作。2018年10月，在第二十二届"北京·香港经济合作研讨洽谈会"上，北京基金小镇管理委员会与香港投资基金公会签署了战略合作协议，通过建立信息沟通机制，协同举办京港两地基金业交流活动，联合开展基金业培训教育和研究创新工作，提升小镇基金业的整体发展水平，借助香港亚太国际金融中心的有利条件，扩大小镇在国际上的影响力。另外，对于在小镇投资的机构，计划利用港交所作为基金投资项目的退出路径。

　　北京基金小镇经过三年多的发展，资金管理规模超过万亿元，从其发展因素来看，主要有以下几个方面：

第一，良好的经济基础。北京作为我国的政治和经济中心，管理基金规模位居全国第一，为北京基金小镇发展提供了良好的经济基础。

第二，精准的发展定位。北京基金小镇与北京金融街等开展错位竞争，发挥外迁功能，定位于基金相关服务，整合产业链上下游资源，通过基金业服务平台搭建和基金业集聚发展，打造成生态优美、智慧科技、宜居宜业、业城融合的首都金融"微中心"。

第三，优美的环境和完善的配套。北京基金小镇所在地有京南水乡之称，自然环境优美，又具有悠久的历史和浓厚的人文底蕴。同时，小镇规划有学校、医疗等生活配套资源，能够吸引和留住人才。

第四，便利的交通。北京基金小镇距离北京市区约1个多小时车程，有多条高速公路直接连通小镇和北京市区，虽然距离现有的首都国际机场有一定的路程，但距离已建成投入使用的北京大兴国际机场仅50公里路程，能够方便到达机场，航空交通潜力优越。

第五，严格的风险管控。北京基金小镇实行严格的风险控制和退出制度，在一定程度上从源头保证了小镇内基金公司的质量。此外，小镇内有全国第一个基金业法庭，为小镇处理基金业纠纷提供了便捷的通道，为基金公司以及其他专业机构建立了良好的行业生态环境，很好地促进了小镇健康发展。

第六，具有吸引力的支持政策。北京基金小镇被列入《北京市国民经济和社会发展第十三个五年规划纲要》，明确作为北京市推进京津冀协同发展的重点项目。"十三五"时期，北京市金融业发展规划也明确提出支持基金小镇建设，为小镇的发展提供了很好的发展基础。

北京基金小镇所在的房山区政府，制定了多项促进基金小镇建设的政策措施，为入驻机构和个人提供各类补助、税收优惠政策以及人才引进政策，大力鼓励基金企业和专业人才入驻，为基金小镇的迅速发展提供了动力。

三、浙江嘉兴南湖基金小镇

南湖基金小镇位于浙江省嘉兴市东南部，规划占地面积2.04平方公里，距离嘉兴市中心约10公里。嘉兴市位于我国东南沿海地区，地处长三角核心地带，位于上海、杭州、苏州、宁波四大城市的交汇点，具有优越的地理位置和经济发展基础。嘉兴从建制开始距今已有两千多年历史，自然风光优美，典型的江南水乡，是我国优秀旅游城市和国家园林城市，如图3.4。

图 3.4　南湖基金小镇

图片来源：http://finance.ifeng.com/a/20190111/16679544_0.shtml.

南湖基金小镇于2010年12月列入浙江省第一批金融创新示范区，2012年正式成立南湖基金小镇，是国内最早、最具影响力、规模最大的股权投资基金小镇。截至2018年11月底，南湖基金小镇基金认缴规模超1.25万亿元，已引进和培育基金近6000家，其中包括红杉资本、硅谷天堂、蓝驰创投、赛富投资等知名基金，是目前我国基金管理规模超过万亿元的三个基金小镇之一。

从地理区位来看，嘉兴地处长三角地区，该地区民营经济高度活跃，孕育了众多新兴创新企业，民间资本雄厚，具有较强的投资需求。小镇所在的嘉兴市位于上海、杭州两大城市的中间点，紧邻上海国际金融中心和杭州区域金融中心，具有得天独厚的地理位置和经济发展基础，并依托高铁和"四纵三横"的高速公路网络，位于沪宁杭1小时生活圈中心区域，具有明显区位优势。

从自然环境来看，南湖基金小镇位于嘉兴市东南，距离著名的中国革命发源地南湖景区仅7公里，周围有纵横交错、网络密布的河道。小镇利用优良的水道资源，将办公楼依水而建，围绕中央湖心景观片区，规划岛域办公、水岸办公和森林办公三类高端办公模式，同时注重打造亲近自然的绿色生态环境，实现在湖边办公、在花园里办公的理念。以东方园林的精巧和古典情怀，融入现代造园的空间与洋派审美，赋予南湖基金小镇别样的体验。同时，小镇为基金从业人员提供高品质的居住空间，大面积布置水景及园林景观，汇集丰富的住宅类型、优美的环境以及多样的选择。

从交通设施来看，南湖基金小镇所在的嘉兴市，是长三角地区的地理中心和交通枢纽。小镇距离上海浦东国际机场约120公里，距离杭州萧山国际机场约100公里，从小镇出发，可在1.5小时左右达到任一机场，有利于基金从业人员在国内与国外的出行，具有非常便利的航空交通，地理区位优势明显。

在高速公路方面，小镇交通便利，有沪昆高速（G60）、乍嘉苏高速、申嘉湖高速（S12）、沈海高速（G15）等高速公路经过。此外，杭州湾跨海大桥、嘉绍跨江通道等将小镇与宁波和绍兴等地紧密连接，形成"四横三纵"的公路网。

在铁路方面，小镇距离嘉兴高铁南站仅4公里，通过沪杭高铁到上海仅需27分钟，到杭州仅需30分钟，具有同城效应。

从发展定位来看，2010年南湖基金小镇作为首批浙江省级金融创新示范区，当时的发展定位是建立长期吸引股权投资基金注册新基金、持续引入新资金的基金小镇开发模式，以满足区域经济转型升级的内在需要和以嘉兴科技城为龙头的大批科创型企业的金融需求[①]。

随着浙江省特色小镇的迅速发展，目前的南湖基金小镇以美国硅谷沙丘路基金小镇为借鉴，进一步明确了私募股权投资基金小镇为发展定位，致力于服务实体经济。通过打造"投融圈"专业服务平台，将股权投资行业的"募、投、管、退"全产业链条均实现服务落地的基金小镇，拓展资本和企业合作空间，实现创新与创业相结合、孵化与投资相结合、投前与投后相结合。在具体运作上，通过项目与资本的对接与落实，解决投融资项目信息不对称问题，定期举办投融资线下对接交流会，"让资金投到好的项目，让项目找到好的资金"。

从运营模式来看，南湖基金小镇采取与大部分基金小镇类似的模式，即"以政府为主导、以企业为主体、实行市场化运作"的模式。嘉兴市南湖区政府作为南湖基金小镇的政府主导方，重点在建设政策制定、规划编制、项目监管、配套基建的完善与生态环境的保护等方面发挥作用。区政府在制定政策时，确保政策的稳定性与延续性，政策平均有效期为6年，有的可以达到12年，在政策到期之前做好下期政策拟定工作，确保政策的平稳过渡。在行政审批方面，小镇深化行政审批制度改革，成立区行政审批局，简化审批流程。

在具体运作上，2012年小镇建设初期，由国有性质的嘉兴市南湖新区开发建设有限公司（占30%股份）与苏州基盛九鼎投资中心（占70%股份）共同投资设立嘉兴市南湖金融区建设开发有限公司，注册资本3亿元，承担小镇项目的规划以及开发建设工作，为落户企业在办公、运营、投资等方面提供服务。2015年9月成立的嘉兴市南湖金融服务有限公司，定位为中国私募股权投资基金、金融科技企业的基础设施提供商和综合服务商，下属南湖股权投资基金有限公司和南湖互联网金融学院。南湖股权投资基金有限公司主要对外投资处于初创期、成长期、成熟期，具有市场、技术、资源、竞争优势和价值提升空间的未上市金融科技企业。

---

① 李雪婷：《南湖私募基金研究百篇系列（之五十七）——南湖基金小镇领跑特色小镇发展之路》，南湖互联网金融学院，2018年4月。http://www.nifi.org.cn/index.php/thesis/info/599.

南湖互联网金融学院主要为私募股权投资基金、金融科技企业和互联网企业等提供非学历培训、咨询等服务。2017年成立南湖金融信息服务有限公司，为小镇内部基金提供投融对接服务、基金份额转让及项目股权转让等服务。2017年成立基金小镇运营服务有限公司，为入驻企业提供一对一服务和绿色审批通道服务等①。

从配套设施来看，在企业服务配套方面，小镇设立专业化服务团队，一对一帮助企业"零次跑"办理工商、银行、税务等各类事项，将办理进度及时反馈给企业（见表3.5）。服务内容包括：专业基金注册服务，为入驻基金配备服务专员，提供工商注册、注册变更、企业年检、银行开户、基金备案指导，以及精准投融资服务、金融培训服务、人才服务、境外投资配套等。

表3.5　南湖基金小镇运营服务企业

序号	公司名称	成立时间	主要功能
1	南湖金融区建设开发有限公司	2012年	小镇规划以及开发建设工作，为落户企业在办公、运营、投资等方面提供服务。
2	南湖金融服务有限公司	2015年	定位为中国私募股权投资基金、金融科技企业的基础设施提供商和综合服务商。
3	南湖股权投资基金有限公司	2015年	投资处于初创期、成长期、成熟期，具有市场、技术、资源、竞争优势和价值提升空间的未上市金融科技企业。
4	南湖互联网金融学院	2015年	为私募股权投资基金、金融科技企业和互联网企业等提供非学历培训、咨询等服务。
5	南湖金融信息服务有限公司	2017年	为小镇内部基金提供投融资对接服务、基金份额转让及项目股权转让等服务。
6	基金小镇运营服务有限公司	2017年	为入驻企业提供一对一服务和绿色审批通道服务。

在教育配套方面，小镇规划建设一所集幼儿园、小学、初中为一体的一贯制纯美式学校，参照美国教育体系。公立学校方面，将引进国内名校进行合办，为基金从业人员提供不低于一线城市的教育环境及教育质量。

从风险控制来看，南湖基金小镇建立了"立体式"金融监管体系，

---

① 南湖金融服务有限公司官网：http://www.nanhufin.com/group/index/15.html.

实现了三个"全国最早"——最早审核基金资质、最早推行"有条件备案"制度、最早建立线上监管服务平台——做到"全面监管"。对每一家入驻的基金进行严格把关，对基金的资金来源、资金去向、投资项目和利益分配实行层层监管，为入驻基金筑起一道金融安全的"防火墙"。具体有以下三方面措施：

第一，建立"红黑名单"制度。禁止"黑名单"基金，鼓励"红名单"基金，做到"事前监管"。该制度的核心是进行源头管理，对拟入驻企业的实际控制人、投资方向、投资案例和入驻门槛等内容进行审核。对"红名单"诚信企业重点引进，而对严重失信的"黑名单"企业则严格禁止。2018年1—4月，小镇累计审核新设及变更企业1630家，初审拒绝率超过57%；对"基金小镇"外注册的投资类企业以及全行业的分支机构，累计审核194家，其中投资类企业审核不通过率超过60%。

第二，实行"三级筛选"管理。入驻筛选环节，小镇对拟入驻企业进行首轮风险把控，对实际控制人背景、投资方向、投资案例以及设立企业规模进行筛选，将不符合要求的、无合理说明的企业排除在外，符合要求的企业获得入驻南湖基金小镇资格。

中级筛选环节，企业获取入驻南湖基金小镇资格后，由小镇的具体运营机构——嘉兴市南湖基金小镇建设开发公司招商服务专员为其免费办理注册、变更、开户等系列行政审批手续。招商服务专员在收到企业的注册或变更资料时，对出资信息、企业设立门槛以及单个有限合伙人最低出资额等进行审核，确认无误后为其办理入驻手续。

高级筛选环节，企业完成工商注册、变更手续后，需在募集资金后20个工作日内提供相关资料到南湖区金融办进行报备，由开发公司协助办理相关手续。对未在基金业协会登记备案企业，建立有条件备案制度，由区金融办对其股东结构、股本结构、验资报告和资本募集合法说明书等重点内容进行备案审核，真正实现对投资企业有案可溯，有据可查。

第三，开展"动态跟踪"监管。小镇携手南湖区金融办，设立动态跟踪服务机制。2017年3月，国内首个私募基金监管服务平台上线，该平台以大数据和云计算技术为核心，通过在线监管"资质审核"模块，为入驻小镇的每个企业提供一个独特的ID，监管方可以通过该ID对整个管理流程实现线上操作，从资质审核、风险预警、数据分析等八个方面入手，对小镇的入驻企业实行运营监管，实时保障小镇基金生态圈内的金融安全。

2018年4月，小镇推出更便捷的监管服务平台APP"企易安"，这是一款可供企业随时随地了解自身入驻情况的手机应用软件，囊括了企业资质审核、风险预警管理、数据分析与统计等模块。企业用户能随时通过手机端查看实时数据，有效提高数据查询效率。

从支持政策来看，南湖基金小镇支持政策主要有省、市、区三级政府的政策支持。

在省级政策支持方面（见表3.6），主要有2010年8月浙江省政府办公厅发布的《关于开展金融创新示范县（市、区）试点工作的意见》（浙政办发〔2010〕114号），对列入的金融创新示范区给予财政、税收优惠政策，人民银行参与支付结算、清算等改革，证监、银监和保监等部门开展引导和监督。

此外，根据浙江省出台的一系列针对特色小镇建设的指导性文件，可以对纳入省重点培育的特色小镇给予用地保障和财政返还补助两方面的支持。用地保障在完成目标后给予配套奖励，财政给予不同比例的返还。

表3.6　浙江省特色小镇主要支持政策

序号	主要支持文件
1	《关于开展金融创新示范县（市、区）试点工作的意见》浙政办发〔2010〕114号
2	《关于加快特色小镇规划建设的指导意见》（浙政发〔2015〕8号）
3	《关于加快推进特色小镇建设规划工作的指导意见》（浙建规〔2015〕83号）
4	《关于高质量加快推进特色小镇建设的通知》（浙政办发〔2016〕30号）

在市、区两级支持政策方面，嘉兴市与南湖区两级政府主要有以下支持政策（见表3.7）：

表3.7　南湖基金小镇主要支持政策

序号	级别	主要支持文件
1	市级	《关于印发嘉兴市加快发展现代服务业若干政策意见》（嘉政发〔2016〕28号）
2	市级	《关于推进高端人才团队建设的实施意见（试行）》（嘉市组〔2017〕18号）
3	区级	《关于促进南湖区股权投资产业发展的若干意见》（南政办发〔2011〕93号）
4	区级	《关于进一步明确引进股权投资企业"一事一议"政策的若干意见》（嘉南财〔2014〕136号）
5	区级	《南湖区推动经济转型升级若干政策》（南政发〔2017〕96号）
6	区级	《关于进一步加快现代服务业发展的若干政策意见》（南湖区服务业发展局，2019.02）

嘉兴市政府出台的市级特色小镇支持政策如下：

2016年6月，嘉兴市政府发布《关于印发嘉兴市加快发展现代服务业若干政策意见》（嘉政发〔2016〕28号）。该政策自2016年1月1日起实施，期限三年。政策目的在于促进服务业增量提质，推进全市服务业跨越式发展，加快发展金融业方面的支持政策包括两方面：第一，鼓励银行金融机构对服务业的信贷融资业务，对科技支行开展科技型中小企业信贷融资业务按6∶4实施风险补偿。第二，对引进金融机构的奖励。对新引进的各类金融后台，符合条件的给予每个100万元以内奖励；对新引进的金融服务外包机构和专业性金融培训机构，符合条件的给予50万元以内奖励；对引进特别重大机构事项可采用"一事一议"方式予以支持。

2017年嘉兴市发布《关于推进高端人才团队建设的实施意见（试行）》（嘉市组〔2017〕18号）。对入选的重点金融创新团队，管理期内由财政给予60万元的创新资助，分三期拨付。市重点创新团队申报入选国家、省重点创新团队的，给予1∶1的同步配套追加资助，省级资助总额最高不超过100万元、国家级资助总额最高不超过200万元。

嘉兴市南湖区政府出台的区级特色小镇支持政策如下：

2011年11月，嘉兴市南湖区政府发布《关于促进南湖区股权投资产业发展的若干意见》（南政办发〔2011〕93号），该政策有效期为6年，截至2017年11月到期。该政策是小镇建设初期的主要支持政策，包括以下几个方面：

1. 企业所得税奖励

自工商登记之日起六年内，按企业当年实现的企业所得税的区级所得部分，给予70%的发展奖励；自工商登记之日起六年内，按不超过企业员工总人数的40%，按其个人当年所得部分形成的区级所得部分，给予70%的发展奖励；对采取股权投资方式投资于未上市的中小高新技术企业，对股权投资企业和股权投资管理企业引进急需高级专业人才而支付的一次性住房补贴、安家费等费用，可按一定比例抵扣企业的应纳税所得额。

2. 办公用房奖励

对在金融创新示范区内建造、购买、租用自用办公用房的股权投资企业和股权投资管理企业，给予不同比例的奖励。

3. 生活配套支持

对股权投资企业和股权投资管理企业的高级管理人员，区政府在其购房、子女入学、家属落户和就业等方面给予支持。

2014年，南湖区政府发布《关于进一步明确引进股权投资企业"一事一议"政策的若干意见》（嘉南财〔2014〕136号），对引进的重点股权投资企业采取"一事一议"政策，政策兑现一年两次，分别于每年5月31日前和10月31日前发放。

2017年12月，南湖区政府发布《南湖区推动经济转型升级若干政策》（南政发〔2017〕96号），加快推动产业结构优化和经济转型升级，促进全区招商引资、招才引智、有效投资、创业创新、平台建设等工作取得新成效。主要在重大项目资金配套、扩大有效投资、壮大实力骨干企业、促进企业转型升级、加强"双创"支持力度、鼓励特色产业发展等六大方面给予更多的扶持政策，其中与南湖基金小镇关系较为密切的是"鼓励特色产业发展"这一政策，主要内容是奖励股权投资企业及股权投资管理企业：自纳税之日起六年内，按企业当年实现的入库税收（仅指增值税、企业所得税）的区级所得，给予70％的奖励；合伙制企业的有限合伙人（LP）缴纳的个人所得税区级所得部分，给予70％的奖励；上述企业经营团队中的高级管理人员（指董事长、总经理及总监级别以上）缴纳的个人所得税区级所得部分，给予70％的奖励，上述企业投资于注册且纳税在南湖区的企业或项目（指除员工持股平台以外，单个项目实际投资额在3000万元以上的），按项目退出或获得收益后形成的区级所得部分的90％给予奖励。

2019年2月，南湖区服务业发展局发布《关于进一步加快现代服务业发展的若干政策意见》（征求意见稿），其中对股权投资企业及股权投资管理企业主要奖励政策如下：

1.对于企业按当年实现入库的增值税和企业所得税，以及合伙制企业的有限合伙人及股权投资管理企业的股东缴纳的个人所得税区级所得部分，给予70％的奖励。

2.上述企业经营团队缴纳的工资薪金个人所得税区级所得部分，给予70％的奖励（如上述企业在南湖区实体办公，则自办公入驻之日起五年内，企业经营团队缴纳的工资薪金个人所得税区级所得部分，给予100％奖励）。

3.对于企业投资于注册且纳税在南湖区的企业或项目达到条件的（单个项目3000万元以上），按项目退出或获得收益后形成的区级所得部分的90％给予奖励。

南湖基金小镇作为我国规模超万亿元的三个基金小镇之一，是唯一位于地市级的基金小镇，能够在达到目前的发展规模，主要有以下几方面因素：

第一，良好的经济基础。南湖基金小镇位于长三角的核心区域，区域内民营经济高度活跃，民间资本雄厚，具有较强的投资需求，为小镇的发展奠定了良好的经济基础。

第二，差异化的发展定位。南湖基金小镇在发展定位上以美国硅谷沙丘路基金小镇为借鉴，明确以私募股权投资基金小镇为发展方向，通过打造"投融圈"专业服务平台，拓展资本和企业合作空间。这个发展定位与上海和杭州实现错位竞争，上海以公募基金为主，而杭州的玉皇山南基金小镇以美国格林威治对冲基金小镇为模板，重点在私募证券基金、对冲基金等私募基金。

第三，优美的环境和较完善的配套。在自然环境方面，南湖基金小镇具有优美的绿色生态环境，提供舒适宜人的办公环境。在生活配套方面，小镇为基金从业人员提供高品质的居住空间，规划中的高质量教育资源，能够吸引和留住高端金融业人才。

第四，较为便利的交通。南湖基金小镇位于长三角地区的地理中心和交通枢纽，通过已形成的"四横三纵"高速公路网，能够在1.5小时内到达上海浦东机场、杭州萧山机场两大国际机场；10分钟内可以到达高铁站，通过沪杭高铁已形成沪杭半小时交通圈，同城效应明显。

第五，严格的风险管控。南湖基金小镇对入驻的基金企业采取事前的审核基金资质，推行"有条件备案"制度，对已入驻的企业建立线上监管服务平台，通过"红黑名单"制度、"三级筛选"管理和"动态跟踪"监管等措施，控制基金企业风险，取得较好的效果。

第六，有力的政策支持。作为政府主导型的特色小镇，省、市、区三级政府出台各项促进基金小镇建设的政策措施，为入驻机构和个人提供各类补助、税收优惠政策以及人才引进政策，对小镇的快速发展起到了重要的作用。

第二节　生态农业类特色小镇发展路径及影响因素

住房和城乡建设部已发布两批403个国家级特色小镇，其中第一批127个全国特色小镇中生态农业类特色小镇有15个，占比12%。在第二批全国特色小镇评选时，提高了对农业特色小镇的比例；在住房和城乡建设部公布的第二批276个全国特色小镇中，生态农业类特色小镇有52个，占比19%。下面选择山东烟台市蓬莱市刘家沟镇、浙江衢州市衢江区莲花镇、广西南宁市横县校椅镇这几个生态农业类特色小镇作为典型，进行详细分析。

一、山东烟台刘家沟镇

刘家沟镇位于山东省烟台市西北部，面积101.7平方公里，耕地面积6.6万亩。小镇位于渤海与黄海交界处，海岸线长2.5公里。2015年人口3.1万人，人口较为密集，人均耕地约2.1亩，人均耕地面积较少。2006年，刘家沟镇被国家标准化委员会命名为国家级葡萄标准化示范区，2016年以山东省特色小镇测评第一名的成绩入选第一批国家级特色小镇。

刘家沟镇是典型的生态农业类特色小镇，葡萄种植及葡萄酒产业集聚发展。截至2018年，小镇葡萄种植面积达到3.75万亩，约占耕地面积的56.8%，葡萄酒年生产能力6万吨以上。2015年葡萄酒产业产值17.9万亿元，高端起泡酒在山东省市场占有率达84%，高端酒庄在山东省市场占有率达76%。

从地理区位来看，刘家沟镇属于温带季风气候，具有雨水适中、空气湿润、气候温和的特点。在地形方面，刘家沟镇为低山丘陵区，平均海拔25米，山丘起伏和缓。小镇临近海边，年平均降水量524.9毫米，年平均气温13.4℃，年平均日照时数2489小时，与著名的美国纳帕谷均属于北纬37°～38°，地理位置优越，具有种植葡萄的天然优势。

小镇拥有国家葡萄标准化种植示范区，有中国唯一一条18公里长的葡萄种植观光长廊，具有"世界七大葡萄海岸"之一的地域优势，如图3.5。2012年8月，全球六大葡萄海岸产区的代表与中国烟台蓬莱产区签署了《世界七大葡萄海岸合作意向书》。根据该合作意向书，中国烟台蓬莱被纳入世界第七大葡萄海岸产区，与著名的世界葡萄产区法国波尔多梅多克、意大利托斯卡纳、美国纳帕谷、智利卡萨布兰卡谷、澳大利亚布鲁萨山谷、南非开普敦一同列为世界七大葡萄海岸产区，这几个产区兴建葡萄酒庄的"3S"原则也已被列为国际标准。

图 3.5 刘家沟葡萄种植园

图片来源：http://www.jiaodong.net/news/system/2017/12/01/013556706.shtml.

从交通区位来看，刘家沟镇距烟台蓬莱国际机场20公里，该机场于2015年启用，是山东民用航空三大干线机场之一，拥有停机位39个、2.6万平方米货站，货邮吞吐量15万吨，是山东省内机场中货运规模最大的机场。2018年，完成航班起降7.6万架次，完成旅客吞吐量843.3万人次，完成货邮吞吐量6.1万吨。

在公路交通方面，206国道穿过整个小镇，206国道与蓬栖高速直接相连，通过蓬栖高速可直达东西向的G18荣乌高速，荣乌高速属于国家高速公路网规划的一条东西横向线，是我国东西走向最大的交通大动脉之一。

在海路运输方面，刘家沟镇向北距离蓬莱新港9公里，蓬莱新港属于国家一类开放港口，现有码头泊位6个，其中10000吨级泊位1个，5000吨级泊位1个，5000吨滚装泊位2个，货物年吞吐能力为150万吨，有15万平方米堆存场地，建有2600平方米仓库，各类服务设施齐备，具有全天候作业能力，同时还经营蓬莱至大连的客滚运输业务。

在铁路交通方面，2017年9月，德龙烟铁路龙烟段通车，在刘家沟设置会让站。德龙铁路被称为第二条"胶济铁路"，是山东省"四纵四横"铁路网的干线框架，全线长588公里。

从农业种植管理模式来看，2006年，刘家沟镇被国家标准化委员会命名为国家级葡萄标准化示范区后，开始逐步引进中粮长城等葡萄酒公司，推进"公司＋基地＋合作社＋农户"的种植管理模式。按照"标准化种植、规模化生产、产业化经营"的思路，通过"一二三"产业结合大力发展葡萄种植与葡萄酒产业，成功打造葡萄酒特色产业镇。2016年全镇实现国内生产总值42.4亿元、财政收入7408万元，同比增长7.6%和13.4%。截至2018年3月，"公司＋基地＋合作社＋农户"的种植管理模式将4000户农民转变为产业工人，农户年均增收15%[①]。

从特色小镇支持政策来看，刘家沟农业特色小镇支持政策主要省、市、县三个层次（见表3.8）。

第一层次，省级支持政策。2016年9月，山东省人民政府发布《关于印发山东省创建特色小镇实施方案的通知》（鲁政办字〔2016〕149号），对特色小镇建设在用地、财政、金融和人才等方面给予支持。

1.用地方面。对如期完成年度规划目标任务的，省里按实际使用指标一定比例给予奖励，在分配新增建设用地指标时积极支持特色小镇创建。

2.财政方面。省级统筹城镇化建设等资金，积极支持特色小镇创建，用于其规划设计、设施配套和公共服务平台建设等。

3.金融方面。引导金融机构加大对特色小镇的信贷支持力度。

4.人才方面。吸引、支持各类不同层次人才投入特色小镇创建，运用现代新技术，开发新产品，加快特色产业转型发展、领先发展。

第二层次，地市级支持政策。烟台市政府先后出台多项政策支持特色小镇的发展。

1.烟台市政府将葡萄酒产业列为"十三五"期间的重点工作之一，积极推进现有葡萄酒小镇的建设，助推葡萄酒产业转型升级。

2. 2017年12月，烟台市政府发布《关于烟台市创建特色小镇的实施

---

① 黄晗、封佳洋、刘封玲，等：《小农户与现代农业衔接模式研究——以烟台市刘家沟镇为例》，《乡村科技》2018年第33期。

意见》（烟政办字〔2017〕106号），列入市级特色小镇创建名单的特色小镇，可享受市级在土地、资金、金融等方面的相关扶持政策。

3. 2018年4月，烟台市旅发委和烟台市葡萄与葡萄酒局联合发布《关于加快葡萄酒休闲旅游发展的意见》（烟旅发〔2018〕24号），文件提出，鼓励金融机构加大对葡萄酒旅游企业和项目的信贷支持力度，鼓励社会资金以租赁、承包、联营、股份合作等多种形式投资开发葡萄酒旅游项目，鼓励农民集资入股，或以专业合作经济组织，采取公司+农户、合作社+农户等方式参与葡萄酒旅游投资开发。健全葡萄酒旅游人才培养体系，进一步提升全市葡萄酒旅游服务水平和葡萄酒旅游发展理念。

4. 2018年12月，烟台市旅发委发布《烟台市全域旅游发展总体规划（2018—2025）》，提出蓬莱打造葡萄酒特色田园度假综合体，旅游与葡萄酒业融合，推进"小酒庄大产业"和"酒庄集群发展"复合新业态，把烟台打造成享誉海内外的现代化、综合性"国际葡萄·葡萄酒城"。

第三层次，县市级支持政策。2017年2月，蓬莱市人民政府发布《关于支持企业发展的若干意见》（蓬政发〔2017〕20号），有效期至2020年12月31日，与小镇相关的主要有以下几个方面：

第一，减轻企业税费负担，从城市基础设施配套费、人防易地建设费、新型墙体材料专项基金、房屋面积测绘费等几个方面给予税费减免优惠。

第二，支持现代农业企业发展。

1.扶持农业产业化龙头企业发展，为龙头农业企业争取贷款贴息，推进优势产品向优势企业集中，优势企业向优势产业和优势区域集聚；农业综合开发、生态循环示范基地和现代农业生产发展资金等产业项目，优先向农业产业化龙头企业倾斜；加强对龙头企业负责人和技术人员的综合素质培训，鼓励龙头企业进行技术改造，组织开展关键农产品加工技术研究，加大精深农产品的开发力度；组织企业参加各种农产品展销和品牌推介会，全面提升龙头企业的市场竞争力。

2.扶持葡萄酒企业发展。具体政策如下:(1)提供标准化酿酒葡萄基地建设补贴,对符合条件的企业给予每亩1000元补贴。(2)优质示范园奖励。被评选为优质示范园(50亩及以上)的酒庄(企业),按照《蓬莱产区优质示范园评选办法》给予奖补,其中奖金总额的30%用于奖励酒庄(企业)的种植师团队。(3)酿酒葡萄生产机械补贴。当年购置葡萄园管理专用机械的酒庄(企业),按单台机械购置费用的30%给予购置补贴,补贴金额最高不超过20万元。(4)政策性酿酒葡萄农业保险,农业保险费用由企业与财政各分摊50%。(5)国内外葡萄酒大赛获奖奖励。按不同级别的大赛,对企业和团队给予不同程度的奖励。(6)宣传推广补贴。参加市政府统一组织的招商推介等活动,其展位租赁费、搭建费等公共费用由市财政承担60%,市政府统一组织葡萄酒企业开展的广告宣传,给予企业分摊广告费用50%的补助。

2018年4月,蓬莱市葡萄与葡萄酒局发布《关于〈蓬莱市人民政府支持企业发展的若干意见〉扶持葡萄酒企业发展政策实施细则》(蓬政发〔2018〕10号),对葡萄酒产业发展提供更详细的扶持政策,在蓬政发〔2017〕20号的框架内进行了细化,具体政策如下:

1.标准化酿酒葡萄基地建设补贴。当年新建酿酒葡萄基地100亩以上、老葡萄园品种更新栽种50亩以上的酒庄(企业),且符合《蓬莱产区优质酿酒葡萄标准化生产技术规程》建园标准,给予每亩最高1000元补贴,全市酿酒葡萄基地建设补贴总额上限为100万元;如果补贴总额超过100万元,补贴金额将按比例进行下调。根据蓬莱市酒庄建设要求,新建酒庄配套基地(200亩以内)不予补贴。

2.优质示范园奖励。被评选为优质示范园(50亩及以上)的酒庄(企业),按照《蓬莱产区优质示范园评选办法》给予奖补,同时,给予种植师团队一定的奖励比例。

3.酿酒葡萄生产机械补贴。当年购置葡萄园管理专用机械的酒庄、企业、专业化服务公司,单台购置价格1.5万元以上(同一厂家同一机型以最低价格认定),按机械购置费用最高30%的比例给予补贴;单台机械补贴金额最高不超过20万元，全市机械补贴总额上限为50万元；如果补贴总额超过50万元，补贴金额将按比例进行下调。

4.政策性酿酒葡萄农业保险。符合烟台市葡萄与葡萄酒局或蓬莱市葡萄与葡萄酒局认定的保险公司关于葡萄种植保险条款的葡萄园可以申请入保，投保酒庄（企业）承担政策性酿酒葡萄农业保险保费的50%，烟台、蓬莱两级财政共同承担剩余50%保费（若烟台市财政无政策性酿酒葡萄农业保险补贴政策，蓬莱市财政全额承担）。全市政策性酿酒葡萄农业保险补贴总额上限为15万元，如果补贴总额超过50万元，补贴金额将按比例进行下调。

5.国内外葡萄酒大赛奖励。对获得布鲁塞尔国际葡萄酒大赛、品醇客葡萄酒国际大奖赛等国际葡萄酒专业大赛金奖（大金奖）、银奖、铜奖的酒庄（企业），分别给予一次性奖励5万元、3万元和2万元；获得亚洲葡萄酒质量大赛等区域性葡萄酒专业大赛金奖、银奖、铜奖的酒庄（企业），分别给予一次性奖励3万元、2万元和1万元；获得中国食品工业协会、中国酒业协会等举办的国内葡萄酒专业大赛金奖、银奖的酒庄（企业），分别给予一次性奖励2万元和1万元；获得蓬莱产区新酒品评赛最佳新酒奖的酒庄（企业），每款葡萄酒一次性给予奖励0.5万元。同年度同一产品同时获得多次奖项的，按最高奖项给予奖励，奖励的获奖产品必须由本地原料酿造。所获奖金的50%奖励给酒庄（企业），剩余的50%奖励给酒庄（企业）酿酒师团队。全市国内外葡萄酒大赛奖励总额不超过50万元，如果获奖产品奖金总额超过50万元，奖励将按比例进行下调。

6.宣传推广补贴。市政府统一组织葡萄酒企业参加的国内外知名博览会、展销会、交易会、蓬莱产区招商推介等活动，其展位租赁费、搭建费等公共费用由市财政承担60%，其他费用由参展企业承担。市政府统一组织葡萄酒企业开展的广告宣传，按照自愿申报的原则，根据广告数量、纳税排名、国际大赛取得优异成绩、积极参与政府组织的对外推广活动等情况，选取优先企业；费用补助方面，按照企业申报先后顺序，给予企业分摊广告费用最高50%的补助，补贴总额上限50万元。

表3.8 刘家沟生态农业类特色小镇主要支持政策

序号	级别	主要支持文件
1	省级	《关于印发山东省创建特色小镇实施方案的通知》（鲁政办字〔2016〕149号）
2	地市级	《关于烟台市创建特色小镇的实施意见》（烟政办字〔2017〕106号）
3	地市级	《关于加快葡萄酒休闲旅游发展的意见》（烟旅发〔2018〕24号）
4	地市级	《烟台市全域旅游发展总体规划（2018—2025）》（2018.12）
5	县市级	《关于支持企业发展的若干意见》（蓬政发〔2017〕20号）
6	县市级	《关于〈蓬莱市人民政府支持企业发展的若干意见〉扶持葡萄酒企业发展政策实施细则》（蓬政发〔2018〕10号）

刘家沟生态农业类特色小镇以葡萄酒特色产业入选我国第一批国家级特色小镇，并且在山东省内取得第一名的测评成绩，主要有以下几方面因素：

第一，独特的地理生态环境。刘家沟镇地处山东半岛北端的蓬莱，温润的温带季风性气候、独特的山海资源，与世界著名的六大葡萄海岸有着类似的阳光（SUN）、沙砾（SAND）、海洋（SEA）的"3S"特质，拥有优质的葡萄生长环境。

第二，便利的交通设施。刘家沟镇海、陆、空三方面交通都非常便利，距离蓬莱国际机场20分钟车程，距离蓬莱新港15分钟车程，德龙铁路设置刘家沟站，206国道、蓬栖高速与小镇直接相连。

第三，创新的种植管理模式。刘家沟镇采取的"公司+基地+合作社+农户"种植管理模式，将小农户与现代农业衔接，较好地解决了小农户在经营规模、生产效率、个人素质等方面的问题，通过与大型葡萄酒公司合作，按照"标准化种植、规模化生产、产业化经营"的思路，逐步实现农业现代化。

第四，有力的政策支持。刘家沟小镇在特色小镇建设方面得到了省、市、县多方面的政策支持。特别是《关于烟台市创建特色小镇的实施意见》（烟政办字〔2017〕106号）和蓬莱市《关于〈蓬莱市人民政府支持企业发展的若干意见〉扶持葡萄酒企业发展政策实施细则》（蓬政发〔2018〕10号）两个文件，对刘家沟葡萄酒产业发展提供了具体的政策支持。

二、浙江衢州莲花镇

莲花镇位于浙江省衢州市东北部，距衢州市区25公里。根据浙江政务服务网数据显示，全镇总人口3.7万人，其中农业人口3.4万人，土地总面积73.18平方公里，耕地面积3.1万亩，是传统的农业大镇。2017年7月，莲花镇入选全国第二批国家级特色小镇，是浙江省唯一的农业类国家级特色小镇。同年，小镇入选全国农村创业创新园区。莲花镇具有悠久的历史，唐代就有该小镇的记载，距今已有1300多年的历史。

莲花镇属于典型的农业小镇，农业特色主要体现在产业结构特色与劳动力结构特色。产业结构特色主要体现在：第一，产业规模化。通过"12345"工程，建成蔺草、草莓、西瓜、葡萄与优质商品粮等为主的规模化农业生产，生产规模分别为1000亩到5000亩不等。第二，现代农业园区化。大力发展现代农业，实施农业招商，先后引进大型农业龙头企业，其中部分农业园区被确立为省级高效农业生态示范园。第三，农业产业品牌化。发展品牌农业，强化特色经营，小镇拥有多个农业品牌。劳动力结构特色主要体现在：第一，农业机械化。莲花镇具有较高的农机推广率，粮食生产机收率达到90%以上。第二，农民组织化。小镇不断提升农民素质，拥有各类专业合作组织85家，仅种粮农民专业合作社就有41家。

从地理区位来看，莲花镇所在的衢州市地处金衢盆地西端，北东向延伸的走廊式盆地奠定了地貌的基本格局，其特征为以衢江为轴心向南北对称分布，海拔高度逐级提升。衢州市处于我国南方红壤地带，脱硅富铝化作用是主要的成土过程，从山地、丘陵至河谷平原，其分布规律大致是黄壤—黄红壤—红壤—水稻土。小镇所在的地区位于衢江北岸，属于河谷平原土壤以及河谷平原向山地的过渡地带，地貌以丘陵为主，具有较优越的自然条件，是粮、经作物混作区[①]。

在气候方面，莲花镇地处属亚热带季风气候区，全年四季分明，冬夏长、春秋短，光热充足、降水丰沛、气温适中、无霜期长，具有春早、秋短、夏冬长，温适、光足、旱涝明显的特征。流经小镇的芝溪是衢江的一个支流，为当地农业灌溉提供了充足的水源。

从交通配套来看，莲花镇位于浙江西部，钱塘江上游，金衢盆地西端。衢州市南接福建南平，西连江西上饶、景德镇，北邻安徽黄山，东与省内金华、丽水、杭州三市相交。交通区位优势明显，自古就有"川陆所会、四省通衢"之称。在公路运输方面，小镇距离G60沪昆高速公路衢州段入口13公里，小镇西边为S305省道，东边为S33龙丽高速，几条公路形成小镇公路交通网络。小镇距离衢州民航机场约20公里，30分钟可以到达机场。该机场为军民合用机场，民航标准4C级机场，目前开辟了至杭州、厦门、温州、上海、广州、北京、南京、青岛、深圳等国内航线。

在铁路运输方面，沪昆铁路经过衢州，莲花镇距离衢州火车站约30公里。此外，建设中的杭衢高速铁路，是连接杭州与衢州的高速铁路，列为浙江省十大重点建设项目，于2019年3月28日正式开工，预计2022年通车，届时从衢州至杭州仅需40分钟。

在水路运输方面，衢江为钱塘江源头重要支流，水运自古即为重要交通方式，衢州至杭州水道早在汉代即已开通，至唐代已相当完善。随着公路铁路运输的发展，以及水利水电设施建设的影响，衢江航运开始渐渐没落，至1992年全面停航。从2005年开始，衢江通航项目立项。2018年12月，航道配套工程完成交工验收。衢江的通航有利于补齐水运短板，降低物流成本，构建起衢州水运、公路、铁路、航空、管道优势互补的"五位一体"立体交通运输体系。

[①]　吴灿琼、吕军：《衢州市土壤资源与农业分区》，《土壤通报》1991年第S1期。

在农业管理方面，莲花镇采取以下措施，加强农业管理：

1.实行农业生产规范，自2014年起，小镇以浙江省"五水共治"为抓手，做到废物利用循环化、有害物质减量化和回收利用科学化，有效地改善了当地的大气环境、土壤环境、水环境，治污、治脏、治乱，清退生猪养殖，实现了水清土净。

2.在农业生产方面，建立产地环境保护体系，设立农业标准生产体系和产品质量检测体系等，实现农产品"管理有人员、生产有台账、操作有流程、检测有记录、质量可追溯"。

3.小镇成立现代农业产业园，在小镇西部设立衢江现代农业休闲观光园，规划设计范围约22平方公里，核心规划面积9.96平方公里，如图3.6。目前已有九九玫瑰园、现代宝岛生物科技公司、强荣龟鳖生态养殖园、一加一葡萄园、林氏西瓜、红艳草莓产销班、龙海蔬菜等18家现代农业龙头企业，发展水稻、草莓、西瓜、花卉等特色产业。

图 3.6　莲花镇农业产业园

图片来源：浙江新闻，http://zjnews.zjol.com.cn/zjnews/qznews/201607/t20160722_1786498.shtml.

莲花镇大力发展农业观光休闲业，推动农旅融合，拓展农业产业功能，提升农业附加值。以农业产业园为依托，发展以采摘休闲为主的观光旅游。2016年莲花镇现代农业产业园累计接待游客50多万人次，实现旅游收入7000多万元,同比增长27.3%。

浙江省级特色小镇支持政策,与本书前面已详细介绍的浙江省特色小镇支持政策基本一致,通过用地保障和财政返还补助相结合来支持本省特色小镇建设(见表3.9)。从发布的文件来看,主要有《关于加快特色小镇规划建设的指导意见》(浙政发〔2015〕8号)、《关于加快推进特色小镇建设规划工作的指导意见》(浙建规〔2015〕83号)、《关于高质量加快推进特色小镇建设的通知》(浙政办发〔2016〕30号)等四个相关文件。

从支持政策来看,莲花镇农业特色小镇支持政策主要可分为省、市、区三级政策。

2015年11月,人民银行杭州支行和省特色小镇规划建设工作联席会议办公室出台了《关于金融支持浙江省特色小镇建设的指导意见》(杭银发〔2015〕207号),主要明确了六方面16条金融支持举措。要求不同性质的各类银行,包括国有商业银行、股份制商业银行、城市商业银行等银行业金融机构,将围绕"拓宽融资渠道,支持项目建设;创新金融产品,助推产业发展;完善支付体系,提升金融服务便利化;优化网点布局,完善金融服务体系、加强多方合作,支持做优做强;加大政策扶持,优化金融生态环境"等六方面发挥积极作用,出台具体举措,全力支持省级特色小镇规划建设,助推浙江经济转型发展。

表3.9 浙江省特色小镇主要支持文件

序号	政策名称
1	《关于加快特色小镇规划建设的指导意见》(浙政发〔2015〕8号)
2	《关于加快推进特色小镇建设规划工作的指导意见》(浙建规〔2015〕83号)
3	《关于金融支持浙江省特色小镇建设的指导意见》(杭银发〔2015〕207号)
4	《关于高质量加快推进特色小镇建设的通知》(浙政办发〔2016〕30号)

在市级支持政策方面,衢州市人民政府出台了以下特色小镇支持政策(见表3.10):

2015年11月,衢州市人民政府发布《关于加快推进特色小镇培育建设的实施意见》（衢政发〔2015〕42号），主要从用地政策、财政税收政策以及服务保障三方面给予政策支持。

1.用地保障。意见规定优先保障特色小镇建设用地需求，并要按照节约集约用地的要求，充分利用低丘缓坡、旱改水等资源，积极盘活存量用地。

2.财政税收保障。规定省级特色小镇在创建期间及验收命名后，其规划空间范围内的新增财政收入上交省财政部分，享受省相关返还政策，涉及柯城区、衢江区的省返还政策资金，由市财政全额返还。

3.配套政策。要求各县（市、区）和市级有关部门积极研究制定具体政策措施，整合优化政策资源，在配套设施建设、金融扶持、科技创新、人才引进、招商引资等方面，给予特色小镇培育建设强有力的政策支持。

4.服务保障。要求各县（市、区）政府和衢州绿色产业集聚区高度重视、精心组织，参照省、市建立相应工作机制，加强组织协调，增强部门合力，形成分工协作、齐抓共管的工作格局。建立推进机制，积极开展小镇谋划和项目服务，切实加快本区域内特色小镇培育建设工作，确保特色小镇的各项工作按照时间节点和计划要求规范有序推进，不断取得实效。

2018年5月，衢州市科技局发布《衢州市实施创新驱动乡村振兴"3+4"专项计划方案（2018—2020）》，其中涉及农业特色小镇的政策主要有启动创建省级现代农业科技园区（省级特色小镇）县域全覆盖。在政策保障方面主要有：加大科技投入，建立市级创新驱动乡村振兴"3+4"计划专项，以3年为一周期，以县域为单位，重点支持单个产业的科技攻关、成果转化、基地建设，每个项目不少于50万元，引导现代农业、智慧农业、生态循环农业、跨界融合农业发展，夯实乡村振兴发展的产业基础；各地要加大对农业科技投入，引导扩大社会科技投入，研发、推广、示范一批农业科技成果。

2018年11月，衢州市人民政府办公室发布《关于印发衢州市构建现代农业高质量发展体系行动计划的通知》（衢政办发〔2018〕95号），计划中涉及莲花镇农业特色小镇的是八大专项中的落实"农业特色小镇"专项。主要有两方面支持：第一，组织保障。市政府成立工作领导小组，统筹负责现代农业高质量发展的组织、协调等工作，建立"领导小组+工作专班+项目实施小组"工作机制，农业部门牵头制定构建现代农业高质量发展体系行动计划并组织实施，确保有序推进和高质量完成；各有关部门要按照职责分工，加大工作推进和支持力度。

表3.10　衢州市农业特色小镇主要支持文件

序号	政策名称
1	《关于加快推进特色小镇培育建设的实施意见》（衢政发〔2015〕42号）
2	《衢州市实施创新驱动乡村振兴"3+4"专项计划方案（2018—2020）》（2018.05）
3	《关于印发衢州市构建现代农业高质量发展体系行动计划的通知》（衢政办发〔2018〕95号）

第二，投入保障。优化财政支农结构，构建以建设乡村大花园为导向的财政支农政策体系，在市本级"大三农"专项资金中每年安排一定资金用于支持现代农业高质量发展。各县（市、区）要加强涉农资金统筹整合，加大现代农业高质量发展的财政支持力度。

区级政策支持方面（见表3.11）。莲花镇所在的衢江区对特色小镇的支持政策体现在整体农业发展规划方面，主要有：

2014年9月，衢江区人民政府发布《衢江区放心农产品发展三年规划（2014—2016）》（衢江区政发〔2014〕39号）。该政策是衢江区近期农业发展的主要政策，目标是建立健全农产品质量安全监管网络体系，确保监管环节全覆盖、监管责任全到位。不断创新农业发展方式，促进农业生产方式由数量满足型向质量安全型转变，经营模式由家庭分散型向适度规模型转变。通过三年努力，建立产地环境评价、安全生产标准、产品检验检测、生产经营诚信、质量安全监管、技术推广服务、多元市场营销、追溯信息查询八大体系，建成覆盖从水土到肥药全方位监测、从田间到餐桌全过程监管的安全保障网络。确保农产品质量安全抽检合格率在98%以上，确保不发生区域性重大农产品质量安全事件。

在具体措施方面，主要有：1.清洁产地基础环境。确保全区生态环境和水体质量明显改善。2.增强质量监管合力。区、乡、村三级监管网络全面建成，各级监管职能分工协作，各部门监管形成合力，协同推进各项工作，实现对农产品质量安全的全程管控。3.强化产品密集检测。三年内实现对上市交易的农产品实行全检测，主要产品自检覆盖率达到100%。4.完善产品溯源系统。建成全区统一的农产品质量安全追溯体系。5.建立主体信息网络。建立农资经营监管与服务信息化系统，完善辖区内农业生产经营主体信息库。6.开展诚信企业评定。对农产品生产主体进行信息采集，建立农产品质量安全诚信档案，开展不定期诚信抽查，年终进行综合评价，确定主体农产品质量安全诚信等级。7.落实技术推广责任。依托新农都人才和技术优势，推进新品种试验示范；加强与科研院校的合作，通过建立院士工作站、院校研究基地等方式推广新品种；继续推进主要农产品规模化生产。8.构建产品营销平台。加强"三品一标"产品认证，认证总量达到100个。

在支持措施方面，建立以公共财政投入为主的农产品质量安全专项经费保障机制，加大对农产品质量安全八大体系建设的投入力度，安排专项财政资金，对主体成片流转土地扩大经营规模、投入资金配备检测检验设备、建设可视化监管系统、安全信息追溯系统、"三品一标"品牌认证等项目进行资金补助，确保工作顺利推进。鼓励引导龙头企业、农民专业合作社和社会资金投入农产品质量安全保障体系建设。

2015年3月，衢江区人民政府发布《衢江区农产品质量安全追溯体系建设实施方案》（衢江区政办发〔2015〕19号）；2017年2月，衢江区农业局发布《关于发布衢江区放心农业可追溯体系建设"十三五"期间财政资金补助实施的通知》（衢江农发〔2017〕80号）；衢江区人民政府发布《关于激励人才创业创新　促进产业转型升级的实施意见》（区委发〔2017〕34号）。上述文件分别从农产品质量安全管理和财政补助、农业人才引进激励等方面，大力提高农业发展水平，有利于引进专业农业人才，对引导莲花镇农业规模化和结构化发展起到了较大的作用。

表3.11 衢江区农业发展主要支持文件

序号	政策名称
1	《衢江区放心农产品发展三年规划（2014—2016）》（衢江区政发〔2014〕39号）
2	《衢江区农产品质量安全追溯体系建设实施方案》（衢江区政办发〔2015〕19号）
3	《关于发布衢江区放心农业可追溯体系建设"十三五"期间财政资金补助实施的通知》（衢江农发〔2017〕80号）
4	《关于激励人才创业创新 促进产业转型升级的实施意见》（区委发〔2017〕34号）

莲花镇能入选浙江省唯一的国家级生态农业类特色小镇，主要有以下几方面因素：

第一，相对便利的交通。莲花镇地处浙江西部，与沿海地区相比在地理区位上没有太多的优势。但小镇在交通方面相对比较便利，高速公路与国道围绕小镇，形成便利的公路运输；刚开通的衢江航运，为大宗水路运输提供了便利；沪昆铁路与在建的杭衢高铁，大大缩短了小镇到杭州、上海等大城市的距离。

第二，准确的发展定位。莲花镇能够成为典型的生态农业类特色小镇，与发展定位有密切的关系。小镇依托自身地理、土壤、气候等因素，整体规划，发展以农业产业园为主要方式的现代农业发展模式，切合目前人们对于高质量农产品的需求，通过对环境整治、保护，确保小镇经济可持续发展。

第三，良好的整体规划。小镇所在的衢江区政府与镇政府，对小镇的整体发展进行了很好的规划，通过放心农产品三年规划、农产品追溯办法等政策，对小镇环境进行集中改造，统一整治原先散养生猪等带来的污染，成立农民合作社，开展各类农民培训，对小镇改造后产业调整进行有效的管理和扶持。

第四，较好的市场参与度。莲花镇前期进行产业化调整是在政府整体规划下进行的；后期的农业产业园建设，通过招商引进农业龙头企业，开展农产品品牌创建，在整体规划框架下，进行市场化运作。

三、广西南宁校椅镇

广西南宁校椅镇，位于广西壮族自治区中南部，隶属于南宁市横县。根据横县政府网站数据，校椅镇总面积236.6平方公里，其中耕地面积8.4万亩，山林面积14.1万亩，截至2017年，有人口12.3万人。2017年6月，小镇以茉莉花种植、观光和茉莉花茶加工核心集中示范区"中华茉莉园"（见图3.7）获批农业部第一批国家现代农业产业园，同年7月，小镇入选全国第二批国家级特色小镇，2018年1月入选广西壮族自治区第一批特色小镇。根据记载，校椅镇种植和加工茉莉花已有500多年历史，这里出产的茉莉花以花期长、花蕾大、香气浓著称于世。

图 3.7 校椅镇中华茉莉园

图片来源：http://gx.people.com.cn/n/2015/0706/c366556-25482606.html.

校椅镇是典型的生态农业类特色小镇，主要作物有茉莉花、甜玉米、水稻等，2016年全镇GDP总值84亿元，农业生产总值占比达到80%以上。小镇所在的横县是全国著名的"中国茉莉花之乡"，茉莉花（茶）产量占全国的80%以上，占全球产量的60%，全县有茉莉花园约10.8万亩，每年的鲜花产量约9万吨，用来窨制的茉莉花茶大约7万吨，产业规模超过100亿元，而校椅镇的茉莉花种植面积约为2万亩，占全县茉莉花年产量的四分之一。依托茉莉花种植观光优势，小镇打造出以G80广昆高速出口。沿470县道形成约17公里长的茉莉花生态综合示范带和农业生产休闲示范区。除茉莉花产业外，小镇是西南地区最大的甜玉米生产基地，全镇甜玉米种植面积10万亩（复种），在2018年广西品牌目录中，甜玉米被列入广西农产品区域公用品牌，年产值达3亿元。

从地理区位来看，校椅镇地处北回归线附近，属于南亚热带季风气候，日照充足，年日照时间在1600～1800小时，气候温暖，年平均温度17～20℃，雨量充沛，年降雨量在1200～1800毫米，夏长冬短，全年无霜期在330～350天，非常适合喜温作物的生长。小镇有2座中型水库和17座小型水库，形成密布的灌溉网络，为农作物提供了稳定的水源。此外，横县是广西富硒地区之一，而校椅镇位于横县优质富硒地区，优越的土壤为开发高端农作物种植提供了天然条件。

从交通区位来看，在公路交通方面，校椅镇距离广西首府南宁约95公里，通过G72高速公路和G80高速公路可在1小时左右到达南宁市区，在南宁1小时交通圈范围内。小镇距离G80广昆高速公路横县出口10公里，X470县道横穿小镇，北与G80高速相接，南与S101省道相连。S101省道位于小镇南部，呈东西方向，直接连接小镇与南宁，是G80和G72的复线。G209国道位于小镇东部，呈南北向，连接小镇南北向的交通。

在铁路交通方面，2019年1月，南宁至玉林城际铁路正式动工，预计2021年底建成通车，届时，通过高铁20分钟可从横县到达南宁。小镇距离横县约20公里，通过X470县道可直达县城。

在航空交通方面，校椅镇距离南宁吴圩国际机场130公里，通过G80高速公路可直达机场，约1小时30分钟即可到达。吴圩国际机场是广西壮族自治区第一大航空枢纽、面向东盟的门户枢纽机场，共开通国内外航线173条，通航城市107个；2017年，旅客吞吐量1390万人次，货邮吞吐量11.04万吨。

从产业发展来看，可以从产业规划和创新管理机制两方面分析校椅镇。第一，在产业发展方面。校椅镇通过整体规划，以茉莉花为核心产业，逐步融合茉莉花种植、加工和旅游，开展精深加工，延伸产业链，促进农旅融合，以科技带动产业技术升级，"互联网+"带动产业升级，形成三产融合的发展格局。目前，小镇有全国最大的茉莉花以及花茶原料市场西南茶城、全国茉莉花茶期货市场和茉莉花茶电子商务交易平台。

第二，在创新管理机制方面。校椅镇管理机制创新主要体现在两个方面：1.行政管理创新。开展"四所合一"，将乡镇国土资源、村镇规划建设和环境卫生、环境保护、安全生产监管等机构和职能整合为一个机构，统一行使相关管理、执法和服务职能。强化基础行政管理，各村都建立"村级公共服务中心"，实行法律、卫生、教育、医疗、政策咨询等一站式服务，基础行政管理适度下放，做到村事村办。2.管理机制创新。小镇所在的横县成立全国唯一的花业局，花业局明确茉莉花产业发展以校椅镇为核心，培育茉莉花产业增长点。

从支持政策来看，校椅镇特色小镇建设主要涉及省、市、县三级政策（见表3.12）。

表3.12 校椅茉莉小镇主要支持政策

序号	级别	主要支持文件与项目
1	省级	《关于培育广西特色小镇的实施意见》（桂政办发〔2017〕94号）
2	地市级	《南宁市"十三五"新型城镇化规划（2016—2020）的通知》（南府发〔2017〕1号）
3	地市级	《南宁市特色小镇培育工作实施方案》（南府办函〔2018〕22号）
4	县级	"横县茉莉花现代农业核心示范区项目"（2015.07）
5	县级	《横县茉莉花产业发展奖励扶持暂行办法》（横政规〔2018〕8号）
6	县级	"全国特色小镇(茉莉小镇)项目"（2019.02）

省级特色小镇支持政策主要有：

2017年7月，广西壮族自治区人民政府发布《关于培育广西特色小镇的实施意见》（桂政办发〔2017〕94号）。该文件从建设用地、补助资金、税收优惠以及人才保障等方面给予政策支持，主要内容有：

1.建设用地激励。特色小镇确需新增建设用地的，由自治区和各设区市按照集中统筹、分级保障的原则，优先列入土地利用年度计划。对存量工业用地，在符合相关规划和不改变用途的前提下，经批准在原用地范围内进行改建或利用地下空间而提高容积率的，不再收取土地出让价款。

2.补助资金激励。自治区财政按照每个特色小镇培育资金2000万元予以奖励，培育期拨付奖励资金1000万元，培育验收合格后再奖励1000万元，未能通过验收获得命名的，自治区通过财政年终结算扣款收回2000万元奖励资金。

3.财税优惠激励。特色小镇范围内的建设项目整体打包列入年度自治区重点项目的，所含子项目可享受自治区级重点项目优惠政策。特色小镇自列入培育名单之日起，通过统筹安排专项转移支付等方式支持规划区项目建设。优先支持项目方向国家开发银行、中国农业发展银行等政策性银行争取长期低息贷款。

4.人才培育保障。引进和培育一批与特色小镇建设相关的产业、生态、文化、旅游、基础建设等领域专业技术人才，支持在具备条件的特色小镇建设相关的各类人才基地。

5.其他奖励激励。对在全区排前10位的特色小镇所在地的县级人民政府给予相关的奖励措施。以产业园区、旅游景区为载体的特色小镇，给予先上浮、再认定的优惠政策。

市级特色小镇支持政策主要有：

2017年1月，南宁市人民政府发布《南宁市"十三五"新型城镇化规划（2016—2020）的通知》（南府发〔2017〕1号）。文件规划主要如下：

1.将横县作为东部县域经济片区，依托珠江—西江经济带承接珠江三角洲的产业转移，提升特色农业等产业发展水平。建设南宁—六景—横州城镇发展带，加快伶俐、栾城、校椅、云表等城镇发展。

2.推进横州、校椅、那阳、莲塘四镇同城化建设，构建中等城市发展格局，重点发展茉莉花产业园。

3.在现代特色农业发展规划方面，重点支持横县茉莉产业示范区，在三产融合发展方面，重点建设横县茉莉花产业（核心）示范区。

4.在培育特色小镇方面，依托现代农业资源，打造农业主题小镇，将横县校椅镇列在农业特色小镇建设首位。

2018年6月，南宁市人民政府发布《南宁市特色小镇培育工作实施方案》（南府办函〔2018〕22号）。政策主要内容为：以广西壮族自治区特色小镇实施意见中的支持政策为核心，从建设用地、补助资金、税收优惠以及人才保障等方面给予政策支持。

县级对农业特色小镇建设主要支持政策如下：

2015年7月，横县投资促进局开展"横县茉莉花现代农业核心示范区项目"建设，建设区位于校椅镇。项目规划总面积1万亩，其中核心区面积3000亩，规划建设茉莉花品种展示区370亩、茉莉花种植游乐区1550亩、茉莉花生态湿地观光区600亩、茉莉花产品加工区428亩、茉莉花养生休闲度假区85亩、茉莉花商贸购物区100亩这6个区域，主要建设有机茉莉花种植基地、茉莉花食馆、茉莉花茶休闲馆、茉莉花盆景园、茉莉花文化展示馆、茉莉花宾馆、茉莉花茶阳光工厂等项目，致力打造集生产、加工、科研、文化、观光、旅游于一体的茉莉花产业综合示范园、国家级现代农业示范园区、国家4A级旅游景区、国家级农业旅游示范点，建设具有广西茉莉花主题特色的旅游精品景区、中国精品茉莉花文化主题园区。

2018年8月，横县发布《横县茉莉花产业发展奖励扶持暂行办法》（横政规〔2018〕8号）。文件在茉莉花基地建设、加工建设、市场建设、品牌建设、质量安全和重大科技创新等方面推出了各类奖励政策。

1.基地建设方面。大力培育龙头企业、家庭农场、农民合作社等新型农业经营主体，鼓励"公司＋合作社＋基地＋农户"合作模式，示范推广紧密型利益联结模式。对种植新品种茉莉、标准化新建茶园，标准化水肥一体与病虫防治，根据不同面积给予每亩200～1000元的奖励。

2.加工建设方面。（1）对在横县投资新建茉莉花产品标准化加工生产项目的企业，享受各类扶持政策和优惠配套政策。（2）标准化加工生产示范企业优化加工环境，经验收合格的企业，最高可给予奖励20万元。（3）对设备使用、引进或研发企业，达到条件最高可给予奖励100万元。对进行技改的茉莉花深加工企业，按投入比例给予一定奖励。（4）对茉莉花深加工开发，符合条件的，每个新产品最高可给予奖励10万元。（5）对新增纳入规模以上工业企业统计的茉莉花加工企业，最高给予13万元补助。（6）对年产值达到不同规模以上工业企业，分别给予金额不等的一次性奖励。

3.市场建设方面。共给予各类奖励措施9项，如对上市的横县茉莉花企业，给予一次性奖励100万元。对直接年出口首次突破5000万元、3000万元、1000万元、500万元以上的横县茉莉花企业，分别给予一次性奖励10万元、6万元、4万元、3万元，每个台阶只奖励一次，不重复累加。对年销售额首次突破5亿元（1亿元）、2亿元（5000万元）、1亿元（2000万元）、5000万元（1000万元）以上的茉莉花产业限额以上批发（零售）企业，分别给予一次性奖励10万元、6万元、4万元、3万元，每个台阶只奖励一次，不重复累加等。

4.品牌建设方面。给予七方面奖励，如对新获得中国驰名商标和新获得广西名牌产品的横县茉莉花商标（产品），分别给予一次性奖励100万元、10万元；对新获得广西壮族自治区主席质量奖、南宁市市长质量奖、横县县长质量奖的横县茉莉花企业，分别给予一次性奖励100万元、50万元、20万元。对新获得全国十大优秀茉莉花茶推选品牌（加工）企业，给予一次性奖励10万元等。

5.质量安全和重大科技创新方面，也分别给予金额不等的奖励。

2019年2月，横县现代农业产业园管理中心发布"全国特色小镇（茉莉小镇）项目"，校椅镇中华茉莉园及其周边区域为发展核心，总规划面积8平方公里，其中核心区规划3平方公里。总投资为38.25亿元，其中一期投资25亿元。最终目标是建设成为世界茉莉花都、世界茉莉花产业话语权中心、世界茉莉花产业示范高地、国家4A级旅游景区、广西茉莉主题特色小镇。

校椅镇入选全国第二批特色小镇，获批原农业部第一批国家现代农业产业园，成为广西典型的生态农业类特色小镇，主要有以下几方面影响因素：

第一，优越的自然环境。校椅镇地处的纬度带来了充足的日照，气候温暖，基本无霜冻，又有充沛的雨量，非常适宜茉莉花的生长，使种植的茉莉花具有较高的品质。

第二，悠久的种植历史。校椅镇茉莉花的种植与加工历史悠久，小镇茉莉花产业发展拥有良好的基础，为小镇农业生态园区建设奠定了产业基础。

第三，完善的交通网络。校椅镇位于广西中南部，靠近省会城市南宁，位于南宁1小时交通圈内。小镇周边已形成高速公路、国道、省道以及县道组成的交通网络，能够提供便利的物流运输。同时，小镇距离广西最大的国际机场仅1.5小时的车程，航空交通也非常便利。

第四，有力的扶持政策。校椅镇生态农业类特色小镇建设支持政策主要围绕南宁市整体规划和横县茉莉花产业发展，出台各项具体措施。前期的南宁"十三五"新型城镇化规划对小镇产业发展做了明确定位；横县的茉莉花现代农业核心示范区项目建设，为2017年申报国家级特色小镇奠定了良好的产业基础；之后的横县茉莉花产业发展奖励扶持办法，为进一步发展茉莉花产业，吸引企业扩大规模，进行产品深加工，扶持三类产业发展发挥了更好的作用。最近的"全国特色小镇（茉莉小镇）项目"建设，为小镇进一步明确了发展方向。

第三节　文旅类特色小镇发展路径及影响因素

在住房和城乡建设部公布的第一批127个国家级特色小镇中，文旅类特色小镇有65个，占比51%。在第二批国家级特色小镇评选时，对文旅类特色小镇进行了严格规定，明确提出"以旅游文化产业为主导的特色小镇推荐比例不超过三分之一"，在住房和城乡建设部公布的第二批276个国家级特色小镇中，文旅类特色小镇有66个，占比24%。下面选择浙江省湖州市莫干山镇、海南省琼海市博鳌镇这两个文旅类特色小镇作为典型，进行详细分析。

一、浙江湖州莫干山小镇

莫干山小镇位于浙江省湖州市德清县，镇内有著名的国家名胜风景区莫干山。小镇距离浙江省会杭州市约50公里，距离德清县城约10公里。根据浙江政务网显示，小镇面积185.77平方公里，其中莫干山景区面积约43平方公里，2016年人口3.1万人。2016年10月，住房和城乡建设部公布第一批中国特色小镇名单，莫干山小镇是湖州市唯一入选的小镇。2015年全镇实现国民经济生产总值10.65亿元，其中旅游总收入6.25亿元，占GDP的58.7%。

从自然风光和人文历史来看，莫干山小镇具有优美的自然风光和深厚的人文积淀。在自然风光方面，小镇地处亚热带季风气候区，四季分明，雨量充沛，阳光充足，年平均气温16℃，气候宜人。小镇境内的莫干山属于浙西主要山脉天目山余脉，以竹、泉、云和清、绿、冰、静的环境著称，风光妩媚，景点众多，素有"清凉世界"之称。域内植被密度高，有山林11.2万亩，森林覆盖率达到91.7%。境内水资源丰富，共有水库58座，三条溪流穿境而过。

在人文历史方面，莫干山小镇具有悠久的历史，"莫干山"来源于春秋时的造剑名匠干将、莫邪，相传当时干将、莫邪曾在这里铸剑，因此取名"莫干山"。历史上，莫干山吸引了很多的文化名人，在这里留下了许多宗教寺庙与碑文、石刻等，具有深厚的文化底蕴。自清代起，莫干山与北戴河、庐山和鸡公山被称为中国四大避暑胜地。19世纪末期，优美的自然环境吸引外国传教士到此，并且在外文报纸上宣传，各国殖民势力开始在山上建别墅和教堂。民国时期，众多知名人士也在这里建造了别墅，如图3.8。目前莫干山有各国不同风格的建筑约200多座，因而有"世界建筑博物馆"之美称。

图 3.8　莫干山别墅

图片来源：http://www.sohu.com/a/292609466_664510.

从交通区位来看，莫干山小镇地处长三角地区的杭嘉湖平原。这里自古经济富庶、交通便利。在公路交通方面，G25长深高速位于小镇东边，入口距离小镇约17公里；104国道位于小镇东边约8公里，由三莫线直接与小镇相连。S09省道和S304省道形成小镇西南部主要交通网。

在航空交通方面，小镇距离杭州萧山国际机场约80公里，1小时可以到达该机场。萧山国际机场属于国内前十大机场，提供国内几乎所有的航线和大部分国际热门航线，为前往莫干山小镇的游客提供便利的航空交通。

在铁路交通方面，宁杭高铁经过小镇所在的德清县，小镇距离德清高铁站约20公里，通过三莫线和S09省道直接相连，30分钟可以到达。通过宁杭高铁到杭州东站约12分钟，到南京南站约1小时20分钟，到上海虹桥站约1小时40分钟。

在城际铁路方面，杭州至德清际轻轨工程于2018年开工建设，列入

《浙江省市域快速轨道交通二期建设规划》，是杭州都市圈的4条城际铁路之一，直接连接杭州地铁10号线。工程预计2022年完工。

从发展战略来看，莫干山小镇发展具有以下几方面特点：

1. 定位明确。德清县对莫干山小镇的发展明确定位于高端民宿。小镇依托莫干山，故将莫干山小镇打造成为著名的国际旅游度假区。从2007年起，首家"洋家乐"在此落户，至今莫干山小镇已打造了一批国外业主建造的高端民宿。2012年《纽约时报》评选了全球最值得一去的45个地方，莫干山排名第18位，与西藏拉萨成为中国仅入选的两个地方。

根据浙江在线数据显示，2017年度，小镇全年接待游客246.3万人次，实现旅游收入24.5亿元，同比增长20.6%；其中民宿接待游客188.7万人次，实现直接营业收入17.8亿元，同比增长21.9%。

2. 面向国际化。根据德清县休闲旅游发展"十三五"规划，在德清旅游发展过程中，要面向全球市场，注重国际化意识的培育，打造国内外影响力，主动接受杭州、上海旅游国际化战略辐射，着力提升旅游产品、旅游综合环境、城市服务体系和旅游营销的国际化水平，提升国际旅游的接待能力，提高德清旅游的国际影响力，使德清成为杭州、上海旅游国际化的重要腹地。

抓住"G20峰会"机遇。德清莫干山"洋家乐"为G20峰会四条杭州市场外采访线之一，2016年9月，G20峰会官方采访团参观了莫干山，扩大了小镇在国内和国际上的影响力。此外，小镇与央视、美国福布斯等国内外主流媒体合作，利用微信、微博等新媒体，扩大宣传德清旅游，不断提升德清旅游知名度。

3. 打造全域旅游。莫干山小镇依托现有"洋家乐"品牌和民宿（见图3.9）产业先发优势，发挥生态资源和民国海派文化资源优势，发展低碳休闲乡村旅游，打造全域旅游，形成以山居度假为主导，集户外运动、休闲农业、文化创意产业为一体的精品化民国风情小镇。

图 3.9　莫干山民宿

图片来源：http://www.designwire.com.cn/mix/11384.

2018年，小镇正式成立莫干山国际旅游度假区，推动莫干山休闲度假旅游进一步产业化发展。根据德清新闻网显示，截至2018年12月，莫干山小镇全镇18个行政村已有一半以上成功创建了3A级景区，A级景区实现全覆盖。

从小镇支持政策来看，主要有以下省、市、县三个层次。从省级政策来看，主要集中于表3.13的三个文件，在用地、财政、人才等方面给予全方位支持。具体政策内容详见本章第一节浙江玉皇山南基金小镇中关于浙江省特色小镇支持政策部分。

表3.13　浙江省特色小镇主要支持文件

序号	政策名称
1	《关于加快特色小镇规划建设的指导意见》（浙政发〔2015〕8号）
2	《关于加快推进特色小镇建设规划工作的指导意见》（浙建规〔2015〕83号）
3	《关于高质量加快推进特色小镇建设的通知》（浙政办发〔2016〕30号）

在湖州市级特色小镇支持政策方面，主要有以下政策（见表3.14）：

2016年3月，湖州市人民政府发布《关于加快特色小镇培育创建的实施意见》（湖政发〔2016〕6号），制定了市级层面特色小镇培育创建的实施意见，在财政资金、用地保障、投融资改革、项目审批、专业人才引进等十个方面给予政策倾斜。

1.财政资金优先支持。市本级列入省级创建名单的特色小镇在创建期间及验收命名后，其规划范围内的新增财政收入上交市财政部分，前三年全额返还，后两年返还一半。

2.用地保障。优先调整特色小镇规划用地空间，并在县域内统筹平衡。对在特色小镇规划范围内符合条件的建设项目优先安排用地指标。

3.产业扶持与项目审批。积极引导产业基金、金融资本和社会资本优先投入特色小镇主导产业，建立特色小镇投资项目审批绿色通道，简化各项审批程序。

4.重点工程优先列入。特色小镇规划范围内的基础设施和特色主导产业项目，优先列入市、县区重点工程，并优先推荐省重点建设项目和重大产业项目。

5.行政事业性收费优先返还。特色小镇规划范围内收取的各类行政事业性收费优先返还，返还比例不低于省级中心镇。

6.融资方面。新增金融分支机构优先设立于特色小镇，积极拓宽融资渠道，特色小镇融资需求优先向金融机构推荐。

7.专业、适用人才引进优先支持。对特色小镇建设发展需要的各类专业、适用人才要优先保障，加快引进，优先办理各项手续，落实各项人才政策。

2016年8月，湖州市人民政府发布《关于加快集聚人才资源　支持特色小镇建设的若干意见》。《意见》对特色小镇建设人才引进及奖励制定了标准，鼓励引进和培养各类特色小镇建设人才。

2017年11月，湖州市人民政府发布《关于高标准高质量加快推进特色小镇规划建设的通知》（湖政办发〔2017〕100号）。文件重点任务之一是对特色小镇体制创新进行明确。坚持政府引导、企业主体、市场运作，创新建设管理模式。每个特色小镇都要明确公司化的投资建设主体，以企业为主推进项目建设。充分发挥政府在特色小镇建设中的支持引导作用以及市场在资源配置中的决定性作用。二是创新投融资机制。鼓励特色小镇优势企业与政府联合，探索成立多方合作的股份公司，实行PPP运作。鼓励各类企业、个人及外商以多种方式参与特色小镇的基础设施和配套工程等建设。三是创新基金开发机制。鼓励特色小镇开发公司牵头，联合政府相关部门，成立产业基金，重点用于支持产业发展、项目和人才引进、信息化平台建设等。

2017年11月，湖州市发展改革委发布《休闲旅游产业发展"十三五"规划》。该规划提出：

1.全面构建"三带十区"空间布局新体系，其中，将莫干山小镇"十区"之一的"莫干山—下渚湖国际休闲旅游度假区"进行建设，彰显莫干山"千年名山、休闲胜地"的地位，定位中高端休闲度假和商务会议市场，推进环莫干山地区休闲民宿、度假设施的建设，打造一批高水准、美环境的度假民宿酒店，重点发展参与性强、体验性强的旅游新业态。

2.全面构建"五大平台"旅游发展新体系，重点发展包括德清莫干山国际旅游度假区在内的五大旅游平台。将莫干山景区列入5A级景区建设工程，将莫干山小镇作为十大旅游经济强镇。

表3.14　湖州市特色小镇主要支持文件

序号	政策名称
1	《关于加快特色小镇培育创建的实施意见》（湖政发〔2016〕6号）
2	《关于加快集聚人才资源　支持特色小镇建设的若干意见》（2016.08）
3	《关于高标准高质量加快推进特色小镇规划建设的通知》（湖政办发〔2017〕100号）
4	《湖州市休闲旅游产业发展"十三五"规划》（2017.11）

在德清县级特色小镇支持政策方面，主要有以下政策（见表3.15）：

2015年3月，德清县人民政府发布《关于加快发展休闲农业与乡村旅游的实施意见》（德政发〔2015〕23号）文件，进一步加快全县休闲农业与乡村旅游发展。

1.提出精品民宿发展提升行动。围绕高端、生态、精致、特色的休闲度假发展方向，制定高端民宿经济准入门槛，确保资源配置合理、项目精品优质。

2.将"环莫干山异国风情景观线度假之旅"列为四大重点打造旅游精品线路之一。

3.扶持政策主要有：（1）对休闲农业重大建设项目实行"一项一策"扶持，最高扶持资金不超过200万元。（2）经认定公布的中国最有魅力休闲乡村、中国最美休闲乡村，每个奖励15万元，全国休闲农业与乡村旅游示范点奖励10万元，全国休闲农业与乡村旅游星级（五星、四星、三星）企业（园区）分别奖励15万元、10万元和5万元；省级休闲农业与乡村旅游示范乡镇奖励50万元，省级休闲农业与乡村旅游示范点奖励5万元；县级休闲农业与乡村旅游示范园区奖励3万元。（3）积极鼓励举办农事节庆活动，每次补助主办单位活动费用3万～5万元。

2015年5月，国内第一部县级民宿地方标准《德清县乡村民宿服务质量等级划分与评定》出台了，这是国内首个民宿地方标准，其依据民宿的经营场地、接待设施、安全管理、卫生环保、服务水平、主题特色等软硬件水平进行评分确定，按照分数由低到高，将乡村民宿依次划分为标准民宿、优品民宿、精品民宿三个等级，并依照三个等级分别对经营场地、接待设施、安全管理、卫生环保、服务要求都做了明确的规定。同时，公布了申报流程及日常管理方法。通过规范提升，积极引导"洋家乐"的科学发展和高端化、品质化经营，打造了一批精品"洋家乐"。

2016年4月，德清县人民政府发布《关于加快特色小镇规划建设的实施意见》（德政发〔2016〕43号），提出创建特色小镇3年目标，推出一系列扶持政策，主要有以下几个方面：

1.鼓励申报特色小镇。对于申报成功不同级别特色小镇的给予20万～50万元的奖励；对经验收认定为省级特色小镇的奖励500万元，认定为市级特色小镇的奖励200万元，认定为县级特色小镇的奖励100万元。

2.用地要素保障。结合县土地利用总体规划调整完善工作，优先将省级特色小镇建设用地纳入城镇建设用地扩展边界内，优先安排建设用地指标，用于支持省级特色小镇建设发展，省级特色小镇在组织实施的农村土地综合整治中获得的建设用地指标优先用于项目建设。

3.财政资金支持。省级特色小镇在创建期间及验收命名后新增财政部分全额奖励给特色小镇创建镇（街道、平台）。鼓励特色小镇创建镇组建特色小镇扶持引导基金，县政府产业基金将对特色小镇发展给予相应支持。

4.给予金融支持。鼓励县内银行金融机构与特色小镇建立信贷合作关系，增加授信额度，降低贷款利率，加大对特色小镇的信贷支持。

5.支持3A、4A级景区创建。加大对旅游产业类特色小镇建成旅游景区的指导力度，在专项资金安排、旅游线路规划中优先支持特色小镇。

2017年10月，德清县发布《德清县民宿管理办法》（德政办发〔2017〕187号），对2014年出台的国内首个关于民宿的政策制度结合实际情况进行了修订，修订后的办法主要内容有：

1.规范民宿的定义域范围，确定民宿申请办理的基本条件。

2.成立德清县民宿发展协调领导小组，处理民宿发展过程中重大事项的决策及管理过程中全局性、政策性问题的协调和处置。

3.建立民宿违法经营查处联动机制，明确法律责任。

4.提出扶持政策，大力推进精品民宿规范提升，对授牌"民宿经营"的民宿，享受统筹营销、以奖代补等扶持政策。鼓励民宿自愿申请农家乐服务质量等级评定，按照《浙江省农家乐经营户（点）旅游服务质量星级评定办法》，被评定为省级农家乐四、五星级的，给予相应的政策扶持，对优胜单位给予表彰奖励。

2016年12月，德清县人民政府发布《德清县休闲旅游发展"十三五"规划》（德政发〔2016〕55号）。德清县制定的"十三五"休闲旅游发展规划，主要内容如下：

1.将莫干山作为5A级旅游景区创建，作为实现5A级景区零的突破口，并结合莫干山裸心度假小镇争创省级旅游特色小镇，进一步发挥"洋家乐"的品牌优势，积极拓展欧美、新加坡、日本、韩国等国际市场，打造国际化的休闲度假产品。重点争创莫干山裸心度假小镇为省级旅游特色小镇。

2.加大对旅游产业发展的支持力度，根据全县财政收入和旅游发展情况，按一定比例逐年增加旅游发展资金。

3.加强德清旅游领军人才、重点人才的引进和培养，制定相关政策和标准，鼓励旅游行业培育和引进一批旅游项目策划、产品开发、电子商务、资本运作、市场营销、酒店管理等方面的紧缺人才。

2018年4月，德清县人民政府发布《莫干山镇智慧旅游发展三年行动计划（2018—2020年）》（德政办发〔2018〕43号），规划度假区将在原旅游大数据中心和旅游智慧管理平台基础上，全面构建智慧管理、智慧服务、智慧营销、智慧统计四大体系，让旅游智能化、科技化、便利化水平有效提升。

表3.15　德清县特色小镇主要支持文件

序号	政策名称
1	《关于加快发展休闲农业与乡村旅游的实施意见》（德政发〔2015〕23号）
2	《德清县乡村民宿服务质量等级划分与评定》（2015.05）
3	《关于加快特色小镇规划建设的实施意见》（德政发〔2016〕43号）
4	《德清县民宿管理办法》（德政办发〔2017〕187号）
5	《德清县休闲旅游发展"十三五"规划》（德政发〔2016〕55号）
6	《德清县智慧旅游发展三年行动计划（2018—2020年）》（德政办发〔2018〕43号）

莫干山小镇作为湖州市唯一入选的第一批国家级特色小镇，主要有以下几方面因素：

第一，自然环境与人文积淀。莫干山小镇优美的自然环境、清新的空气，为旅游提供了自然条件，能够吸引来自周边如杭州、上海等大城市短期休闲的游客。同时，长期以来人文历史的沉积，给小镇旅游带来了良好的人文基础。

第二，良好的交通配套。莫干山小镇地理位置良好，在上海3小时交通圈内，在杭州1小时交通圈内。同时，小镇无论在公路交通、铁路交通以及航空交通等方面，均非常便利，为小镇旅游发展提供了基础条件。

第三，明确的发展定位。首先，小镇在确立发展定位时，分析自身优势，依托已有的形态丰富的别墅建筑群，优先发展高端民宿，将莫干山高端民宿作为小镇发展的一个亮点。其次，国际化的策略，小镇抓住G20在杭州召开的机遇，通过外媒的宣传，积极打造莫干山民宿的国际影响力。

第四，整体规划与管理。莫干山小镇所在的德清县对全县的旅游发展做了详细的规划，并且有效实施，围绕高端、生态、精致、特色的休闲度假发展方向，制定高端民宿准入门槛，确保资源配置合理、项目精品优质。在民宿管理方面，创新性地推出民宿管理办法以及民宿质量等级管理办法，对于促进小镇规范化、高质量发展起到了重要的指导作用。

第五，有力的政策扶持。在小镇发展过程中不同的阶段，不同层级的政府部门推出多项扶持政策，对于鼓励产业按照既定方向发展起到了很好的促进作用。

二、海南琼海博鳌镇

博鳌镇位于海南省琼海市，地处海南岛东部沿海。根据琼海市政府网站显示，博鳌镇总面积86平方公里，2015年人口2.9万人。博鳌镇是典型的文旅类特色小镇，自然风光优美，人文积淀深厚，是博鳌亚洲论坛永久举办地，也是高端的会议旅游度假区。截至2018年，博鳌辖区建成博鳌亚洲论坛大酒店、博鳌国宾馆、金海岸酒店等30多家高档次酒店，博鳌企业家论坛、美丽乡村博鳌国际峰会、世界医疗旅游与全球健康大会等29个大型会议签约在博鳌定期定址召开。2008年，博鳌镇被评为"海南十大文化名镇"，2013年，博鳌镇入选全国首批美丽宜居示范小镇，2017年7月，小镇入选全国第二批国家级特色小镇。

博鳌亚洲论坛成立于2001年2月27日，博鳌镇是博鳌亚洲论坛永久举办地。从2002年开始，每年定期在博鳌召开年会，如图3.10。论坛立足亚洲，面向世界，致力于促进和深化本地区内和本地区与世界其他地区间的经济交流、协调与合作，为政府、企业及专家学者等提供一个共商经济、社会、环境及其他相关问题的高层对话平台。通过论坛与政界、商界及学术界建立的工作网络为会员与会员之间、会员与非会员之间日益扩大的经济合作提供服务。目前，博鳌亚洲论坛已成为亚洲以及其他大洲有关国家政府、工商界和学术界领袖就亚洲以及全球重要事务进行对话的高层次平台。论坛致力于通过区域经济的进一步整合，推进亚洲国家实现共同发展。

图 3.10　博鳌亚洲论坛 2018 年年会

图片来源：博鳌亚洲论坛官网。http://www.boaoforum.org/mtzxzpj/40434.jhtml.

从自然风光和人文历史来看，博鳌镇具有较为突出的优势。

在自然风光方面，博鳌镇地处热带季风气候区，年平均气温在25℃以上，四季气候宜人。小镇位于海南岛东部沿海，镇域范围内景观类型多样，有沙滩、奇石、田园、海水、温泉、椰林，有东屿、沙坡、鸳鸯三个岛。小镇也是万泉河、九曲江、龙滚河三江交汇入海口，被誉为世界河流入海口。其中著名的玉带滩是万泉河的入海口，于1999年6月被国际吉尼斯总部在中国的权威代理机构上海大世界吉尼斯总部以"分隔海、河最狭窄的沙滩半岛"认定为吉尼斯之最，这些自然景观具有不可复制的稀缺性与独特性，如图3.11。

图 3.11　博鳌海滨景色

图片来源：http://blog.sina.com.cn/s/blog_5f3f7ba80102e6yu.html.

在人文历史方面，博鳌镇是海南著名的"十大文化名镇"之一。小镇从宋代开始已有渔民在此居住，距今已有近千年历史，明初称博鳌浦乡，明末改称博鳌乡。悠久的历史给小镇带来了深厚的人文积累，形成古宅、古庙、古墓等众多古迹，还有各类民间文化传统，形成了小镇浓厚的民俗文化。

从交通区位来看，博鳌交通便利，构建了完善的陆路、水路和航空等交通网。

在公路交通方面，博鳌镇距离琼海市区约20公里，通过S213省道30分钟可以到达市区；距离省会城市海口约130公里，通过G98高速公路，2小时左右可以到达。小镇距离G98高速公路入口约20公里，G98高速公路是海南地区环线国家高速公路，是海南最主要的交通线。

在航空交通方面，小镇距离琼海博鳌国际机场15公里，该机场于2010年修建，2016年正式通航。机场修建的主要目的是为博鳌亚洲论坛服务，是博鳌亚洲论坛永久地的一项重要配套设施，2018年年旅客吞吐量突破55万人次。此外，小镇距离三亚凤凰国际机场180公里，2小时20

分钟可以到达。三亚凤凰国际机场是海南最大的机场，2018年旅客吞吐量2000万人次，已开通国内航线228条、国际航线56条、地区航线3条，通航国内外131个城市。距离海口美兰国际机场120公里，2小时左右可以到达，该机场2017年旅客吞吐量2258万人次，通航国内外城市达105个，运营国内外航线169条。

在铁路交通方面，海南东环铁路在博鳌设有站点。东环铁路是海南铁路网的重要组成部分，与海南西环铁路一起形成海南环岛铁路，对海南岛的交通、经济、文化交流具有重要的作用。通过东环铁路，动车40分钟可以到达海口，1小时可以到达三亚，通过高铁达成1小时交通圈，从博鳌小镇可以到达海南两大重要城市。

在海路运输方面，小镇距离龙湾港30公里，龙湾港是海南东部唯一的深水良港，该港距欧亚国际海运主航线仅55海里，具有得天独厚的区位优势，自然水深达15～20米，可供建设1万吨级～20万吨级深水泊位200多个。

从发展定位来看，博鳌充分利用博鳌亚洲论坛的品牌优势和独具特色的自然生态资源，定位于世界级的会议、医疗、度假中心[①]，琼海市政府为博鳌确立了"健康+会展+旅游"深度融合发展的战略。2017年起，博鳌开展国际田园小镇建设，保持和展现博鳌小镇的田园风光，提升服务保障博鳌亚洲论坛年会的国际化水平，营造非正式、舒适、和谐的会议氛围。

在经济增长方面，着力打造博鳌乐城国际医疗旅游先行区。2013年2月，国务院批准设立海南博鳌乐城国际医疗旅游先行区，这是目前全国唯一列入国家战略的医疗旅游产业园区，也是博鳌镇沙美村等以美丽乡村旅游为主要线路的经济新增长点。截至2017年12月，博鳌乐城国际医疗旅游先行区对接项目99个，完成投资39.8亿元，创造税收1.7亿元。2018年12月，英国爱丁堡大学医学院及附属医院落户先行区，标志着先行区医疗教育产业实现零的突破。

---

① 龙璇、朱彧：《海南省高端旅游产品体系的构建及其旅游开发——以琼海博鳌镇为例》，《今日财富》2011年第12期。

根据2018年琼海市发布的《博鳌镇特色产业发展规划》数据显示，2017年，博鳌镇共完成工农业总产值12.11亿元。其中，第一产业生产总值6.13亿元，占总产值的50.62%；第二产业生产总值1.94亿元，占总产值的16.02%；第三产业生产总值4.04亿元，占总产值的33.36%；三产业占比约为5∶2∶3。虽然第三产业近年来发展较快、占比提高较快，但与博鳌镇的发展优势和战略定位相比仍显偏低。

从政府支持政策来看。博鳌特色小镇支持政策主要有省、市二级政策。海南省政府对特色小镇的支持政策主要有（见表3.16）：

2015年10月，海南省人民政府发布《海南省百个特色产业小镇建设工作方案》（琼府〔2015〕88号）。文件从土地、财政、金融以及政策整合等几方面给予保障。具体内容有：

1.土地要素保障。各市县特色产业小镇产业发展及建设规划经审核批准后，纳入规划的项目建设用地要纳入各市县"多规合一"中予以保障。

2.财政支持。特色产业小镇在创建期间及验收命名后，其规划范围内的新增财政收入部分，省财政给予一定返还。

3.金融支持。通过多渠道、多形式解决特色产业小镇规划项目融资问题。

4.政策整合。各地和省级有关部门要积极研究制订具体政策措施，整合优化政策资源，简化审批程序，加强沟通协调和具体服务，给予特色产业小镇规划建设强有力的政策支持。

2017年6月，海南省人民政府发布《海南省特色产业小镇发展基金设立方案》（琼府〔2017〕54号）。按照政府引导、市场主导、融资融智、多元参与原则，采用国际上通行和市场上普遍采用的有限合伙制形式，设立特色产业小镇发展基金，总规模200亿元。其中，国开金融有限责任公司承诺对外募集资金179亿元，在基金中占比89.5%，政府出资人作为劣后级有限合伙人出资21亿元，在基金中占比10.5%。基金成立后，首期规模67亿元，政府出资7亿元，国开金融有限责任公司募集60亿元。

后期资金根据基金投资与运作情况分期到位。目的是通过基金支持，统筹规划、培育打造一批具有明确产业定位、体现海南省特色，集文化内涵、旅游和一定社区功能于一体的特色小镇。

2017年6月，海南省人民政府发布《海南省特色产业小镇建设三年行动计划》（琼府〔2017〕56号）。该文件对海南省2017年下半年至2020年特色小镇建设进行了总体规划，确定了目标、提出任务并推出保障措施，其中主要有：

1.完善产业政策。明确相关区域产业培育、发展的具体办法，明确各级政府部门对产业链发育、构建、形成的条件、机制进行完善，明确有关政策措施。

2.加强财政金融扶持。制定特色产业小镇建设财政资金使用指导性意见，支持市、县整合各类与特色产业小镇相关的专项资金，对达到建设标准、通过验收并命名的特色产业小镇给予奖励。计划3年统筹安排省级财政资金，与国家开发银行、光大银行等金融机构合作，设立200亿元规模的海南省特色产业小镇发展基金，专项用于特色产业小镇产业培育发展、基础设施和公共服务设施建设等。

3.加强用地保障。每年根据特色产业小镇新增建设用地需要，安排一定数量的新增建设用地计划指标予以保障。

4.强化人才支撑。充分发挥行业主管部门、市县引才主体作用，编制农业、旅游、互联网等特色产业人才需求目录，积极引导人才向特色产业小镇流动。对小镇引进亟须的高端人才、特殊人才，加大政策倾斜力度。

表3.16　海南省特色小镇主要支持文件

序号	政策名称
1	《海南省百个特色产业小镇建设工作方案》（琼府〔2015〕88号）
2	《海南省特色产业小镇发展基金设立方案》（琼府〔2017〕54号）
3	《海南省特色产业小镇建设三年行动计划》（琼府〔2017〕56号）

从市级支持政策来看，琼海市政府特色小镇支持政策主要有（见表3.17）：

琼海市对博鳌的整体规划曾进行过多次重大的调整。2011年，琼海市发布《琼海市博鳌风情小镇规划》，主要是大力发展现代服务业，形成旅游风情小镇的产业支撑；注重生态保护优先，大力营造具有景观吸引力并适合休闲度假的环境；发展侨乡、妈祖文化，打造多元博鳌；在现有自然、人文景观基础上，打造更美博鳌；完善公共市政设施配套，完善后勤服务功能。

2014年1月，琼海市住房和城乡建设局发布《琼海市博鳌滨海风情小镇总体规划（2011—2030）》。主要内容是：依托博鳌亚洲论坛品牌优势，植入活力产业，整合周边资源，打造集会议会展配套服务、海滨旅游度假、娱乐康体以及文化创意产业等为一体的复合型国际海滨旅游度假区，形成"一心、一轴、两带、六廊道"的总体空间结构。

2018年6月，琼海市人民政府发布《琼海市博鳌亚洲论坛特别规划区规划修编（2017—2035）》。修编后的规划目的是突出和彰显博鳌风情小镇的田园风光和自然风貌，积极营造博鳌亚洲论坛非正式、舒适、和谐的氛围，把博鳌地区打造成充满中国特色、海南风情的重要休闲外交基地。

规划重点主要在以下几个方面：

1.进一步加强博鳌作为政商对话平台的功能定位；营造非正式、舒适、和谐的会议氛围，使会议论坛与自然田园相得益彰；补充完善博鳌亚洲论坛的各项功能，更好地发挥"一带一路"的窗口作用。

2.对环境进行净化、绿化、彩化、美化、亮化，展现和保持小镇山水田园协调共生的自然风光，将博鳌建设成为处处是景点，令人流连忘返的大花园。

3.进一步加强美丽乡村建设，坚持以人民为中心的发展思想，既要体现自然古朴、美观整洁的"面子"，彰显文化自信，更要夯实舒适宜居、产业持续发展的"里子"，加快农业结构调整，推动休闲农业、观光农业发展，带动农民增收，让当地百姓成为最大受益者。

4.严控开发建设。坚决清查和拆除违法建筑，严格管控和审查建设项目，强化环境保护和岸线、山体的生态修复，加强建筑风貌管控，推动土地利用规划优化和闲置土地处置工作。

5.加强规划，全面统筹博鳌与乐城国际医疗旅游先行区、博鳌海滨旅游度假区和重大交通基础设施之间的关系，最大限度发挥综合效应。

2018年11月，琼海市人民政府发布《博鳌镇特色产业发展规划的通知》（海府办〔2018〕106号）。规划基本思路是，以发展国际会议业、高端医疗健康业、航空港经济、数字经济、高端特色旅游业、热带现代农业、新兴产业七大优势特色产业和实现乡村振兴为主攻方向，以建设优势特色产业园区为载体，以产业支持 政策为保障，将博鳌打造为农业对外开放合作试验区、实施乡村振兴示范区、医疗健康产业新高地、国际公共外交基地、国际旅游消费目的地、国际经济合作中心、国际文化交流中心、国际大宗热带农产品交易中心、国际文博产业交流交易中心，即"两区三地四中心"的核心区域。政策支持方面主要有：

1.财政政策。琼海市统筹安排财政性专项资金，支持博鳌重点产业项目建设，重点支持博鳌优势特色项目建设。落实各项税收优惠政策，对符合条件的企业实行企业所得税"三免三减半"政策。

2.投融资政策。支持金融机构对重点产业项目优先给予信贷支持，支持各类产业发展基金、股权投资基金、创业投资基金等投资博鳌。建立优势特色产业资金导向机制，在规划布局、审批核准及重点项目安排、资金补助和贷款贴息等方面给予支持。

3.土地政策。对指导目录范围内的项目，优先安排用地。合理利用和节约集约用地，确保土地发挥最大效益。

4.人才政策。对引进的人才在专项工作经费、住房补贴等方面给予优先支持。

表3.17　琼海市特色小镇主要支持文件

序号	政策名称
1	《琼海市博鳌风情小镇规划》（2011.10）
2	《琼海市博鳌滨海风情小镇总体规划（2011—2030）》（2014.01）
3	《琼海市博鳌亚洲论坛特别规划区规划修编（2017—2035）》（2018.06）
4	《博鳌镇特色产业发展规划的通知》（海府办〔2018〕106号）

博鳌镇作为具有国际影响力的亚洲论坛永久会议地，被列入第二批国家级特色小镇，主要有以下几方面因素：

第一，优越的自然人文环境。博鳌气候宜人，自然风光种类多样，既有沿海景色，又有内河出海口的景观，镇域范围内景观类型多样，这些自然景观具有不可复制的稀缺型与独特性。在人文历史方面，博鳌镇已有近千年历史，有深厚的人文积累。

第二，便利的交通配套。博鳌镇地理位置优越，在政策规划的支持下，目前已形成公路、铁路、航空与海运四位一体的交通网络。通过高铁与海口和三亚形成1小时交通圈，拥有主要用于博鳌亚洲论坛的国际机场。

第三，抓住亚洲论坛机遇。1998年，日本前首相细川护熙、澳大利亚前总理霍克和菲律宾前总统拉莫斯共同倡议设立"亚洲论坛"，作为从亚洲角度来观察地区和全球事务的具有鲜明亚洲特色的论坛。博鳌以其自然环境与地理位置，成为亚洲论坛永久召开地。2001年2月，"博鳌亚洲论坛"成立大会在博鳌隆重举行，来自亚洲和大洋洲等26个国家和地区的十几位政要和前政要、政府官员及专家学者共400余人出席大会。此次会议上博鳌打开了国际影响力，确定了高端会议旅游的发展定位。

第四，良好的整体规划。琼海市政府不断调整博鳌小镇经济发展定位，通过制定总体规划，布局重点发展方向，为小镇的可持续发展奠定了基础。

第四节　科技类特色小镇发展路径及影响因素

科技类特色小镇具有明显的产业转型升级特点，通常以某一高科技行业为主，产品特点清晰，集聚特定高科技产业，以高科技企业为支撑，融合产品的研发、生产、产业配套等。下面选择浙江西湖云栖小镇、上海嘉定安亭镇这两个科技类特色小镇作为典型，进行详细的分析。

一、浙江西湖云栖小镇

云栖小镇位于浙江省杭州市西湖区西南部，规划总面积3.5平方公里。这里是浙江模式"特色小镇"的发源地，2014年，在此首次出现了"特色小镇"概念。小镇是全球云计算大数据领域人才的集聚地，也是全球云计算行业高端会议——云栖大会永久落户地。截至2018年9月，小镇拥有注册企业878家，其中涉云企业有576家，包括阿里云、富士康、英特尔等一批知名企业，集聚了全国近70%的云计算、大数据产业高端人才。2018年9月，小镇被省政府正式列入第二批特色小镇，是目前浙江省正式命名的7个省级特色小镇之一。截至2019年12月，小镇实现涉云产值300亿元，实现财政收入首次突破10亿元，形成了比较完整的云产业生态[①]。

从交通区位来看，云栖小镇位于杭州市西南部，高速、铁路、航空等交通非常便利。在公路交通方面，小镇距离G25长深高速入口5公里，G25、G56、G60和G92四条国家高速经过这里，连贯东西南北，绕城高速与各条国家高速形成交通网络。在航空交通方面，云栖小镇距离杭州萧山国际机场45公里，通过G2501绕城高速，1小时可以到达。小镇距离上海浦东国际机场机场230公里，3个小时内可以到达。与同样位于杭州的玉皇山南基金小镇类似，两大机场为小镇提供了极为便利的国内外出行条件。

在铁路交通方面，小镇距离杭州东站25公里，50分钟可以到达。杭州东站是亚洲最大的交通枢纽之一，年客运量超过5000万人次。小镇通过高铁可在1小时左右到达上海。

从发展历程来看，云栖小镇与阿里云的成长密不可分。2009年，阿里云成立，2011年7月，阿里云正式对外提供服务，成立10亿元云基金，

---

① 云栖小镇管委会网站：http://tsxz.zjol.com.cn/xzfc/xztp/202001/t20200107_11550192.shtml.

但当时云计算尚未成熟，阿里云处境困难。同时，云栖小镇前身为杭州市西湖区转塘镇工业园，工业园与转塘所在的之江国家度假区产业不符，于是改为科技园，但是科技园也举步维艰。2012年，西湖区政府出台包括租金减免、带宽补助、融资补贴等一系列优惠措施，2013年，引入阿里云，成为阿里云创业创新基地，并将科技园改名为"云栖小镇"，以推进云计算模式下的信息软件、电子商务、软件开发等新兴产业的快速发展为目标，当年在云栖小镇召开了"阿里云开发者大会"。2015年，"阿里云开发者大会"正式命名为"云栖大会"，如图3.12。2018年，"云栖大会"吸引了全球83个国家和地区的8万多人参会，已成为行业的世界级盛会。首届"云栖2050大会"以"追逐早上七八点钟的太阳"为宗旨，吸引了来自世界287个城市的2万余名年轻人参加。

图 3.12　2018 年云栖大会

图片来源：中国新闻网，http://finance.chinanews.com/cj/2018/09-20/8632596.shtml.

从管理模式来看，云栖小镇采用"政府主导、名企引领、创业者为主体"的建设模式，创新性地采用政府和企业"1+1"的政策扶持机制，除了政府的各种扶持，阿里云等龙头企业也纷纷输出要素扶持，让"大企业成为小企业创新创业的平台"。主要有以下措施：

1.在政府主导方面，主要是做好政策、环境、服务等内容，通过政府不断的转型升级，制造和腾挪出一批适合于云产业发展的产业空间，将功能集聚在平台之上，为创业者营造一个软硬兼优的创业环境。

2.在民企引领方面，主要是引入富士康、阿里云、英特尔、中航工业等各个领域的知名龙头企业，让这些知名的龙头企业不仅落户在云栖小镇，同时也将成功企业的成功能力和成功经验输入到云栖小镇，打造一个为中小创业者服务的平台，带领和帮助中小企业的创业创新。

3.在创业者主体方面，主要是不断满足需求，为创业者创造条件，不断地激发和引导创业者的创造能力，让每名创业者都可以在小镇里面尽情地挥洒创意，实现梦想。

图3.13　云栖小镇国际会展中心

图片来源：浙江在线，http://tsxz.zjol.com.cn/ycnews/201810/t20181009_8438749.shtml.

从支持政策来看，云栖小镇支持政策主要有省、市、区三个层次。

在省级支持政策方面，主要是表3.18的三个政策文件，政策内容详见本章第一节浙江省玉皇山南基金小镇中的相关内容，此处不再赘述。

表3.18 浙江省特色小镇主要支持文件

序号	政策名称
1	《关于加快特色小镇规划建设的指导意见》（浙政发〔2015〕8号）
2	《关于加快推进特色小镇建设规划工作的指导意见》（浙建规〔2015〕83号）
3	《关于高质量加快推进特色小镇建设的通知》（浙政办发〔2016〕30号）

在市级支持政策方面。与本章第一节的浙江玉皇山南基金小镇一起，杭州云栖小镇享受了杭州市政府对特色小镇的各类保障支持政策（见表3.19）。其中包括：关于加快特色小镇规划建设，对市级特色小镇给予用地保障、财政支持的《关于加快特色小镇规划建设的实施意见》（杭政函〔2015〕136号），以及鼓励特色小镇引进人才，对引进人才给予各类奖励政策的《关于杭州市高层次人才、创新创业人才及团队引进培养工作的若干意见》（市委〔2015〕2号）等。上述政策的出台为杭州市特色小镇的快速发展创造了条件，为小镇不断吸引人才、提高竞争力与影响力提供了保障。

表3.19 杭州市特色小镇主要支持措施

支持方向	具体措施
财政支持政策	①市级特色小镇规划空间范围内的新增财政收入上交市财政部分，前3年全额返还、后2年减半返还给当地财政。 ②对市级特色小镇内为服务特色产业而新设立的公共科技创新服务平台，按平台建设投入的20%～30%给予资助，单个平台资助额最高不超过200万元等。
人才引进政策	①市级特色小镇引进的各类人才可享受《中共杭州市委、杭州市人民政府关于杭州市高层次人才、创新创业人才及团队引进培养工作的若干意见》所规定的各项政策。为各类人才提供资助、户籍、住房、医疗、社保等多方面优惠政策。 ②企业的股东、员工以及企业的房屋租赁，也可以根据小镇的所处位置不同、产业不同，而享受不同的优惠政策。
用地保障政策	对纳入市本级新增建设用地项目计划的重大项目，所需农转用计划指标由市本级统筹安排。

在区级支持政策方面。2012年12月，杭州市西湖区发布《关于促进杭州云计算产业园发展的政策扶持意见（试行）》，这是针对发展云计算企业的专项扶持政策，计划在转塘科技园的基础上，加快建设第一个市级云计算产业园。主要扶持政策有：根据注册资金的不同，给予不同的

补贴，对在园区新设立或新引进的企业总部给予资助，对入驻企业给予租金减免、带宽补助、融资补贴等一系列优惠措施。2013年，园区与阿里云共同创建阿里云创业创新基地。

2015年6月，杭州市西湖区人民政府发布《关于加快推进云栖小镇建设的政策意见（试行）》（西政发〔2015〕43号）。这是目前云栖小镇扶持的主要政策之一，政策主要从以下几个方面给予补助：

1.鼓励企业落户。给予新设立（或新引进）的企业，根据规模大小，分别给予年房租额的50%～100%房租补助或减免；给予新设立（或新引进）的孵化器运营商，提供众创空间、专业技术支持服务，提供服务完善的孵化场所。

2.鼓励企业发展。对实到注册资金或引进境外投资，根据不同的资金，给予增资部分0.1%～0.2%，金额在20万～40万元以内的奖励；提供云服务补助，对新入驻的涉云企业，三年内根据网络速度大小，给予网络实际带宽费用40%～50%补贴，金额在3万～14万元以内的补助；对新入驻、需租用云栖小镇数据中心资源（服务器）的涉云企业，三年内按经审核的实际服务器租用数量提供2.5万～15万元的补贴；对于新引进的众创空间的孵化器公司，经评估给予三年内200兆网络带宽的全额补助；鼓励云栖小镇的涉云企业上市，在杭州市政府奖励的基础上，再给予1∶1配套奖励；鼓励各类金融机构在云栖小镇设立独立运作企业，根据运作规模分别给予25万～100万元的奖励。

3.鼓励人才引进。对于云栖小镇引进符合条件的人才，适用杭州市人才政策；经认定的云栖小镇企业或创业团队主要成员，可优先在小镇申请简装工程师公寓，对公寓租金予以适当优惠；对符合条件的人员，分别给予每人每月200元～600元的租房补贴，租房补贴期限最长为三年。

4.鼓励企业创新。鼓励职务发明专利的申请和授权。除在浙江省、杭州市奖励政策范围内进行奖励外，重点对在云栖小镇的涉云企业的发明专利进行追加奖励；鼓励云栖小镇的涉云企业申请国家、省、市的相关政策；对云栖小镇的涉云企业申请国家、省、市的有关创新项目给予配套；鼓励云栖小镇涉云企业及各类机构在云栖小镇举办有影响力的各类行业活动，打造云栖小镇创业创新生态，根据活动的实际情况给予举办方补助。

5.鼓励企业贡献。入驻云栖小镇的企业，每年度在GDP贡献、固定资产投入、销售产值、服务业增加值、就业、人才引进等方面综合评定，对于贡献较大的企业给予奖励；为云栖小镇做出重大贡献的企业家或个人，经公开评选和审定，给予一次性奖励。

6.鼓励配套服务。鼓励自有产权的云栖小镇企业自建配套服务设施或引进服务类品牌加盟商，优化小镇配套服务环境，对符合条件的配套服务设施，给予50%～100%的房租补助或减免，对于自建或引进的食堂、咖啡厅等小镇必要配套设施，经批准和审定，补助面积可予以增加；对符合条件、政府自持的商业物业配套服务设施，分别给予50%～100%的房租补助或减免，引进知名商业品牌的，最高可5年免租；鼓励中介组织入驻云栖小镇，为小镇名录库内企业提供专业的财务、税务、法务、专业中介服务、人事代理、行政服务、创业指导、市场开拓、技术交易等服务，按每年服务小镇企业数量，给予每家5万～20万元的奖励。

云栖小镇为浙江模式特色小镇的发源地，是世界级的云计算技术中心，全球云计算大数据领域人才的集聚地，被浙江省正式命名的第二批特色小镇，主要有以下几方面因素：

第一，良好的创新环境。浙江独特的块状经济和县域经济，为特色小镇的发展提供了合适的土壤。当时，云计算大数据作为一个新兴产业蓬勃发展，并引发了新一轮科技革命和产业变革，小镇抓住机遇，启动培育云工程与云服务产业。同时，杭州以阿里巴巴为代表的民营企业非常活跃，小镇引进阿里云、富士康等企业共同推出创新创业平台，培育了数梦工场、云徒科技等涉云企业。在云计算核心产业的引领下，向上下游产业延伸，发展横向辅助产业，打造有机联系各类产业的平台，推动小镇创新创业和完整产业生态圈构建。

第二，完善的配套。小镇所在的转塘地理环境优越，位于之江国家旅游度假区，功能性服务业完善，基础设施和公共服务设施完善，公交、道路、水电、教育、医疗、商业等均比较成熟。此外，小镇在交通方面，有高速公路网络、高铁线路和萧山与浦东国际机场等，为出行提供便利的交通。

第三，创新的发展模式。小镇采用的"政府主导、名企引领、创业者为主体"的建设模式，将创业者作为小镇的主体，政府在小镇建设发展过程中，做好政策、环境、服务等工作，为创业营造环境。在创业者与政府中间，由知名龙头企业作为桥梁，将成功企业的能力和经验输入到云栖小镇，打造一个为中小创业者服务的平台，带领和帮助中小企业的创业创新。三方面有机结合，构成了产业体系，形成一个创业创新生态系统。

第四，优惠的政策。小镇在建设初期，通过完善的企业优惠措施和配套政策，吸引了众多名企加入。在后期不断发展过程中，名企也出台创新创业平台扶持政策，给创业企业提供各类优惠政策。政府与知名企业的奖励与扶持措施，对吸引创业企业的加盟，促进小镇发展起到了重要的作用。

二、上海嘉定安亭镇

安亭镇位于上海市嘉定区，面积89.07平方公里，2018年常住人口约26万，是上海西部的中心城镇。小镇以轿车工业和轿车生产配套工业为主，是新能源汽车技术研发聚集地，崛起中的国际化的"汽车未来小镇"。小镇是上海国际汽车城所在地，拥有大众、蔚来等著名车企，有汽车创新港、无人驾驶测试基地、F1上海国际赛车场（见图3.14）和汽车博物馆；13家世界500强企业、300多家配套企业落户于此，服务于全球汽车制造配套体系，实现传统制造业向高端制造业的稳步转型。

图 3.14　F1 上海国际赛车场

图片来源：上海在线，https://hot.online.sh.cn/content/2018-04/18/content_8858700_2.htm.

2011年1月，国内首个"电动汽车国际示范区"在安亭镇成立。2015年10月，国内首个汽车产业的创新园区"上海国际汽车城科技创新港"在此成立。2016年6月，国内首个"国家智能网联汽车（上海）试点示范区"封闭测试区在此成立，这是中国第一个国家级无人驾驶汽车综合性的测试场地。2017年7月，安亭镇入选全国第二批国家级特色小镇，是上海市唯一以工业产业入选的小镇。从整个规模以上工业产值和汽车行业比重来看，嘉定区占到了整个上海的60%，而安亭镇占到嘉定区的70%。根据安亭镇政府工作报告显示，2017年，小镇全年完成规模以上工业产值1296亿元，其中汽车零部件完成产值1075亿元，占全部工业产值的83%。安亭镇目前已形成国内规模最大、产业链最全、生态链最完整的汽车产业，吸引了3万多名汽车领域各类研发人员。

从交通区位来看，安亭镇具有完善的航空、铁路和公路运输网络。在航空交通方面，小镇距离虹桥国际机场30公里，通过G2高速公路，30分钟可以到达。虹桥国际机场2017年旅客吞吐量4188万人次，位居国内机场第7位；货邮吞吐量41万吨，位居国内机场第9位。截至2017年1月，上海虹桥国际机场有中国东方航空、上海航空、春秋航空、吉祥航空等基地航空公司。小镇距离浦东国际机场约80公里，通过S20高速公路可以在1小时左右到达。浦东国际机场是中国三大航空枢纽之一，是长三角地区国际航线交通枢纽，提供几乎所有可以通航的国际航线，年运送旅客人数达到7000万人次，为安亭镇成为国际性的汽车高科技小镇在交通方面提供了保障。截至2016年底，虹桥和浦东两座机场定期航班通航49个国家和地区的280个航点，其中，国内航点156个（包括港澳台航点6个），国际航点124个。

在公路交通方面，安亭镇西部与江苏省相接，位于嘉定、昆山、青浦三地交界处，距上海市中心27公里。小镇范围内有3条高速公路，距离G2京沪高速公路入口3公里，距离G1501绕城高速最近的入口3公里，距离S26沪常高速入口12公里。G312国道穿过整个小镇，S322省道连接G312国道。

在轨道交通方面，安亭站至上海罗山路站约1小时19分钟。作为全国首条跨省轨道交通，安亭站至昆山花桥站仅需8分钟，形成了安亭连接上海市区和外省花桥镇的快速交通网络。小镇内有轨道交通11号线，设有上海赛车场站、昌吉东路站、上海汽车城站、安亭站共4个站点。

在高速铁路方面，沪宁城际铁路设有安亭北站，小镇距离虹桥火车站25公里，虹桥火车站连接京沪高速铁路、沪汉蓉高速铁路、沪昆高速铁路、沪杭甬客运专线，是上海虹桥综合交通枢纽的组成部分，是华东地区最重要的、规模最大的铁路客运枢纽。

此外，小镇有镇级公交线7条、港湾式公交站10个，实现了公交、轨交和铁路之间的零距离换乘。嘉定55路（原嘉安线）、嘉定67路（原嘉亭线）、嘉定69路（原安菊线）、陆安、青安、昆安等公交专线为安亭公交出行带来便捷。

在水运方面，小镇距离吴淞张华浜集装箱码头45公里，通过境内苏州河可直通黄浦江。

从历史人文来看，安亭镇历史悠久，早在6000多年前就形成陆地，考古发现，新石器时期就有人从事渔猎、农耕，至汉代已形成村落。三国时期，东吴赤乌二年在安亭北面兴建了菩提寺，附近居民聚集。明代万历年间，安亭镇已成为大镇。在人文积淀方面，明代著名的散文大家归有光（又名震川先生），以及清朝"嘉定六君子"之一的张鹏翀等均出自安亭。

从产业发展来看，安亭镇的汽车产业具有较长的发展历史。1958年，第一辆凤凰牌轿车在安亭下线。1985年，第一个中外合资的整车厂上汽大众，在安亭生产了第一辆轿车。2001年，安亭建立"上海国际汽车城"，规划面积100平方公里，提出"大力发展汽车服务贸易，加快融入全球汽车贸易"的发展战略。汽车整车、零部件研发及制造被确定为支柱产业，重点引导和培育新能源汽车、汽车智能化产业等新兴产业的发展。

2011年1月，国内首个"电动汽车国际示范区"在安亭镇成立。示范区在电动汽车研发、示范和产业化发展，电动汽车的政策制定、管理体系建立，商业模式创新与电动汽车推广，电动汽车整车评估、基础设施和通讯协议方面的全球标准建立等方面，立足中国示范经验，加强国际合作交流，推动电动汽车产业发展。

2015年10月，"上海国际汽车城科技创新港"正式开园，这是国内首个专注于汽车产业的创新园区（见图3.15），上海市经信委颁授"上海新型工业化（智能网联汽车）产业示范基地"牌匾。园区占地面积12万平方米，建筑面积20万平方米，总投资15亿元，吸引了上汽、阿里巴巴、蔚来汽车、欧菲车联、德国保时捷工程技术、易思奇汽车电子、意大利宾尼法利纳、加拿大凯史乐工程技术、上海浙亚汽车技术等国内外知名企业入驻。作为嘉定汽车产业集聚区和产城融合示范区，安亭镇以汽车研发为主要开发项目，建设以"汽车未来"为主题的特色小镇。

2017年，根据《安亭镇总体规划及土地利用总体规划（2016—2040年）》，小镇未来的产业发展以环保与智能为核心，创新发展，引领汽车技术的新方向。在城镇特色方面，打造面向全球，以汽车主题与汽车文化为特色的特色小镇。以上海国际汽车城和新城安亭组团为重点，定位于打造以环保与智能为核心引领汽车技术新方向的汽车产业体系，其中汽车产业区以研发创新、高端制造、总部管理为核心功能，形成以汽车产业为特色的全球领先的制造业基地和研发总部，建设面向全球、以汽

图 3.15　汽车创新港外景

图片来源：http://bbs.zhulong.com/101010_group_201801/detail10134932/.

车主题与汽车文化为特色的小城镇。

2018年7月，"2018未来汽车开发者大会"开幕论坛在上海嘉定汽车会展中心召开。会上，安亭镇镇长董爱华对未来国家特色小镇规划做介绍："安亭要打造世界级的汽车制造产业集群，作为世界级的汽车产业中心核心承载区域。国家特色小镇的主题是'汽车未来小镇'，将打造12平方公里的国内最好的汽车未来小镇，其中核心范围5平方公里，包括未来的出行方式、智能制造、研发总部以及与智能网联有关的智慧城市、智慧交通等，做一个最好的以汽车为主题的汽车未来小镇。"

从特色小镇支持政策来看，安亭汽车小镇支持政策主要有市、区两级政策（见表3.20）。

表3.20　市、区两级特色小镇主要支持政策

序号	级别	主要支持文件
1	市级	《关于开展上海市特色小（城）镇培育与2017年申报工作的通知》（沪发改地区〔2016〕20号）
2	市级	《特色小镇（特色功能区）规划实施方案编制导则》
3	市级	《特色小镇（特色功能区）规划实施方案编制审批操作管理工作规程》

续表

序号	级别	主要支持文件
4	区级	《关于嘉定区加快特色小镇培育建设的工作意见》（嘉府办发〔2017〕6号）
5	区级	《安亭镇总体规划暨土地利用总体规划（2016—2040）（含近期重点公共基础设施专项规划）》
6	区级	《嘉定区总体规划暨土地利用总体规划(2017—2035年)》

上海市在特色小镇建设政策方面，根据各镇的特色和需求，实施精准化的政策供给，采用"一镇一策"的方式。

2016年10月，上海市人民政府发布《上海市城乡发展一体化"十三五"规划》（沪府发〔2016〕93号），其中在分类推进小镇的发展方面提到要加强规划、政策引导和聚焦，充分发挥市场作用，因地制宜、突出特色，培育一批产业特色鲜明、文化内涵丰富、绿色生态宜居的特色小镇，使之成为上海城乡发展一体化的重要载体。

市级层面，成立了由市发展改革委、市规划国土资源局、市住房和城乡建设管理委、市财政局、市农委、市经济信息化委等部门组成的特色小镇工作小组，着重研究特色小镇发展规律、加强研究分析；制定了《特色小镇（特色功能区）规划实施方案编制导则》和《特色小镇（特色功能区）规划实施方案编制审批操作管理工作规程》，为规范规划编制管理工作提供依据。

2016年12月，上海发展改革委发布《关于开展上海市特色小（城）镇培育与2017年申报工作的通知》（沪发改地区〔2016〕20号），主要内容为：

1.市、区、镇三级形成合力，共同做好本市特色小镇建设培育工作。市发展改革委、市规划国土资源局、市住房和城乡建管委、市财政局、市农委、市经济信息化委等部门建立市级特色小镇工作小组，负责组织开展本市特色小镇培育工作，明确培育要求，进行指导检查，确定市级特色小镇名单，做好国家级特色小镇的申报推荐工作。

2.按照市领导对本市特色小（城）镇建设工作的指示要求，市级特色小（城）镇工作小组建立"一镇一方案"的工作机制，对列入中国特色小镇和上海市特色小（城）镇名单的镇，根据其具体类型、实际问题和政策诉求，研究制定有针对性的支持政策和解决方案，因地制宜推进本市特色小（城）镇建设。

嘉定区特色小镇支持政策主要有：

2017年，嘉定区人民政府发布《关于加快特色小镇培育建设的工作意见》（嘉府办发〔2017〕6号），加快促进嘉定区特色小镇建设。但嘉定区政府没有公开该文件具体内容。

2017年12月，嘉定区人民政府发布《安亭镇总体规划暨土地利用总体规划（2016—2040）（含近期重点公共基础设施专项规划）》。小镇未来的产业发展以环保与智能为核心，创新发展、引领汽车技术的新方向，打造面向全球，以汽车主题与汽车文化为特色的特色小镇。重点有两个方面：

第一，上海国际汽车城。将其定位于打造以环保与智能为核心引领汽车技术新方向的汽车产业体系，建设面向全球，以汽车主题与汽车文化为特色的小城镇。

第二，新城安亭组团。将其定位于融合全球领先的汽车产业区和多彩活力的生活区，其中汽车产业区以研发创新、高端制造、总部管理为核心功能，形成以汽车产业为特色的全球领先的制造业基地和研发总部，生活区为汽车产业和周边片区提供居住配套保障。

2019年2月，上海市人民政府批复（沪府〔2019〕14号）同意《嘉定区总体规划暨土地利用总体规划（2017—2035年）》，规划中设三个中心镇，包括安亭镇、南翔镇和江桥镇。安亭主要发展现代汽车文化、延伸汽车制造和休闲产业链，塑造本土文化符号与相应产业，建设安亭特色小镇，打造世界汽车产业中心。

安亭镇作为国内首个电动汽车国际示范区、汽车科技创新港等所在地，入选全国第二批国家级特色小镇，是上海市唯一以工业产业入选的小镇，主要有以下几方面因素：

第一，交通区位优势。安亭镇毗邻上海市区，公路网络成熟，邻近两个国际机场，距离铁路枢纽站30分钟车程，轨道交通、水路等均比较便利。

第二，良好的产业基础。安亭镇汽车产业有很长的发展历史，从生产我国第一辆汽车开始，到第一个汽车中外合资企业，小镇目前已形成国内规模最大、产业链最全、生态链最完整的汽车产业，为汽车创新研发创造了良好的产业基础。

第三，整体产业发展规划。上海市政府和嘉定区政府整体规划安亭汽车产业，对汽车产业发展定位做出及时引导。2001年开始建设的上海国际汽车城，定位于汽车整车、零部件研发及制造，之后重点引导和培育新能源汽车、汽车智能化产业等新兴产业的发展。2016—2040年的发展定位于建设引领汽车产业科技发展方向的汽车产业链体系，核心是汽车环保和智能汽车技术的研发创新、高端制造和总部管理，打造具有全球影响力和全球领先的高科技汽车制造基地和研发总部，形成国际化的以汽车主题和汽车文化为特色的小城镇。

第五节　传统产业类特色小镇发展路径及影响因素

传统产业类特色小镇以传统产业为依托，一般具有鲜明的产业特色，具有悠久的产业发展历史，有着突出的产业优势，在某些工艺或自然资源方面具有当地特色，具有一定的产业稀缺性。在发展过程中，通过深入挖掘传统产业优势，结合市场变化，不断积累、传承和升级，发展当地传统产业与旅游结合的新业态，形成具有地方特色的传统产业集聚的特色小镇。下面选择江苏无锡丁蜀镇、浙江绍兴东浦镇这两个传统产业类特色小镇作为典型，进行详细的分析。

一、江苏无锡丁蜀镇

丁蜀镇位于江苏省无锡市宜兴市，属于宜兴两个主城区之一。根据江苏政务服务网数据显示，小镇面积205平方公里，人口约24万。这里是中国陶文化发源地，是举世闻名的"陶都"。2018年，丁蜀镇完成规模以上工业产值156亿元，同比增长13%；完成税收近7亿元，同比增长22%。2010年丁蜀镇作为江苏省强镇扩权的试点镇之一，取得县级管理权。2016年10月，小镇被列入第一批国家级特色小镇，是无锡唯一上榜的特色小镇。2019年1月，小镇入选2018—2020年度"中国民间文化艺术之乡"。

从历史来看，丁蜀镇具有悠久的历史、深厚的文化底蕴。早在7000年前，丁蜀一带原始农业和手工业已经有所发展。先秦时期，丁蜀陶瓷文化开始独树一帜。现代考古发现，丁蜀镇及其附近有多处汉代窑场（见图3.16），窑炉达16座之多，大部分汉窑分布在延绵4公里的南山北麓，说明在2000年前的东汉时期，丁蜀的窑业已有相当的规模。六朝时期，丁蜀已成为全国重要的瓷器生产基地之一。到了明代，在青瓷的基础上，开创出"欧窑"和"蜀山窑"紫砂陶器。20世纪80年代，丁蜀陶瓷产量曾位居六大陶瓷产区之首。在人文积淀方面，丁蜀是明清时期最繁华的街区之一，这里近半的居民从事紫砂生产和经营陶瓷，形成了特色鲜明的陶都紫砂街，文化特色和紫砂名人以及紫砂历史遗存形成了丁蜀深厚的人文历史沉淀。

图 3.16　丁蜀镇前墅窑址

图片来源：http://k.sina.com.cn/article_6401240004_17d8b2bc4001002982.html.

从交通区位来看，丁蜀镇地处长江三角洲，位于太湖西岸，是太湖"西走廊"上的重镇，南部与浙江湖州交界，地理位置优越。

在航空交通方面，丁蜀镇距离南京禄口国际机场120公里，通过G25高速，约1小时20分钟可以到达。南京禄口国际机场航线通达国内78个主要城市及国际和地区35个城市航点。2017年，全年完成旅客吞吐量2580万人次，位居全国机场第11；货运吞吐量37.4万吨，位居全国机场第10。小镇距离苏南硕放国际机场约90公里，约1小时20分钟可以到达。该机场2018年完成旅客吞吐量721万人次，货邮吞吐量12.4万吨。2019年3月，《无锡丁蜀通用机场工程初步设计方案》正式通过省发展改革委、民航华东地区管理局批复，机场占地约497亩，计划总投资额约5亿元。建成后将成为无锡市首个A类通用机场，按照计划，机场将于2020年竣工使用。

在公路交通方面，G25长深高速穿过小镇境内，通过G25长深高速，向北可在2小时左右到达南京，向南可1小时40分钟到达杭州，通过S48沪宜高速或G50沪渝高速，可2小时30分钟到达上海。G104国道沿G25高速形成复线，提供了便捷的公路交通。

在铁路交通方面，丁蜀镇距离宁杭高铁宜兴站约8公里，通过高铁到达上海需约2小时30分钟，到达杭州需约1小时。2018年10月，沪苏湖铁路获得批准，该线路起自上海市虹桥站，途经江苏省苏州市、宜兴市，终至浙江省湖州市湖州站，预计建设工期4年。届时，丁蜀至上海仅需50分钟。

在水路运输方面，丁蜀传统水路非常发达，辖区内的蠡河发源于宜兴西南山区，由西南向东北贯穿丁蜀全镇，出镇后北折，最后东流汇入太湖，全长约15公里，是古时当地水路运输的命脉。目前，在公路、铁路等影响下，水路运输大不如前，但仍具有一定的通航能力。

从产业发展来看，丁蜀是传统的陶瓷和紫砂产业小镇，自1988年首届"中国宜兴陶瓷艺术节"以来，小镇一直以陶瓷和紫砂的制作、生产和销售为主导产业。

2007年，无锡市发布《宜兴紫砂保护条例》，规范宜兴紫砂矿产资源开采和利用、制作技艺保护和传承、作品和产品保护及其相关活动。

2008年7月，丁蜀镇成立陶瓷产业园区，园区规划面积10.5平方公里，以陶瓷为园区主题，大力发展高端陶瓷产业、形成完整陶瓷产业体系。2013年5月成立了宜兴陶瓷文化创意产业园，发展陶瓷工艺美术品制造、文化旅游、创意设计、艺术培训、文化相关服务五大重点发展领域。

2015年开始，丁蜀镇打造"紫砂特色小镇"。产业发展主要体现在两个方面——紫砂文化创意产业和紫砂文化旅游。

1.以紫砂文化创意产业为核心，在紫砂文化创意产业方面，打造占地面积约4.1平方公里的"紫砂文化创意产业集聚区"，通过搭建"创造+创意+体验=产业链"模式，着重发展创意研发设计制作、产品推广营销、创意休闲体验等创意产业。

2.在紫砂文化旅游方面，以蜀山风景区为核心、以青龙河为带，重点建设集紫砂文化旅游、体验、制作于一体的紫砂文化旅游产业。

丁蜀镇围绕"世界级陶瓷文化创意展示基地、紫砂陶文化旅游地、中国特色小镇建设新标杆"的定位，建设更具魅力和活力的紫砂特色小镇。

从丁蜀镇特色小镇支持政策来看，主要有省、市、县（市）三个不同层次。

在省级支持政策方面，主要有（见表3.21）：

表3.21 江苏省特色小镇主要支持文件与措施

序号	主要政策与措施
1	《关于培育创建江苏特色小镇的指导意见》（苏政发〔2016〕176号）
2	《关于培育创建江苏特色小镇的实施方案》（苏发改经改发〔2017〕201号）
3	《江苏省省级特色小镇奖补资金管理办法》（苏财规〔2018〕6号）
4	《关于规范推进特色小镇和特色小城镇建设实施意见》（苏政办发〔2018〕74号）
5	2017年8月设立总规模1000亿元的江苏特色小镇发展基金

2016年12月，江苏省人民政府发布《关于培育创建江苏特色小镇的指导意见》（苏政发〔2016〕176号）。这是目前江苏特色小镇建设的主要指导文件，目的是培育特色小镇，聚焦特色优势产业，集聚高端发展要素，以不同于行政建制镇和产业园区的"非镇非区"创新创业平台，作为新常态下推进供给侧结构性改革的重要抓手，推动经济转型升级和发展动能转换的重要平台。主要政策有：

1.充分整合现有政策资源，支持特色小镇建设。财政、国土资源等职能部门明确对特色小镇建设的专项支持政策。

2.创新特色小镇建设投融资机制，激发市场主体活力，推进政府和社会资本合作，鼓励利用财政资金撬动社会资金，共同发起设立特色小镇建设基金。

3.鼓励金融机构加大金融支持力度，支持特色小镇发行企业债券、项目收益债券、专项债券或集合债券用于公用设施项目建设。

2017年2月，江苏省发展改革委发布《关于培育创建江苏特色小镇的实施方案》（苏发改经改发〔2017〕201号），目标是坚持政府引领、市场主导、民众参与，通过3～5年分批培育创建100个左右特色小镇。主要扶持政策有：

1.建立协调机制。加强对特色小镇培育创建工作的组织领导和统筹协调，建立省特色小镇培育创建工作联席会议制度。

2.加强土地保障。在符合相关规划前提下，经市、县（区）人民政府批准，利用现有房屋和土地，符合条件的可实行继续按原用途和土地权利类型使用土地的过渡期政策，过渡期为5年。

3.强化财政扶持。对纳入省级创建名单的特色小镇，在创建期间及验收命名后累计3年内，每年考核合格后给予200万元奖补资金。将列入省级创建名单的特色小镇符合要求的项目，纳入相关引导资金补助范围。

4.优化融资支持。支持设立特色小镇产业投资基金。创建期间，支持特色小镇发行企业债券、项目收益债券、专项债券或集合债券等各类债权融资工具用于特色小镇公用设施项目建设，支持特色小镇范围内符合条件的项目申请国家专项建设基金、省级战略性新兴产业发展专项资金、省级现代服务业发展专项资金和省PPP融资支持基金等，通过多元化融资产品及模式对省级特色小镇给予融资支持。省级层面组织特色小镇与各类金融机构和社会资本开展战略合作，推进差别化投融资创新，帮助协调解决重点难点问题。

2018年6月，江苏省财政厅发布《江苏省级特色小镇奖补资金管理办法》（苏财规〔2018〕6号）。办法规定：

1.对经考核合格的省级特色小镇，在创建期间及验收命名后累计3年内，省财政给予每年200万元奖补，总额600万元。

2.每年年初由省发展改革委牵头，结合上年度特色小镇运营情况对纳入省级创建名单的特色小镇进行考核，并结合考核结果提出奖补资金分配初步方案，省财政厅依据省发展改革委考核结果及资金分配意见，下发奖补资金。

2018年10月，江苏省发展改革委等部门发布《关于规范推进特色小镇和特色小城镇建设实施意见》（苏政办发〔2018〕74号）。文件对特色小镇和特色小城镇的概念进行了明确，指出：特色小镇是集聚特色产业、生产、生活、生态空间相融合、不同于行政建制镇和产业园区的创新创业平台。特色小城镇是拥有几十平方公里以上土地和一定人口经济规模、特色产业鲜明的行政建制镇。对特色小镇建设进行以下规范指导：

1.准确把握特色小镇内涵要义。不能盲目把产业园区、旅游景区、体育基地、美丽乡村、田园综合体以及行政建制镇戴上特色小镇"帽子"。

2.遵循发展规律做强特色产业。立足各地区发展阶段，遵循经济规律和城镇化规律，实事求是、因地制宜、量力而行地发展特色小镇。

3.以人为本有效推进"三生融合"。特色小镇要以人为本，注重产城文旅智功能的融合。科学规划特色小镇生产、生活、生态空间，营造宜业宜居环境，提高集聚人口能力和人民群众获得感。

4.以市场为主体推进改革创新。各地区必须以改革创新的精神全面推进特色小镇建设，厘清政府与市场边界，做到市场主体不缺位、政府引导不越位，让企业成为特色小镇建设主力军。

5.实行创建达标制度。各地区要控制特色小镇和特色小城镇建设数量，避免分解指标、层层加码。统一实行宽进严定、动态淘汰的创建达标制度，取消一次性命名制。

6.严防政府债务风险。各地区要在依法保障市场公平准入的前提下引入央企、国企和大中型民企等作为特色小镇主要投资运营商。

7.严控房地产化倾向，严格节约集约用地，严守生态保护红线。

2017年8月，省发展改革委和国家开发行江苏分行、省国信集团签署战略合作，设立总规模1000亿元的江苏特色小镇发展基金。5家商业银行与22个小镇签署了556亿元的融资项目。基金主要用于为各个小镇提供资金供给，提供股权、债权等多元化直接融资支持，提供比单个小镇在市场上融资更低的资金成本等，助力于特色小镇产业发展、文化挖掘和服务功能提升[①]。

在市和县（市）级特色小镇支持政策方面，主要文件有（见表3.22）：

表3.22　无锡市和宜兴市特色小镇主要支持文件

序号	政策名称
1	《关于培育建设特色小镇工作的实施意见》（锡政发〔2017〕116号）
2	《无锡市工商和市场监督管理部门支持特色小镇发展若干意见》(锡工商〔2017〕45号)
3	《关于宜兴市城市总体规划（2017—2035年）的批复》（苏政复〔2018〕120号）

2017年7月，无锡市人民政府发布《关于培育建设特色小镇工作的实施意见》（锡政发〔2017〕116号）。意见指出，市重点扶持培育的特色小镇主要分为两类：一是产业特色小镇，主要包括高端制造、物联网（信息技术）、文化创意、现代农业、生态环保、历史经典和其他类特色优势产业；二是旅游风情特色小镇，突出地域、文化、建筑等特色，彰显地域特征，强化旅游功能。主要扶持政策包括：

---

① 江苏省人民政府网站: http://www.jiangsu.gov.cn/.

1.加强土地保障。纳入市培育建设名单的特色小镇，符合条件的可实行继续按原用途和土地权利类型使用土地的过渡期政策，过渡期为5年。

2.加强财政扶持。对纳入市级培育建设名单、市区范围内的特色小镇，在培育建设期间及验收命名后累计3年内，每年考核合格后给予500万元奖补资金，资金由市区两级共同承担，其中市级300万元，区级200万元；江阴市、宜兴市范围内的特色小镇，在验收命名后给予一次性300万元的奖补资金。

3.加强金融支持。拓宽特色小镇建设融资渠道，探索产业基金、股权众筹、发行债券、融资租赁等融资方式，鼓励社会资本参与特色小镇公共服务、环境综合治理、基础设施等重点领域建设，以市场化机制推动特色小镇健康发展。鼓励各特色小镇在各项改革中先行先试。

4.加强人才激励。市级特色小镇引进的各类人才，符合"太湖人才计划"相关条件的，可享受"太湖人才计划"有关政策。鼓励各地创新制定吸引高端人才落户政策，完善住房、教育、医疗、配偶安置等各项服务。

2017年4月发布的《无锡市工商和市场监督管理部门支持特色小镇发展若干意见》（锡工商〔2017〕45号），其主要内容为：

1.名称和经营范围方面。进一步放宽名称和经营范围的限制，凡入驻小镇的企业，名称和经营范围中允许使用"特色小镇"作为行业修饰语，经营范围用语可以参照行业惯例或者国际国内会议用词确定。同时，小镇内全面实施一址多照，集群注册。

2.配套服务机构设立方面。支持特色小镇发展商务秘书企业，通过商务秘书公司为入驻小镇的企业提供住所托管、代理记账、代收法律文书等服务。

3.部门服务方面。设立工商（市场监督管理）特色小镇服务帮办点，全面负责小镇内市场主体准入、品牌培育、消费维权、竞争秩序维护等日常服务。

2018年6月，省政府发布的《关于宜兴市城市总体规划（2017—2035年）的批复》（苏政复〔2018〕120号）中，与特色小镇相关的内容主要有：

1.在中心城区规划方面，将维持宜城、丁蜀双城格局，规划形成"一主一特、山水相连"的城市空间结构。"一主"即宜城城区，承载宜兴中心城市功能，是全市行政、商业、贸易、文化中心和现代服务业、高新技术、环保产业、旅游服务基地；"一特"指丁蜀特色中心，是陶文化、陶工业及相关创意产业的集中区域，加强旅游服务功能。

2.在发展方向上，丁蜀城区向北整合宁杭高速铁路宜兴站区域，建设陶瓷特色小镇。

丁蜀镇作为紫砂特色小镇，无锡唯一入选的第一批国家级特色小镇，"中国民间文化艺术之乡"，主要有以下几方面因素：

第一，悠久的产业历史。丁蜀镇陶瓷产业已有2000多年的历史，是中国著名的陶都，独具一格的紫砂产业也有600多年的历史。长期的陶瓷和紫砂业发展历史，形成小镇稳定、长期的传统，为小镇产业奠定了深厚的基础。

第二，优越的交通区位。丁蜀镇位于中国最发达的地区之一，高速公路、铁路和航空形成完善的立体交通网络，有利于物流运输。对出行的游客来讲，从上海、杭州和南京等城市出发，均可在两个半小时内到达，有利于吸引周边大城市游客短期出行。

第三，整体规划和保护。丁蜀镇作为传统产业小镇，在产业发展历史中，总是面临各类变化，需要及时调整，适应新的市场和竞争环境。通过整体规划，小镇从传统的产业生产和销售，到拓展文化创意、高端产品研发、产业特色旅游等方面，形成完整的产业链条，提高产业的经济附加值。同时，在紫砂产业保护方面，通过制定紫砂保护条例，在规范这一特有资源的保护、使用和产业发展方面，起到了很好的规范和引导作用，有利于紫砂特色产业的可持续发展。

第四，有力的政策扶持。江苏省、无锡市和小镇所在的宜兴市为特色小镇建设提供有力的政策保障，在土地、财政、金融以及奖励等各个方面推出了多种措施，推动了特色小镇的快速发展。

二、浙江绍兴东浦镇

东浦镇位于浙江省绍兴市越城区，地处长江三角洲核心区域。根据浙江政务服务网显示，小镇人口4.4万，镇域面积30.78平方公里，其中，古镇核心保护区3平方公里，传统风貌延伸区9平方公里。东浦镇具有悠久的历史，小镇所在区域原为杭州湾边的滩涂，东汉永和年间，会稽太守马臻围筑鉴湖后这里始成陆地。南宋时，东浦镇已经形成现有的集镇格局，距今已有千年的历史。东浦镇是绍兴黄酒的发源地，素有"酒乡"之美称，在宋代，小镇已是绍兴酿酒业的中心，如图3.17。2007年5月，小镇入选中国第三批历史文化名镇，2016年10月，入选浙江省第一批特色小镇，2017年8月，入选全国第二批特色小镇。

图 3.17 绍兴东浦古镇

图片来源：浙江特色小镇官网 http://tsxz.zjol.com.cn/.

目前的绍兴黄酒小镇采取"一镇两区"的模式，以越城区"酒乡古镇"东浦和柯桥区"黄酒重镇"湖塘为核心，共同作为黄酒小镇（见图3.18），而入选全国第二批中国特色小镇的名单中，以越城区东浦镇作为入选小镇。绍兴黄酒小镇（东浦片区）规划总用地面积约4.6平方公里，含古镇核心保护区0.36平方公里。小镇以"政府引导、企业运作、集约化管理、一站式服务"为原则，融江南水乡之韵和黄酒文化之核，打造"小而美、特而强"的特色小镇，形成"产业+文化+旅游+社区"四位一体的格局。

图 3.18　黄酒小镇

图片来源：黄酒小镇官网 https://baijiahao.baidu.com/.

从人文历史来看，东浦镇地处绍兴市，距离绍兴市区约10公里。绍兴是具有2500多年历史的古城，这里自古以来是富庶的江南鱼米之乡，是著名的水乡、桥乡、酒乡、书法之乡和名士之乡，具有深厚的文化积淀。在历史方面，早在东晋末年，这里已有聚落，在两宋时形成集镇并日渐繁华，到南宋时已经形成现有的集镇格局，距今已有近1000年的历史。在人文方面，东浦邻近绍兴，自古人才辈出，如著名诗人陆游、近代的中国民主革命家徐锡麟等。

从产业发展来看，黄酒是绍兴传统产业，绍兴黄酒以味甘、色清、气香、力醇而享誉海内外，被奉为黄酒中的上品，早在清朝时就被评为全国十大名产之一，1915年在巴拿马万国博览会上获得金奖。绍兴黄酒酿制技艺是首批国家级非物质文化遗产。

传统的黄酒产业随着市场的变化，与其他种类酒竞争，在生产与销售方面逐渐暴露出诸多问题。

1.产品缺乏创新。传统黄酒不适合北方及西部地区口感。由于没有及时开发适合北方市场的黄酒，黄酒销售区域性比较明显，集中于长三角地区，苏浙沪一带黄酒销量占绍兴黄酒全部销量的近70%。同时，黄酒有较明显的季节性，消费对象也以中老年人为主，没有及时开发适合年轻人的黄酒。

2.行业发展缺乏合力。绍兴黄酒企业多以中小企业为主，同质化竞争严重，导致全产业发展受限，而企业利润及经销商利益的不足，也阻碍了黄酒品类在外埠市场的扩展和品牌建设。

3.生产营销模式单一。多数黄酒企业以手工酿造和作坊式生产为主，产能提升受到较大限制。在营销服务上，销售以传统销售渠道为主，缺乏中高端产品的市场普及推广及"品牌+渠道"营销策略。

4.专业人才不足。大多数黄酒企业规模较小，员工薪酬水平偏低，基础性研究投入不足，难以吸引高层次人才。

面对产业发展困境，2015年11月，浙江省人民政府发布《关于推进黄酒产业传承发展的指导意见》，指导绍兴黄酒产业发展，加快黄酒多样化消费趋势和"互联网+"发展趋势，按照"强创新、育品牌、拓市场、扬文化、重安全"的思路，着力推进黄酒产业技术创新、名企名品名师培育、消费市场拓展、传统技艺文化传承和食品安全保障，推动黄酒产业持续较快发展，目标是到2020年，黄酒产业传承保护和创新发展取得积极成效，争取黄酒产业销售收入达到100亿元，全国市场占有率达到40%，在全国黄酒行业的领先地位进一步得到巩固和提升；黄酒品牌影响力进一步凸显，培育5家左右全国知名的黄酒龙头企业；开发一批适应不同消费需求的黄酒新产品，黄酒消费区域和消费群体得到进一步拓展；加快创建绍兴越城黄酒小镇，建成若干个黄酒文化产业园，一批黄酒酿造传统技艺、民俗文化、老字号企业等得到有效保护和传承。

在2017年8月绍兴市越城区人民政府发布的《越城区黄酒产业改造提升行动方案的通知》中谈到，未来将着重发展绍兴黄酒产业"互联网+""机器人+""标准化+""大数据+"，加强黄酒产业整合、跨界融合，把创新、生态、人文融入黄酒产业改造提升全过程，促进黄酒产业与创意设计、文化旅游融合发展，引领推动黄酒产业创新跃升。

东浦黄酒小镇重点打造"黄酒+"的模式，发展"特镇经济"。根据规划，小镇将建设黄酒产业创意园区、黄酒博物馆、酒吧街区、酒店区、越秀演艺中心、游船码头、游客中心及配套设施、酒坊街区、民宿街区、民俗街区、黄酒文化养生社区、名人艺术中心等13个功能区，每个区块都围绕黄酒延伸出产业、文化、旅游和社区等不同的功能，打造一个充满产业动力和生活气息的"特镇"。

根据绍兴网显示的数据，截至2018年8月，全市现有QS、SC认证的黄酒酿造企业75家，总资产109.1亿元，从业人员8503人，全市规模以上企业黄酒产量44.56万吨，销售34.5亿元，增长近10%。

从交通区位来看，小镇交通非常便利，距离杭州萧山国际机场35公里，50分钟即可到达。萧山国际机场位于浙江省会杭州与绍兴的中间，小镇到机场的时间与杭州市区到机场的时间基本相当。小镇距离上海浦东国际机场约230公里，2小时30分钟可以到达。现已建成的杭州湾跨海大桥，直接连通了绍兴与嘉兴。原来绍兴前往上海需要到杭州绕行，大桥的建成，使得绍兴前往上海可以直接跨过杭州湾，通过嘉兴直接到达上海，不必再绕行杭州，大大缩短了绍兴与上海的距离，为小镇前往浦东国际机场提供了更为便利的条件，节约了大量的时间。

在铁路运输方面，小镇距离杭甬高铁绍兴北站7公里，通过高铁，小镇到达杭州时间为20分钟，到达上海的时间约1小时30分钟。

在公路交通方面，小镇距离G92杭州湾地区环线高速公路入口10公里，G92高速连接上海、杭州、绍兴和宁波，是长三角杭州湾重要的高速公路。G329国道位于小镇北面，距离小镇7公里，G104国道位于小镇南面，距离小镇2公里。G92高速公路以及G329国道与G104国道两条主要公路，形成基本平行的东西方向公路线。

在水路交通方面，绍兴水网密布，水路运输曾经是绍兴主要的交通方式。东浦主要的航道浙东运河，西起杭州市，经过绍兴市，东至宁波市甬江入海口，全长239公里。20世纪80年代，随着道路条件的改善，运河在航运方面的作用方才被较大程度地取代。2009年9月，浙东运河改建工程全部完成，成为中国内地历史上单项工程投资规模最大的内河改造建设项目。通过浙东运河，可以直接连接宁波舟山港。宁波舟山港是世界重要的集装箱远洋干线港，国内重要的铁矿石中转基地和原油转运基地，国内重要的液体化工储运基地和华东地区重要的煤炭、粮食储运基地，也是国家的主枢纽港之一。2017年，港口年货物吞吐量完成10.1亿吨，是突破10亿吨的超级大港，集装箱年吞吐量位居世界第四，是世界航线最密集的港口之一，也是世界各大船公司必靠母港之一。其全球总航线净增3条，升至236条，其中远洋干线114条，近洋支线70条，内支线20条，内贸线32条。东至宁波市甬江入海口的浙东运河，是浙江内河腹地和宁波舟山港的水上运输通道，能有效发挥区域性的物流沟通作用。

从支持政策来看，东浦特色小镇支持政策主要有省、市、区三级。

在省级支持政策方面，自2015年起，浙江省出台了一系列针对特色小镇建设的指导性文件，对于省级特色小镇的优惠政策主要体现在用地保障和财政支持两个方面。此外，浙江省特别针对绍兴黄酒产业出台了产业传承发展指导意见（见表3.23）。

2015年11月，浙江省人民政府发布《关于推进黄酒产业传承发展的指导意见》（浙政办发〔2015〕115号），对绍兴市黄酒产业提供直接的支持政策。主要内容有：

1.确定绍兴市黄酒产业总体要求和发展目标，强化创新发展，培育黄酒名企名品名师，开拓黄酒市场，加强黄酒传统技艺和文化传承。

2.加大财税金融扶持。充分发挥省转型升级产业基金的引导作用，吸引社会资本参与投资黄酒产业的创业创新项目，鼓励金融机构根据黄酒产业特点，创新金融产品和服务。黄酒企业从县级以上财政部门及其他部门取得的应计收入总额的财政性资金，符合有关税收政策规定条件的，可以作为不征税收入，在计算应纳税所得额时从收入总额中减除。黄酒产业规模较大的市、县（市、区）政府要根据财力安排一定的扶持资金，结合实际支持本地黄酒产业发展。

表3.23 浙江省特色小镇主要支持文件

序号	政策名称
1	《关于加快特色小镇规划建设的指导意见》（浙政发〔2015〕8号）
2	《关于加快推进特色小镇建设规划工作的指导意见》（浙建规〔2015〕83号）
3	《关于高质量加快推进特色小镇建设的通知》（浙政办发〔2016〕30号）
4	《关于推进黄酒产业传承发展的指导意见》（浙政办发〔2015〕115号）

绍兴市和越城区两级支持政策主要有（见表3.24）：

2015年7月，绍兴市人民政府发布《关于加快特色小镇培育建设的指导意见》（绍政发〔2015〕27号）。这是目前绍兴市特色小镇建设的主要支持政策，以推进新型城镇化建设，加快打造一批具有绍兴本土特色、对区域发展有带动和支撑作用的特色小镇为目标。在扶持政策方面，主要内容有：

1.土地要素保障。对特色小镇给予用地政策支持，将特色小镇建设用地纳入城镇建设用地扩展边界内。对于列入省级特色小镇创建名单且确需新增建设用地的镇，各区、县（市）政府要给予土地指标单列；如期完成年度规划目标任务的，可以在省用地奖励的基础上，再按照一定比例给予配套奖励。对于列入绍兴市特色小镇的，优先保障用地。

2.财政返还支持。对列入省级特色小镇和市级特色小镇的，在创建期间及验收命名后，其规划空间范围内的新增财政收入上交区、县（市）财政部分，五年内按一定比例返还给所在镇财政，具体由各区、县（市）政府自行确定。

3.建立专项基金。探索建立特色小镇开发专项基金。各类闲置资金、特色小镇规划空间范围内的区、县（市）属国有资产可划入专项基金，专门用于特色小镇开发建设。市级政府产业基金可按一定比例投资省、市级特色小镇。

2018年1月，绍兴市特色小镇培育建设领导小组办公室发布《2018年绍兴市特色小镇创建工作要点》（绍市特镇办〔2018〕1号），明确了特色小镇建设工作要点，围绕新动能培育计划，大力推进特色小镇"新科技、新业态、新模式"建设，全力打造"创新更强、质量更优、产业更特、活力更足"的2.0版特色小镇。在保障方面，主要有加强组织领导，落实工作责任，推进三级联动创建机制，加强督查考核。

越城区对特色小镇建设主要支持政策如下：

2016年2月，越城区人民政府发布《关于加快推进特色小镇建设的实施意见》。根据意见，成立了越城区特色小镇培育建设领导小组，进一步明确了各创建单位和相关部门的职责分工，细化了奖惩方案和督查交流机制，制定了政策保障措施。

2017年8月，越城区人民政府发布《越城区黄酒产业改造提升行动方案》。主要内容有：

1.确定了越城区黄酒产业发展方向：以新技术、新工艺、新产品和新服务加速改造提升黄酒产业，着力推动黄酒产业向集群化、绿色化、国际化和智能化发展。

2.加快东浦黄酒小镇建设。加强围绕黄酒文化、技艺、工艺等传承保护，加快建设古镇核心区综合改造工程、黄酒文化国际交流中心、名人艺术中心，打好黄酒文化牌。同时，以健康养生理念为引领，加快建设东浦黄酒小镇糯稻基地，发展一批老字号黄酒特色酒坊，拓展提升黄酒上下游产业链，提升产业发展平台能级，实现以产业为引导、古镇为依托，打造融生产观光、展示体验、文化创意、休闲旅游为一体的特色小镇。

表3.24　绍兴市和越城区特色小镇主要支持文件

序号	级别	政策名称
1	市级	《关于加快特色小镇培育建设的指导意见》（绍政发〔2015〕27号）
2	市级	《2018年绍兴市特色小镇创建工作要点》（绍市特镇办〔2018〕1号）

续表

序号	级别	政策名称
3	区级	《关于加快推进特色小镇建设的实施意见》（2016.02）
4	区级	《越城区黄酒产业改造提升行动方案》（2017.08）

东浦小镇作为中国第三批历史文化名镇，浙江省第一批特色小镇，，绍兴入选两个国家级特色小镇之一，主要有以下几方面因素：

第一，悠久的产业历史。黄酒是中国最古老的酒，而黄酒的发源地就在绍兴，东浦镇属于鉴湖水系核心，特殊的水质孕育了黄酒特有的品质，历来是绍兴黄酒主要产地。东浦建镇已有千年历史，而其酿酒历史已有2000多年的历史。在宋代，东浦已成为绍兴酿酒业的中心。悠久的人文历史，为小镇黄酒产业奠定了良好的基础。

第二，便利的交通。小镇地处长江三角洲核心区域，多条公路形成完善的公路运输网络，高铁线大大缩短了到上海、杭州等大城市的距离，通过两大机场可方便到达全国各大城市以及全球大部分国家和地区。随着浙东运河的重新开通，成本较低的水路运输为产业的发展提供了成本更为低廉的物流，同时可以通过宁波舟山港形成国际水运网络。

第三，产业不断创新。绍兴的黄酒产业随着时代的变化与竞争的加剧，面临许多的挑战。在浙江省和绍兴市两级政府的支持下，应对市场变化，将传统产业与新兴科技相结合，明确了黄酒产业发展新定位，重点突出生产上的标准化和机器人化，改善传统黄酒制造中手工生产带来的口感差异与难以量产等问题，营销上实现"互联网+"和"大数据+"，加强黄酒产业内部整合，推动黄酒产业与其他产业相融合，将创意、生态、人文等新元素融入黄酒产业，通过与文化旅游融合发展，实现黄酒产业创新跃升。

第四，政策支持。在小镇发展过程中，浙江省和绍兴市以及小镇所在的越城区，均出台多项不同力度的扶持政策，对于鼓励产业按照既定方向发展起到了很好的促进作用。

第六节 影视类特色小镇发展路径及影响因素

影视类特色小镇是具有明显的行业特点，在国内各类特色小镇中占比不大，通常以影视产业链的拍摄环节为基础，深入做大做强，形成市场竞争优势，但参与影视的制作、展览和后期等方面不多，同时，以影视基地为平台融入旅游和服务，形成特定效应的主题小镇。在目前第一批和第二批国家特色小镇名单中，影视类特色小镇占比较小，下面选择浙江金华横店影视小镇作为典型，进行详细的分析。

横店影视小镇位于浙江省金华市，面积121平方公里，人口8.9万人（2014年），距离浙江省会杭州160公里，距离上海300公里。小镇是全球规模最大的影视拍摄基地，被美国好莱坞杂志称为"中国好莱坞"，如图3.19。根据浙江省特色小镇官网数据显示，截至2016年底，小镇累计接待剧组1800多个，拍摄影视剧5万部（集），古装剧出品量占全国的三分之二。2016年，横店接待游客1800万人次，带动东阳旅游收入达165亿元。2004年，小镇被国家广电总局确立为"中国国家级首个影视产业实验区"；2016年10月，入选第一批国家级特色小镇。

图 3.19 横店影视城俯瞰（部分）

图片来源：横店影视城官网 http://www.hengdianworld.com/AboutUs.aspx.

从交通区位来看，横店周边交通便利。在公路交通方面，横店周围有南北向的S26诸永和S39东永两条省级高速公路，距离两条高速入口均在10公里以内，通过S26高速可以2小时左右到达杭州，3.5小时到达上海。S218省道穿过整个小镇，S218省道是进入横店影视城的主要道路。

在航空交通方面，横店小镇距离杭州萧山国际机场150公里，2小时左右可以到达。萧山国际机场是中国十二大主干线之一，也是浙江省航空枢纽，为国内和国外出行提供了便利条件。此外，小镇距离上海浦东国际机场约350公里，3小时50分钟可以到达，但路程相对较远。

小镇距离义乌机场40公里，该机场是华东地区首座县级民航机场，浙江中西部地区最繁忙的航空港。2012年1月，义乌机场国际航站楼工程项目正式启动，2013年10月正式投入使用，开通飞往北京、广州、深圳、厦门等十多条国内航线。

小镇还有通用机场一个，是全国第一座乡镇一级的通用机场，2018年3月正式首航。机场占地面积521.4亩，机场类别为A1类，飞行区等级为2B，设计最大机型为Y12。机场可开展工农林飞行作业、空中游览、短途运输、应急救援、飞行营地、航空展览、航空科普教育、航空制造等通用航空业务。

在铁路运输方面，建设中的杭温高铁在横店设站，一期（义乌至温州段）共设义乌、东阳横店、磐安、仙居、楠溪江、永嘉（温州北）及温州南7个车站，设计行车速度为每小时350公里，计划于2022年建成通车。小镇距离高铁站约6公里。

在轻轨交通方面，建设中的金义东轻轨交通，横店站作为这条轨道的终点站，预计将于2021年开通。该轻轨是金华市打造金华都市圈的轨道交通项目的一段，轻轨建成后，从横店到金华市区一小时内就可到达。

从产业发展来看，横店影视城具有以下特点：

1.拉长产业链。横店小镇影视产业发展从1996年开始，当时修建了横店第一座影视基地——广州街，用于拍摄电影《鸦片战争》。根据影视拍摄的特殊性，为降低剧组拍摄成本，横店影视基地相继建成秦王宫、清明上河图、江南水乡、横店老街、大智禅师等景区，2000年后，先后建成了明清宫苑、红军长征博览城、古民居博览城、梦幻谷等景区，2010年以后，又陆续建成华夏文化园、春秋唐园、梦上海、圆明新园等大型景区。

目前横店影视城已成为全球拍摄场景最全的地方，剧组在横店基本不用转场就可以完成影视剧拍摄，极大节约了拍摄成本。同时，小镇不断拉长和完善影视产业链，提供了影视产业链中的各项服务，从前端的剧本交易，到中端拍摄的道具、群众演员，后端的后期制作、发行审核和影视交易，以及外围的各类交通、生活配套设施，满足了影视拍摄几乎所有需求。

2.母公司的资金支持。横店影视产业的成就得益于其母公司横店集团自身产业的不断发展，这为影视产业提供了有力的支撑。横店集团成立于1975年，截至2018年底，集团旗下已有包括横店影视在内的上市企业5家。集团的大力发展，为横店影视城投资建设提供了大量支持资金。

3.市场化运作。横店影视城建设过程中，以企业为市场主体，进行一体化运作，政府作为社会的管理者，为企业的发展创造良好的市场环境。

从支持政策来看，横店影视小镇建设，省、市、县三级提供了一定的支持。

在省级支持政策方面。自2015年起，浙江省出台了一系列针对特色小镇建设的指导性文件，对于省级特色小镇的优惠政策主要体现在用地保障和财政支持两个方面（见表3.25）。

表3.25　浙江省特色小镇主要支持文件

序号	政策名称
1	《关于加快特色小镇规划建设的指导意见》（浙政发〔2015〕8号）
2	《关于加快推进特色小镇建设规划工作的指导意见》（浙建规〔2015〕83号）
3	《关于高质量加快推进特色小镇建设的通知》（浙政办发〔2016〕30号）

在市级特色小镇政策方面。2015年9月，金华市人民政府发布《关于加快特色小镇规划建设工作的实施意见》（金政发〔2015〕35号）。其目标是采用"宽进严定"的创建方式推进特色小镇规划建设，以创建省级特色小镇为主要目标，全市重点培育和规划建设30个左右特色小镇，累计投资1000亿元以上。主要内容有：

1. 土地要素保障。总体规划调整完善工作，将特色小镇建设用地纳入城镇建设用地扩展边界内。纳入市级特色小镇的，优先安排用地指标。完成年度建设目标并考核合格的市级特色小镇，优先安排解决后续用地指标。市、区特色小镇所需新增建设用地指标由市政府统筹优先安排。同时建立考核奖励机制，对完成年度建设目标任务并考核合格的，额外给予其上一年度新增建设用地专项指标50%的奖励。使用城乡建设用地增减挂钩指标的，全额安排解决挂钩指标额度。

2. 财政资金支持。市级特色小镇在3年创建期间及验收命名后，市财政统筹好省的发展激励奖补政策，加大对各县（市、区）列入市级特色小镇基础设施和公共服务配套建设投入的支持力度。支持各县（市、区）设立特色小镇创业基金，市级产业基金安排6000万元引导基金，鼓励其积极吸引金融资本、上市公司等社会资本，通过政府示范，发挥财政资金杠杆放大效应。市、区特色小镇在验收命名后，对其规划空间范围内新增财政收入进行专项结算，市、区两级收入按照前3年全额、后2年50%的标准返还特色小镇所在地方财政。

3. 其他扶持政策。积极研究制定具体政策措施，整合优化政策资源，给予特色小镇规划建设强有力的政策支持。工业强县（市、区）要进一步加强制造类特色小镇的扶持力度。市级特色小镇成功争创省级特色小镇的，在享受省有关政策的同时享受市级政策。

横店影视小镇作为全球最大的影视拍摄基地，首个国家级影视产业实验区和第一批国家级特色小镇，主要有以下几方面因素：

第一，完整的产业链。横店影视小镇依托母公司雄厚的资金实力，建设了完善的影视拍摄基地，为影片拍摄大大降低成本。同时，通过剧本交易、道具租赁、群众演员、拍摄制作、后期制作、审核发行、影视交易、终端放映的全方位配套服务，形成完整产业链。

第二，便利的交通。横店影视小镇目前以及未来三年内将形成公路交通、航空交通、高铁和轨道交通等立体化的交通网络，为旅游以及影视拍摄提供完善的交通服务。

第三，市场化运作。横店影视小镇从建设开始到成为全球最大的影视拍摄基地，极大地利用了市场化运作，政府做好政策引导，提供合适的发展环境，企业作为主体，确定自身的发展定位和发展方向。

第四，适当的支持政策。小镇发展过程中，浙江省和金华市政府均出台多项不同力度的扶持政策，对于鼓励产业按照既定方向发展起到了一定的促进作用。

第七节　体育类特色小镇发展路径及影响因素

体育类特色小镇还属于较新的概念，但是前景广阔。国外体育类特色小镇，一般是以自然资源或国际性体育赛事形成以某项或多项体育健康项目为主打的体育小镇，通过不断地深化和发展，在国内外具有较大影响力，具备明显的市场竞争优势，形成旅游、健康等多元素融合的体育产业，不断满足市场需求的体育产业新业态。从建设角度来看，体育类特色小镇属于新兴类型的特色小镇，尚处于初步阶段，缺少长期的产业积累，而整个体育产业具有巨大的发展潜力。根据国家统计局、体育总局发布的2017年全国体育产业总规模数值，2017年全国体育产业总规模（总产出）为2.2万亿元，同比增长15.74%。2018年底，国家体育总局公布了首批96个国家级运动休闲特色小镇试点项目，各省也积极创建省级体育类特色小镇。对于体育小镇的建设，国家出台了一系列具体政策，主要如下（见表3.26）：

表3.26　国家体育类特色小镇主要支持文件

序号	政策名称
1	《关于加快发展体育产业　促进体育消费的若干意见》（国发〔2014〕46号）
2	《体育产业发展"十三五"规划》（2016.05）
3	《关于推动运动休闲特色小镇建设工作的通知》（体群字〔2017〕73号）
4	《关于公布第一批运动休闲特色小镇试点项目名单的通知》（体群字〔2017〕149号）
5	《关于推进运动休闲特色小镇健康发展的通知》（2018.11）

2014年10月，国务院发布《关于加快发展体育产业　促进体育消费的若干意见》（国发〔2014〕46号），明确了体育产业的地位，指明了发展方向。发展目标是到2025年，基本建立布局合理、功能完善、门类齐全的体育产业体系，体育产品和服务更加丰富，市场机制不断完善，消费需求愈加旺盛，对其他产业带动作用明显提升，体育产业总规模超过5万亿元，成为推动经济社会持续发展的重要力量。

2016年5月，国家体育总局发布《体育产业发展"十三五"规划》，"十三五"期间，将大力推动"旅游+体育"的体育产业发展，满足人们多元化的体育和旅游需求，包括冬季冰雪旅游、休闲运动、户外营地、徒步健身绿道、体育健身养生、赛事旅游、体育运动公园、体育场馆观光等。上述项目将成为未来主要的发展方向，也是体育类特色小镇的建设要点。各类特色小镇将成为体育休闲产业从传统观赏型旅游向体验式旅游转变，以及健身休闲产业落地的最好载体。

2017年5月，国家体育总局发布《关于推动运动休闲特色小镇建设工作的通知》（体群字〔2017〕73号），明确指出，到2020年，在全国扶持建设一批体育特征鲜明、文化气息浓厚、产业集聚融合、生态环境良好、惠及人民健康的运动休闲特色小镇。

2017年8月，国家体育总局办公厅发布《关于公布第一批运动休闲特色小镇试点项目名单的通知》（体群字〔2017〕149号），经对各省、自治区、直辖市体育局，体育总局有关直属单位和中国足球协会推荐的运动休闲特色小镇申报项目进行筛选，公布了首批96个国家级运动休闲特色小镇试点项目名单。

2018年11月，国家体育总局发布《关于推进运动休闲特色小镇健康发展的通知》，通过对试点的96个国家级运动休闲特色小镇的调研，指出部分试点项目仍然存在政策落实不到位、工作机制不完善、工作进度不理想、主导产业特色不突出、功能定位不明确、产业规划不清晰及难落地等问题，提出了强化政策措施落实、完善协调推进机制、打造体育产业链、发挥市场主体作用、建立典型引路机制、加强动态监测管理等几方面意见。后续将以有效方式在全国范围进行推广，引领带动全国试点项目对标典型、加快发展，通过树立典型，打造行业标杆将成为接下来推进体育小镇建设工作的重要方式和手段。

第四章

国内外特色小镇发展对比与借鉴

第一节　金融类特色小镇对比分析

一、国内外金融类特色小镇发展共性

对比国内外金融类特色小镇发展，可以看到金融类特色小镇的共性主要有以下几方面：

第一，良好的自然环境。由于金融从业者具有高压力、高净值的特点，在面对瞬息万变的金融市场时，往往面临较大的工作压力，优美的自然景色、良好的工作环境能够在一定程度上缓解压力，提高工作效率。同时，金融从业者属于高收入人群，希望拥有良好的自然环境，提高工作和生活品质。

第二，便利的交通区位。从国内外发展较好的金融类特色小镇来看，便利的交通是金融类特色小镇发展的必要条件。金融类特色小镇一般位于大城市，金融产业有很强的集聚性，且位于市区或者邻近金融中心，承接大城市溢出效应。

第三，齐全的配套。从金融类特色小镇的特点来看，有办公型的金融类特色小镇，如美国沙丘路基金小镇、浙江玉皇山南基金小镇，也有办公、生活结合型的金融类特色小镇，如美国格林威治基金小镇、北京基金小镇。但无论哪种金融类特色小镇都需要良好的配套设施，为金融类特色小镇从业者提供便利的工作通勤条件、生活设施。

第四，良好的金融基础。不管是对冲基金还是风险投资基金，金融是资金密集型的行业，需要有雄厚的经济基础、风险投资环境，如沙丘路基金小镇以高科技公司创业为依托，吸引风险投资基金，玉皇山南基金小镇以发达的民营经济和民间资本积累，吸引私募基金。

第五，税收优惠措施。国内外各金融类特色小镇，几乎所有发展较好的金融类特色小镇都有优惠的税收政策作为条件。基金公司资金量巨大，低税率能够直接为企业带来大量的优惠，这是吸引基金公司、提高集聚度的有效途径。

二、国内外金融类特色小镇发展差异

国内外金融类特色小镇在发展上存在一些差异，主要表现在以下几个方面（见表4.1）：

第一，政府参与度方面。国外金融类特色小镇在政府参与度方面表现不一，美国的基金小镇主要以市场选择为主，政府参与度相对较少。而卢森堡作为一个特例，当地投资基金主要依靠政府的支持，通过税收、配套、国际双边协定等给予金融行业全方位的支持，将金融作为国家的名片。曼彻斯特在吸引金融资本中，政府主要通过整体规划，吸引高科技公司与金融行业，从而形成高科技金融的新业态，对金融行业的直接参与不多。

相比之下，国内的金融类特色小镇，几乎都是在政府主导下形成的，政府根据当地的金融产业基础与产业特点，制定与自身相符的金融产业定位，在税收政策、配套设施等方面给予支持，之后，由国有股份参与企业化运作。这种模式对于金融类特色小镇创立初期发挥了很好的作用，能够帮助小镇快速形成产业集聚。

第二，发展模式方面。从国外金融类特色小镇的发展模式来看，几乎所有的金融业发展都是以企业主导、市场主体，政府提供税收等多方面政策，来吸引基金企业，但最终还是由企业根据当地经济基础、基金形式等，来判断是否适合自身的发展。政府在这个过程中，一般扮演维护环境的角色，不直接参与。

国内的金融类特色小镇，属政府主导、企业运作模式，政府在前期直接参与各类政策的制定，主导金融类特色小镇的规划、行业定位等，在后期运作过程中，一般以小镇管委会的形式，以企业化模式进行运作，但其中包含较多的国资成分。

表4.1 国内外金融类特色小镇对比分析

地域	国外			国内		
名称	格林威治	沙丘路	卢森堡	曼彻斯特	玉皇山南小镇	北京基金小镇	南湖基金小镇
自然环境	黄金海岸环境优美	环境优美	环境优美	整治后环境优美	环境优美	环境优美	环境优美
交通区位	邻近纽约交通便利	交通便利	欧洲中心	交通便利	杭州市区	交通便利	交通便利
配套设施	齐全	门洛帕克市	齐全	齐全	齐全	齐全	齐全
发展基础	人均收入全美最高	斯坦福大学/创业公司	多元化人才/经济基础良好	城市规划产业升级	省会城市/经济活跃	政治、经济中心	经济活跃
发展模式	市场主体	市场主体	政府主导	政府规划/市场主体	政府主导/企业运作	政府主导/企业运作	政府主导/企业运作
政府参与	少	中	多	多	多	多	多
定位	对冲基金集聚	高科技风险投资	投资基金中心	金融科技中心	私募基金	金融微中心	私募股权投资平台
税收	整体税负低于纽约	创业税收优惠	国际双边协定/低于欧盟	无特殊优惠政策	多种优惠政策	多种优惠政策	多种优惠政策
融资	无	融资优惠	无	无	融资优惠	融资优惠	融资优惠
存在问题	成本过高/税收优势减弱	成本过高/风险基金转移	欧盟要求统一税率	无	缺乏国际知名度	起步阶段/集聚效应偏低	退出渠道偏窄

三、金融类特色小镇发展借鉴

国内外金融类特色小镇发展周期处于不同阶段，国外金融类特色小镇发展的时间基本都已有几十年，而国内金融类特色小镇近几年才发展起来，处于初级阶段。两者都存在着一些问题，本书通过对国外金融类特色小镇发展中的利弊分析，总结有利条件和成功措施，借鉴成功经验，对发展中出现的问题进行分析，避免不利因素，吸取教训，为国内金融类特色小镇的创建和发展提供有益的借鉴。

1.国外金融类特色小镇存在的问题

第一，成本过高导致基金外迁。国外金融类特色小镇通过几十年的发展，产业集中度比较高，但集中度高带来了企业经营成本提高。如美国沙丘路和格林威治，目前两地的办公租金已达到甚至高于纽约等金融中心，大大提高了企业成本，导致部分基金公司搬迁至其他地区。

第二，税收优惠政策难以持续。税收优惠是吸引基金公司集聚的一个重要方面，目前，部分金融类特色小镇的税收优惠逐步减弱，对基金公司失去吸引力。如美国格林威治税负率逐渐上升，与纽约相比，税收优势减弱。而卢森堡极其优惠的税收政策，在欧盟其他国家要求统一税率的要求下，税收优惠幅度可能会有所减少。

2.国内金融类特色小镇存在的问题

国内金融类特色小镇产业建设初期，在政府主导下发展迅速，短时间内集聚了大量基金公司，资金管理规模成倍增长。但其同时面临着一些问题：

第一，产业集聚度仍然偏低。国内金融类特色小镇基金公司在数量上占有优势，但整体缺乏具有国际影响力的基金公司，或者小镇在国际上的影响力不足，无法有效吸引知名的基金公司加入。

第二，配套处于建设阶段。国内大部分的金融类特色小镇处于初级阶段，特别是那些距离城市较远，需要提供生活、教育等基础配套设施的小镇，这些配套设施尚未全部完成，有些处于建设状态，存在一定的不确定性。

第三，基金小镇数量过多。金融类特色小镇具有行业特点，有很强的集聚性。国内以政府主导为金融类特色小镇发展模式，在对当地金融基础、发展定位的判断上，由政府来完成，在这个过程中，如果政府判断出现失误，或者仅仅将特色小镇建设作为一项政府工作，缺少市场的认可，缺乏国际上的知名度，不能形成很好的金融集聚效应，就无法为金融基金公司带来效益，那么，小镇后续的发展将会面临很大的问题。

第四，基金退出渠道狭窄。目前，我国金融类特色小镇中的投资基金退出模式主要还是IPO，但是目前IPO的通道比较狭窄，部分企业可能无法完成IPO，或者即使成功完成IPO，也需要很长的周期。因此，基金退出模式渠道狭窄限制了一部分投资基金的发展。

3.国内金融类特色小镇发展建议

国外金融类特色小镇经过几十年的发展，随着市场环境和科技的不断进步，金融类小镇面临着诸多发展困境，对这些问题出现的原因以及解决措施的分析，对国内金融类特色小镇在进一步发展过程中，规避类似的问题、保持良性健康发展具有重要的借鉴意义。

第一，预估行业的风险。金融基金行业面对新的技术，特别是面对AI的冲击，从业人员或者业务形式都将发生巨大的变化。如何将金融行业与高科技相结合，将是金融类特色小镇需要思考的问题。

第二，注重产业基础。金融类特色小镇的发展最终需要良好的产业基础，而非自然环境、配套设施或者税收优惠政策等外部因素。近几年，国内金融类特色小镇数量飞速增长，但并非所有金融类特色小镇都具有产业基础，这些金融类特色小镇，短期内在政府主导下可能会有一些发展，但缺乏长期的可持续发展基础。因此，对于金融类特色小镇，需要从国家层面做好整体规划，根据金融类特色小镇集聚特性，在优势地区，集中资源发展金融类特色小镇，避免资源分散、出现金融类特色小镇"小而多"的局面。

第三，发挥政府主导优势。与国外金融类特色小镇发展模式不同，国内金融类特色小镇是以政府主导为主的模式。这种模式能够在一定程度上避免完全市场化带来的问题，在小镇发展过程中，特别是发展初期，政府主导模式能够集中资源，以政府的力量快速集聚基金企业，能够起到积极的促进作用。

国内金融类特色小镇的发展有其自身特点，是我国经济发展以及社会体制的特性所决定，没有必要完全照搬国外金融类特色小镇企业主体、市场主导的模式。当然，政府主导的模式，需要注意把握政府参与的度，在小镇走上正轨后政府及时退出，发挥企业主体作用，以市场化运作来代替政府主导。

第二节　生态农业类特色小镇对比分析

一、国内外生态农业类特色小镇发展共性

对比国内外生态农业类特色小镇发展，可以看到这类特色小镇的共性主要有以下几方面（见表4.2）：

第一，适宜的地理气候。从国内外生态农业类特色小镇来看，这些小镇都有其自身特色的农业产品，与当地的土质、环境、温度以及降水等各方面的自然因素密切相关，自然条件适合这些产品的种植，或者当地的这些自然因素优于其他地区，使得当地的地理气候具有独特性，这是生态农业类特色小镇的先决条件。

第二，悠久的种植历史。从国内外生态农业类特色小镇来看，大部分小镇都具有悠久的种植历史，通过长期的时间积累，发展出具有当地特色的农产品，而这些农产品一般具有较高的品质。

第三，产地环境保护。国内外的生态农业类特色小镇都有农业产地的保护措施，通过设立农业保护区或者农业示范园区等具体措施，保护农业生产用地，在土地的利用、农产品质量保障等方面均进行严格的管理。

第四，发展模式方面。从对国内外生态农业类特色小镇的分析来看，生态农业类特色小镇发展模式基本相同，即"产业+旅游"的模式。首先，利用当地特有的地理气候条件发展特色农业种植，取得相应的知名度；其次，通过生态农业带动当地观光旅游的发展，两者相互结合。

第五，政府参与整体规划。从国内外生态农业类特色小镇来看，政府都较多地参与小镇的建设或者规划，由于农业经济小而散的特点，一般存在生产规模小、同质化竞争、抗风险能力差等问题。通过政府整体规划，提高产品质量，形成规模效益，或者通过差异化的发展，避免同

质竞争，以取得很好的效果。如美国纳帕谷通过整体规划，多个下属的小镇根据其各自的特点，确定不同的发展方向，各有特点又相互影响。

表4.2　国内外生态农业类特色小镇对比分析

地域	国外			国内		
名称	美国纳帕谷	法国格拉斯	保加利亚卡赞勒克	山东刘家沟镇	浙江莲花镇	广西校椅镇
地理气候	适合葡萄生长	适合花卉生长	适合玫瑰花生长	适合葡萄生长	适合农业生产	适合茉莉生长
种植历史	100多年	近500年	500多年	近30年规模化生产	传统农业镇	500多年
环境保护	设立农业保护区	保护环境	设立玫瑰谷保护区	产地保护与开发	环境整治	农业示范区
产业调整	整体规划差异发展	适应市场注重创新	政治变革适应市场	发展观光农业	生态农业园/突出特色产业	延伸茉莉花产业链
发展模式	产业+旅游	产业+旅游	产业+旅游	龙头企业+农户/产业+旅游	合作社+农户/产业+旅游	产业+旅游
支持政策政府参与	多	少	多	多	多	多
规划定位	统一规划避免同质化	行业自律/与跨国公司合作	统一的质量保障体系	十三五重点发展产业	产业结构与劳动力结构规划	十三五重点发展产业

二、生态农业类特色小镇发展借鉴

国外生态农业类特色小镇通过多年的发展，形成具有自身特色的农业形态，大力发展旅游业，形成国际知名的生态农业类特色小镇。在这些小镇的发展过程中，有以下几个方面经验值得借鉴：

第一，及时进行产业调整。传统的生态农业类特色小镇，在农业生产过程中，面对市场的变化，需要及时调整产业方向，适应市场以及消费者的变化。例如，法国格拉斯小镇经历过重大的产业调整。20世纪60年代，人工香精出现，大量替代了原有的天然香精，使得格拉斯天然香精的产量骤减。当时，格拉斯小镇迅速调整方向，转而生产混合香精和食用芳香产品，特别是食用芳香产品。目前，格拉斯生产的香料中，食用芳香产品占一半以上。

因此，国内生态农业类特色小镇在发展过程中，随着市场的变化，需要及时做出调整，不断变化、不断创新。

第二，产品质量保障。生态农业类特色小镇发展的关键是产品的高品质，气候、地理等自然因素的不可复制性，使得农业小镇具有了先决条件，但是如果产品品质不高，很容易被其他地区的同类产品所替代。因此，独特的自然条件加上高品质，使得当地的产品无法被替代，这是生态农业类特色小镇成功的关键。如保加利亚的玫瑰产业，将产品质量保障提高到国家层面，通过建立国家玫瑰实验室，确保卡赞勒克玫瑰精油品质始终如一，确保当地玫瑰精油的不可替代性。

我国幅员辽阔、地理复杂、气候多样，许多地方的自然条件具有独特性，其他地方无法进行复制，这给生态农业类特色小镇发展提供了先决条件。但是，这些生态农业类特色小镇在发展过程中，必须严格保证质量，确保当地农业品在质量上的不可替代性，这是生态农业类特色小镇"特色"所在。

第三，政府规划、企业主体。从国外生态农业类特色小镇发展来看，政府在小镇发展过程中发挥很大的作用，但作用的范围限于整体的规划方面，小镇产业的具体运营则以企业为主体，由市场自行运转。因此，我国生态农业类特色小镇在建设运营过程中，政府的角色定位需要注意参与的方向与程度，在整体规划方面需要以政府为主，发挥其整体定位作用，但在具体运营方面，需要以企业或者农户为主，避免政府包揽的状况。

第四，税收等优惠政策影响不大。从国外生态农业类特色小镇税收优惠政策来看，大部分小镇在发展过程中，税收等政策的优惠没有发挥太大的作用，这不是该类小镇建设的主导因素。对于生态农业类特色小镇而言，整体规划与产业的调整是发展中最重要的因素。

因此，国内生态农业类特色小镇建设过程中，需要注重整体规划与产业发展引导，税收等政策在一定程度上可能发挥作用，但不能作为主要激励手段。生态农业类特色小镇需要通过整体规划，产业引导或调整，成就当地农产品的独特性，创造产品的高附加值，以产品不可替代的特色，发展旅游产业，两者结合发展当地经济。

第三节 文旅类特色小镇对比分析

分析典型的国内外文旅类特色小镇，两者之间共性较多，在差异方面较少，这主要与文旅类小镇自身的特点有关。文旅类小镇属于资源禀赋类型，包括自然风光资源与人文历史资源，这是小镇发展的基础。对政府来讲，需要在提供整体规划、挖掘旅游特色、确定发展定位等方面提供支持，对小镇旅游资源采取保护措施，保证旅游产业的可持续发展。而其他的直接支持政策，如税收优惠、人才引进等发挥的作用不大。

一、国内外文旅类特色小镇发展共性

文旅类特色小镇种类较多，行业范围也比较广，有多种不同的类型。下面从本书介绍的几个国内外文旅类特色小镇为对象，进行对比分析。对比国内外文旅类特色小镇发展，可以看到这类特色小镇的共性主要有以下几方面（见表4.3）：

第一，优美的风景。作为文旅类特色小镇，特别是以观光旅游为主的小镇，风景是吸引游客的先决条件，国内外文旅类特色小镇无一例外都具有优美的自然风光，从而吸引游客，如瑞士达沃斯、浙江莫干山等。即使是以人文历史为主的小镇，也都具有优美的自然环境。

第二，人文历史。文旅类特色小镇一般都具有悠久的历史，有较长的小镇发展历史。悠久的历史，积累了大量的人文古迹，成为了吸引游客的主要方面。

第三，便利的交通。文旅类小镇有大量的人员流动，需要有良好的交通网络与运输设施，为游客提供便利的交通。从国内外文旅类特色小镇来看，发展较好的文旅类特色小镇均具有完善的交通设施，为游客提供多种类型的出行方式。

第四，国际知名度。国内外发展较好的文旅类特色小镇，均具有国际知名度，这也是其作为旅游目的地，吸引更多游客前往的重要手段。国际性的知名度，能够吸引不同类别、不同层次、多元化的旅游人群，促进当地旅游经济的发展。

表4.3　国内外文旅类特色小镇对比分析

地域	国外			国内	
名称	英国温莎	瑞士达沃斯	德国海德堡	浙江莫干山	海南博鳌
自然风光	泰晤士河优美环境	阿尔卑斯山自然风光	优美的自然环境	优美的莫干山风光	优美的海边风光
人文历史	皇家居住地/悠久的历史	人文历史较少	著名的大学城/悠久的历史	文化底蕴深厚悠久的历史	地方特色的人文古迹
交通设施	交通便利	交通便利	交通便利	交通便利	交通便利
产业调整	由皇室带动的旅游产业	疗养胜地——冰雪运动——会议经济	融合历史的保护与再开发	以高端民宿为主的休闲度假	会议经济+国际医疗旅游目的地
国际化	皇室本身的吸引力	达沃斯论坛的国际知名度	自身人文历史的吸引力	以G20、"洋家乐"为主的国际化宣传	以亚洲论坛提高国际知名度
政府参与	少	多	中	中	多
规划	较少统一规划	产业调整规划	历史保护与开发规划	环境整治与产业定位规划	会议经济与国际医疗旅游规划
可持续发展	对城堡及古迹的保护	环境保护措施	可持续发展理念/21世纪行动计划	环境整治与保护	环境整治与地方文化传承

二、文旅类特色小镇发展借鉴

根据旅游资源的不同，国外文旅类特色小镇在发展历史、产业特点等方面有其自身特点，对国内文旅类特色小镇的发展，有以下几个方面经验值得借鉴：

第一，国际化战略。从国外文旅类小镇发展来看，国际化战略是文旅类特色小镇扩大知名度、深化旅游产业的一个重要方向。因此，国内具有较好发展基础的文旅类特色小镇，需要以国际化的战略，提高国际知名度，吸引国外游客，促进旅游产业国际化。

第二，产业的调整与规划。对于资源禀赋型的文旅类特色小镇来讲，一方面是如何利用好资源，如何做好资源的保护与开发，这需要政府出台相应的政策，对旅游资源的利用统一进行管理，如德国海德堡政府对历史建筑的保护与开发。另一方面是将资源与市场需求结合，需要政府进行整体规划，或者在市场发生变化时及时调整方向，促进旅游市场的升级或者转型。如瑞士达沃斯，从最开始的疗养经济阶段，到后面的冰雪运动经济阶段，再到目前的会议经济为主的会议+旅游阶段。

因此，国内文旅类特色小镇在发展过程中，一是在市场变化时，需要调整产业方向，重新进行产业定位或者产业转型。二是政府的整体规划，通过不断挖掘小镇资源，将其与市场相结合，发展旅游经济。在这过程中，需要避免创造全新的人造资源，文旅类特色小镇的旅游资源需要长期的历史积淀、独特的自然风光，这些资源均具有自带的特色。

第三，政府参与及定位。从国外文旅类特色小镇发展来看，有的小镇政府参与较少，有的政府参与较多。对政府参与较多的小镇进行分析，发现这类小镇政府参与均集中在整体的规划、旅游资源的保护方面，旅游产业的经营与发展则以市场为主，政府一般不直接参与。因此，国内文旅类特色小镇的政府参与需要限定在整体规划、资源保护等市场难以发挥作用的方面。

第四节　科技类特色小镇对比分析

分析典型的国内外科技类特色小镇，两者之间存在一定的共性，比如相比大城市更加优越的自然环境、便利的交通、完善的配套以及具有良好的产业基础等多个方面。同时，通过国内外科技类特色小镇的对比分析，可以发现两者之间也存在一定的差异，如政府参与的程度等。本书通过对国内外成功的科技类特色小镇的分析，吸取其成功的经验，为国内其他科技类特色小镇的建设提供借鉴。

一、国内外科技类特色小镇发展共性

通过对比分析国内外科技类特色小镇在建设发展过程，发现发展较好的科技类特色小镇有以下几方面共性因素（见表4.4）：

第一，较好的产业基础。每个科技类特色小镇都有其自身主导的产业，而这些主导产业具有当地的产业基础，以这些产业为基础进一步发展成目前的规模。具体来看，产业基础可以分为以下几个方面：

1.产业发展基础。小镇在发展目前的产业之前，曾经有较长时间的相同或者类似的生产基础，目前的高科技产业是在这些基础之上发展起来的。如美国山景城是原军用机场以及航空航天基地，为半导体产业的发展奠定了基础；英国信芬小镇是二战期间重要的军工生产基地，目前的航空发动机厂曾经是军用飞机发动机厂；上海安亭镇是中国最早的汽车生产地。

2.技术人才支撑。科技类小镇最重要的是人才与技术，从国内外高科技类特色小镇来看，人才的支撑是小镇发展的重要基础，科技类小镇一般均有著名的大学，能够为科技发展提供源源不断的人才。如美国山景城是斯坦福大学所在地；浙江云栖小镇邻近西湖大学和浙江大学；上海安亭镇有上海交通大学等。

第二，优惠的扶持政策。高科技类特色小镇，研发投入是其科技发展的重要环节，而研发投入具有一定的外部性与滞后性，失败概率比较高，需要国家激励研发投入。因此，无论是国内还是国外，科技类小镇均受到政府各类政策的扶持，通过税收优惠政策、融资优惠政策等，使小镇大量投入研发资金、吸引人才的加入，从而促进小镇的发展。如美国山景城为中小企业提供税收优惠政策，为创业企业提供低利息的融资渠道；德国英戈尔施塔特奥迪汽车的前期发展，得益于二战后的"欧洲复兴计划"即"马歇尔计划"的支持；而国内的科技类小镇均出台良好的土地、税收、融资以及人才引进政策。

第三，整体产业规划。高科技产业是各个国家发展的重点，对于科技类小镇，政府往往会进行整体的规划，结合小镇自身特点，根据经济、市场以及科技发展环境，引导小镇按照一定的产业方向发展。如美国山景城所在的硅谷，定位于信息技术与高科技产业；浙江云栖小镇定位于大数据云计算产业；上海安亭镇定位于未来汽车发展基地。

第四，便利的交通。从国内外成功的科技类小镇来看，小镇虽然不在大城市，但一般邻近大城市，周边具有完善的交通网络，能够提供高速、航空等交通服务。

第五，宜居的环境。科技类特色小镇一般都拥有较好的风景和宜居的自然环境，在自然环境方面要优于大城市，因此，能够吸引大城市的人才留在小镇。如德国英戈尔施塔特拥有悠久的历史和人文积淀，以及良好的自然环境。

第六，完善的配套。科技类小镇一般拥有完善的配套设施，能够为小镇从业人员提供教育、医疗、娱乐等设施，满足高科技人才的各方面需求。如浙江云栖小镇在杭州市郊区，上海安亭邻近市区，英国信芬小镇邻近德比市。

表4.4　国内外科技类特色小镇对比分析

地域	国外			国内	
名称	美国山景城	德国英戈斯塔特	英国信芬	浙江云栖小镇	上海安亭镇
自然环境	较好	优美	较好	较好	较好
交通区位	交通便利	交通便利邻近慕尼黑	交通便利邻近德比市	交通便利位于杭州市区	交通便利邻近上海市区
人文历史	斯坦福大学	历史悠久人文积淀	一般	历史悠久	历史悠久
生活配套	完善	完善	完善	完善	完善

续表

地域	国外			国内	
产业基础	①军用机场与航空基地 ②斯坦福大学人才支撑 ③创业公司集聚	①二战后奥迪总部搬迁 ②人文基础吸引人才	①二战期间军工产业基础 ②航空发动机总部	①阿里巴巴发展云计算产业 ②创新创业环境 ③浙大等提供人才支撑	①中国最早的汽车基地 ②汽车创新研发环境 ③上海交大等提供人才支撑
发展模式	市场主导企业主体	市场主导企业主体	政府规划企业主体	政府主导企业运营	政府主导企业运营
产业特色	高科技总部聚集	①奥迪汽车全球总部 ②科技体验式旅游地	著名航空发动机厂总部	云计算企业集聚	汽车技术创新基地
政府参与	中	中	中	多	多
税收政策	中小企业税收优惠政策	无特殊优惠政策	无特殊优惠政策	优惠政策	优惠政策
融资	融资优惠政策	马歇尔计划	无特殊政策	融资优惠政策	融资优惠政策
规划	居住区的"精确规划"	产业+旅游	航空发动机制造中心	云计算为主的产业方向	未来汽车产业方向

二、科技类特色小镇发展借鉴

本书通过对国内外成功的科技类小镇分析，寻找出该类小镇成功的共性因素，为国内其他将要建设或正在培育期的特色小镇提供一些借鉴。

通过对影响科技类特色小镇的因素作分析，按照重要性来看，最重要的是产业基础，其次是政府的扶持政策，再次是人才支撑和统一的规划，而作为配套的自然环境、生活设施等处于辅助地位。因此，国内科技类特色小镇建设过程中，需要考虑以下几个方面：

第一，是否具有产业基础。国内科技特色小镇建设过程中，首先要考虑是否具有良好的产业基础，是否有能满足高科技发展所需要的人才，产业基础是科技类小镇建设的关键。满足这些条件，在此基础上再通过政府提供的各类土地、税收、融资和人才等优惠政策，来吸引、扶持高科技企业和人才的加入。因而，科技类特色小镇的建设有着特定的先决条件，离开这些条件，没有产业基础支撑，仅仅依靠政府的扶持政策、提供优美的自然环境和生活配套是远远不够的。

第二，政府参与的程度与着力点。国外科技特色小镇发展虽然也有较多的政府参与，但均体现在提供税收、融资政策方面，为企业科技发展提供良好的环境，而企业的研发运营等则由市场主导。国内发展较好的小镇也体现在企业主导上，政府发挥作用的范围严格限定在政策扶持与生态环境维护方面。因此，国内其他科技类特色小镇建设中，政府参与需要把握好方向与程度，将市场的留给市场。

第五节　传统产业类特色小镇对比分析

传统产业类特色小镇一般具有较长发展历史的传统产业，通过长期的产业积累或工艺传承，形成具有当地特色的产业集聚。通过对国内外传统产业小镇分析，可以看到一些共性，如都具有较长时间的产业发展历史、在发展过程中都有过产业转型等。同时，国内外传统产业类特色小镇之间也存在差异，如政府参与、统一的规划方面。

一、国内外传统产业类特色小镇发展共性

从国内外传统产业发展对比来看，这些小镇具有以下几方面共性（见表4.5）：

第一，悠久的产业历史。从国内外传统产业小镇发展分析，可以看出每个小镇的主要特色产业均具有较长时间的历史，这是当地特色产业发展的基础。如浙江东浦黄酒有1000多年的历史，江苏丁蜀紫砂有500多年历史，瑞士朗根塔尔纺织品有300多年的历史。

第二，主要的特色产业。在较长的历史发展过程中，每个传统产业小镇均形成了各自主要的特色产业，这类产业与其他竞争对手相比，具

有自身的优势，有较强的竞争力。

第三，便利的交通。从国内外传统产业小镇的发展来看，便利的交通是必要的条件，这些小镇均邻近大城市或者有完善的交通网络，有利于小镇物流运输，促进小镇的发展。如瑞士1837年建成的中央铁路就经过朗根塔尔，法国维特雷邻近雷恩，并位于巴黎与雷恩铁路沿线，美国好时小镇邻近哈里斯堡，有多条纵贯东西的高速经过。

第四，产业转型升级。在国内外传统产业小镇长期的发展过程中，随着市场的变化以及技术的不断发展，大部分小镇的传统产业均经历过调整，通过产业调整或者产业转型，适应市场的变化，实现可持续发展。如法国维特雷从工业转为旅游业；瑞士朗根塔尔从纺织品的制造与贸易，延伸产业链，转向研发与培训；浙江东浦的黄酒产品创新与旅游开发。

第五，较多的政府参与。从国内外传统产业发展来看，大部分政府均参与小镇的发展，特别是在产业调整方面，通过政府的统一规划，确定产业方向，能够避免单纯由市场主导带来的问题。如瑞士朗根塔尔政府在推动产业链的延伸发展，法国维特雷政府在产业转型的规划等方面均有较多的参与。

表4.5　国内外传统产业类特色小镇对比分析

地域	国外				国内	
名称	瑞士朗根塔尔	德国赫尔佐根奥拉赫	法国维特雷	美国好时	江苏丁蜀镇	浙江东浦镇
产业历史	近300年	体育产品100年+轴承60年	产业转型	近110年	500多年	1000多年
产业特色	纺织品	体育用品+轴承等配件	旅游	巧克力	紫砂	黄酒
交通区位	伯尔尼至苏黎世公路+中央铁路	邻近纽伦堡高速+铁路	邻近雷恩位于雷恩-巴黎铁路沿线	湖海及其他高速沿线	多条高速+高铁	环杭州湾高速网+高铁
产业调整	政府主导拓宽产业链	多元化	工业转旅游	从产业到产业+旅游	紫砂创意+紫砂旅游	产品创新+旅游
政府参与	中	少	多	少	多	多

地域	国外				国内	
税收政策	无特殊优惠	无特殊优惠	无特殊优惠	无特殊优惠	优惠政策	优惠政策
规划	统一规划产业创新	无特殊规划	统一规划产业转型	企业发展规划	统一规划/紫砂特色	统一规划/"黄酒+"模式

二、传统产业类特色小镇发展借鉴

本书通过对国内外成功的传统产业类小镇作分析，为国内其他将要建设或正在培育期的特色小镇提供如下借鉴：

第一，注重产业基础。国内外成功的传统产业小镇都有自身的特色产业，这是传统产业小镇发展的基础。因此，要建设传统产业小镇，必须寻找、挖掘自身产业，通过挖掘产业特性，形成当地产品的独特性，从而带动整个小镇的发展。

第二，需要统一规划。分析国内外传统产业小镇，大部分小镇都有政府或者行业的统一发展规划。通过统一的规划，统一的市场质量管理，形成当地产品特色，提高产品竞争力。如瑞士朗根塔尔发展早期统一的市场管理，后期产业调整时确定统一的产业方向。因此，在国内其他传统产业小镇建设过程中，需要有政府部门站在较高的层面，研究当地资源优势，结合市场环境，对产业进行统一的规划。

第三，政府参与度的把握。国外传统产业小镇发展有较多的政府参与，但是均体现在产业调整、利用市场规律等方面，而产业自身的发展、企业具体运营等以企业为主体。此外，从国外传统产业小镇发展来看，政府的税收、融资等政策并未发挥较大的作用，大部分小镇没有具体的针对性的优惠政策。

因此，国内传统产业小镇建设中，政府参与需要把握好方向与程度，税收、融资等优惠政策的支持不是最重要的。

第六节　影视类特色小镇对比分析

一、国内外影视小镇发展共性

对比国内外影视小镇发展，影视小镇有影视展览、影视文化和影视拍摄基地等多种不同的类型，在下面几个方面存在着共性（见表4.6）：

第一，便利的交通。从国内外影视小镇的产业来看，便利的交通是影视小镇具备的基本条件。从各种不同的影视小镇来看，不管是以影视展览为主还是以影视拍摄为主，均需要有很好的交通条件。此外，基本上所有的影视小镇都以"影视+旅游"的模式，便利的交通能够为游客带来方便的出行。

第二，国际化策略。从国内外影视小镇发展来看，这些小镇都进行国际化发展，通过国际化运作提高知名度，打造全球知名的影视小镇。如法国戛纳以国际电影节为起点，通过各类国际会议打造国际会议目的地。

第三，经营模式。从各影视小镇来看，均采用"影视功能+旅游"的发展模式，首先通过某个影视产业点，确立小镇在这方面的知名度，再发展旅游业。如法国戛纳以"会议+旅游"的模式，浙江横店以"拍摄基地+旅游"的模式。因此，在影视类小镇发展中，旅游是影视小镇产业规划的一个重要组成部分。

表4.6　国内外影视类特色小镇对比分析

地域	国外		国内
名称	法国戛纳	日本柯南	浙江横店
交通区位	交通便利	交通便利	交通便利
产业重点	会议+旅游	影视文化旅游	拍摄基地+旅游

地域	国外		国内
国际化	以电影节为主的国际化会议中心	邀请国际名人提高国际知名度	国际化策略
政府参与	中	少	多
税收政策	无特殊优惠	无特殊优惠	优惠政策
规划	统一规划产业创新	无特殊规划	统一规划

二、影视类小镇发展借鉴

国内外影视小镇在发展上存在共性，同时也存在一些差异，本书通过分析这些差异为国内影视特色小镇建设提供借鉴。

第一，政府的参与度。政府在国内外影视小镇发展过程中，参与的程度存在不同，建设初期政府参与较多，而后期均以市场为主体，政府不再发挥主导作用。如法国戛纳电影节的举办，初期是政府主导，后期随着电影市场的变化，逐步转向市场主体，电影产业转型也由市场自主选择。日本柯南小镇前期完全由政府主导，通过对小镇整体规划，包括对街道、车站、机场等全方位的改造，形成以影视文化为主的小镇，发展旅游业。

第二，税收等优惠政策作用不显著。通过对国内外影视特色小镇作分析，在这类小镇发展过程中，政府并没有出台许多优惠政策，小镇的发展基本上是依靠国际化的战略，打造小镇知名度，从而带动旅游业的发展。因此，国内影视小镇的建设，最主要的办法是依靠政府的资源帮助小镇建立起知名度，而并非提供各类优惠政策。